谨将此书献给我的外婆和父母

From Knowledge Management to Knowledge Advantage

Innovation Ambidexterity
in Digital Age

董小英◎著

从知识管理到知识优势

数智时代企业双元创新

北京大学出版社
PEKING UNIVERSITY PRESS

图书在版编目（CIP）数据

从知识管理到知识优势：数智时代企业双元创新 / 董小英著. -- 北京：北京大学出版社，2025.8.
ISBN 978-7-301-36432-1

Ⅰ.F273.1

中国国家版本馆CIP数据核字第2025Q3W896号

书　　　名	从知识管理到知识优势：数智时代企业双元创新
	CONG ZHISHI GUANLI DAO ZHISHI YOUSHI: SHUZHI SHIDAI QIYE SHUANGYUAN CHUANGXIN
著作责任者	董小英　著
责任编辑	闫格格
标准书号	ISBN 978-7-301-36432-1
出版发行	北京大学出版社
地　　　址	北京市海淀区成府路 205 号　100871
网　　　址	http://www.pup.cn
微信公众号	北京大学经管书苑（pupembook）
电子邮箱	编辑部 em@pup.cn　总编室 zpup@pup.cn
电　　　话	邮购部 010-62752015　发行部 010-62750672　编辑部 010-62752926
印　刷　者	北京市科星印刷有限责任公司
经　销　者	新华书店
	720 毫米 ×1020 毫米　16 开本　20.25 印张　281 千字
	2025 年 8 月第 1 版　2025 年 8 月第 1 次印刷
定　　　价	78.00 元

未经许可，不得以任何方式复制或抄袭本书之部分或全部内容。
版权所有，侵权必究
举报电话：010-62752024　电子邮箱：fd@pup.cn
图书如有印装质量问题，请与出版部联系，电话：010-62756370

推荐序一
Preface I

善用知识　助力创新

知识管理是企业管理的重要组成部分，更是企业生存、发展、提升核心竞争力的利器。而大部分企业的知识管理与人力资源、资产、客户、风险、质量管理等相比，处于不成熟的弱势地位。为什么？一是企业对知识管理的认知度不够，二是知识管理本身具有复杂性，三是知识管理的理论、制度和实践均不够成熟。

董小英教授的新作《从知识管理到知识优势：数智时代企业双元创新》（以下简称《知识管理》），凝结了她数十年对知识管理的探索和十余年来对企业数字化转型的研究，从认知、理论、实践等多个角度，系统、深入、全面地阐述了企业的知识管理，是该领域少见的专著。

数千年来，人类社会发展的一个重要结晶就是累积而成的知识体系，这个知识体系在可传播的范畴内，成为个人、机构和国家发展的基础，成为人类文明进化的基础。三百多年来，企业围绕着科技发展和市场需求的变革，在为社会提供日益丰富的产品和服务的同时，使用并积累着越来越多的知识、经验和技能（以下简称"知识"）。这些知识在企业的研发、管理、服务中持续发挥作用并不断增长，企业对知识作用的认知不断深化，对知识管理的需求和实践也在不断发展。

弗朗西斯·培根（Francis Bacon）的名言是对于知识的经典总结——知识就是力量。但更重要的是运用知识的技能，知识只有被运用才能产生作用，而知识管理是知识运用中重要且基础的环节。

人类对知识的认识有着悠久的历史，但如何有效管理组织知识，是很多管理者头疼的问题，《知识管理》开门见山地提出了这一重要命题。

国家的知识管理历经多年发展，法律、制度、机构、流程逐渐完善，企业的知识管理难在哪儿？通阅全书，作者总结了几个方面：一是体系缺失。没有实现有效管理的企业知识是分散的、碎片化的。二是转化不足。企业很多知识存在于员工的记忆或记录中，隐含在企业的流程、制度、装备、系统中。三是双不确定。知识管理活动中的收集与应用方面均存在易变性、不确定性、复杂性和模糊性，知识使用场景中还有弱信号特征等。四是技术挑战。通信技术及在此基础上发展出来的大数据、云计算、生成式人工智能等技术，使得企业的知识获得和运用的环境更加复杂。

《知识管理》详细介绍了学术界关于知识对社会进步和企业竞争力提升，特别是创新能力提升的作用。作者以国内外知名企业的案例，说明了企业知识管理的作用与做法；以前人的研究成果和企业的实践总结为基础，开创性地提出了企业双元创新与知识管理的体系框架。

作者将企业知识管理的重心放在提升企业的创新能力上，探讨如何通过有效的知识管理，将企业的知识优势转化为竞争优势。作者通过多年的授课经验和案例研究的积累，将知识管理与企业的突破式创新与外部环境的交互紧密结合起来、与企业员工的创新意愿连接起来，为企业突破式创新提供更好的知识环境。而绝大部分企业实际的创新活动都是渐进式创新，本书系统介绍了如何通过知识转移、知识共享、知识保护和知识平台等助推企业的渐进式创新。

作者阐述了企业知识集成体系在知识管理中的基础和核心地位，详细讨论了构建该体系的必要工作、条件与目的：知识分类、确定知识管理的广度和深度、在创新流程框架下确定知识管理活动、打造知识型组织。

企业发展正面临数字经济和人工智能时代的挑战，做好知识管理，把握走向数智时代的主动权，已经成为许多企业的共识。有效推进企业数智化转型，知识管理是基础，也是必要条件，本书问世，恰逢其时，必将成为一时之选。

董小英教授与我一起师从周文骏教授，老师严谨的治学风格影响了我们的一生。作为学长，我深深为董小英教授的学识、坚持和开拓精神所感动。

是以为序。

杨学山
工业和信息化部前副部长

推荐序二
Preface II

从知识的"散兵游勇"到知识的"航空母舰"

告别陈旧的知识观

对于知识,有两种可怕的傲慢,一种是无知者的傲慢,一种是高知者的傲慢。无知者的傲慢最典型的表现是"无知者无畏",一些人因为不知道大千世界的各种规律、人世间的各种规矩和自身的诸多局限,因此胆大包天、横冲直撞,虽然有时候也侥幸成功,但是大多数时候注定失败。无知者的傲慢走到极端,是对知识的轻蔑、对有知者的敌意,这种事情历史上有不少记载,不必多说。幸运的是,无知者的傲慢已经广受关注,也引起了人们的普遍警醒。改革开放以来,中国人的求知欲高涨,尊重知识、尊重人才已经成为社会风尚。国家明确倡导要建设全民终身学习的学习型社会、学习型大国;很多企业也强调要打造学习型组织、知识型组织和创新型组织;不少企业家在退休之后还想读个商业管理博士(DBA,Doctor of Business Administration),让自己的知识水平更上一层楼。

在这样的背景下,有知者、高知者获得了很高的社会地位和很大的话语权。这当然是社会进步。但是,真理往前多走一步就可能成为谬误,在尊尚知识的土壤中,也可能生长出一些杂草,其中之一就是"高知者的傲慢"。这是我编的一个词汇,目的是描述一种值得关注的现象:一些在某个专门领域中知识丰富、很有成就且得到较高社会认可的学者，可能"飘起来"，得意忘形，自以为无所不能，想在自己的领域之外大有作为，结果成也高知、败也高知。

高知者的傲慢之所以形成，可能与社会对于高知者的过度崇拜有关。一个真正的知识分子，应该知道"生也有涯，知也无涯"的道理，应该始终保持谦卑的心态。但是，知识分子也是人，也有七情六欲，也有人性的弱点。当社会大众给予高知者明星般的待遇，当不健康的机制赋予高知者过多的资源和不受制约的权力时，他们中的一些人也可能背离初心，误入歧途，甚至执迷不悟。

谈到高知者的傲慢，我想说说"院士创业"。2024年8月，《现代快报》报道，"据不完全统计，全国约65%的两院院士、40%的国家级重大人才工程专家都在江苏创新创业，也为江苏的高质量发展提供了源源不断的创新动力"。院士们走出书斋，将科研成果转化为高质量的产品和服务，当然是可喜可贺的大好事。但是，院士创业的成效如何？是不是比一般的科研人员创业更容易成功？答案似乎没有那么肯定。

我和北京大学光华管理学院几位同事组成的课题组近几年致力于科技型企业成长之路的研究，调研了不少专精特新小巨人企业、单项冠军企业和相关机构。在访谈一家专注科研院所成果转化的科创孵化机构时，我们特别询问了什么样的科技创新团队更容易成功，得到的答案是：团队中既有技术高手又有管理高手，两人密切配合的，创业成功的可能性最大；团队中的技术高手同时负责管理的，创业成功的可能性次之；团队由院士、国家杰出青年科学基金获得者挂帅的，创业成功的可能性反而比较低。这个结论是这家成效卓著的科创孵化机构二十多年的经验总结。我们听到这个答案时特别惊讶，院士创业怎么反而成功概率低？他们的解释是：虽然有院士创业非常成功的案例，但是不少院士创业的成效确实不如人意，甚至半途而废，其中一个重要原因是，一些院士位高权重，特别自信，不容易听取科创孵化机构的专业管理建议，以为靠自己的技术专利就可以马到成功，忽视了管理的作用。

院士在自己熟悉的专业领域里做科研，肯定是高手，但基于科研成果来创业创新是另外一回事。科研能力不一定能够自动转化为创新创业的能力。这个道理很简单、很朴素，为什么会被忽视？可能要归因到"陈旧的知识观"。知识观指人们如何理解和对待知识，是对知识的性质、标准和价值等基本问题的观念。在知识上，很多人求新求变、与时俱进，希望站在知识的前沿，但在知识观上，不少人可能还停留在旧时代。

"陈旧的知识观"有多种表现，其中之一是基于知识客观性、确定性的信念而迷信知识万能。在这种观念的驱动下，人们相信高知者是"知识英雄"，他们掌握真理、无所不能，在知识相关领域具有绝对的话语权，因此，高知者创新创业就会无往不胜。于是，高知者被当作万能的"知本家"，凭一己之力可以主导一切。而在后现代哲学家们看来，知识是社会建构的，是主观的、非确定性的、复杂的、开放的，因此，高知者并没有掌握绝对的真理，他们的知识同样需要在社会实践中接受检验和纠错。毫无疑问，后现代主义的知识观是更加接近真实的。以这样的知识观为指南，我们就不难得出结论：知识密集型企业的创新创业，不能单纯依靠知识高手、技术天才的个人才智，而是需要建立有效的组织架构和机制，对知识进行系统的、有效的管理。只有这样才可能走出"散兵游勇"式的知识创造和创新形态，打造"航空母舰"式的现代知识型组织，从而形成知识优势，实现高质量的创新。

这种知识管理的变革，正是董小英教授《从知识管理到知识优势：数智时代企业双元创新》一书的核心主题。因此，无论是无知者、有知者，还是高知者，要获得对于知识的新认知，要跟上数智时代的步伐，都应该仔细看看这本书。对于知识型企业的管理者，本书的价值更是不言而喻，尤其是书中对于国内外知名企业知识管理案例的深入分析值得好好借鉴。

彭泗清

北京大学光华管理学院市场营销系教授

推荐序三
Preface Ⅲ

勇者无忧　智者无疆

董小英老师在她的新书，也是其厚积薄发之作——《从知识管理到知识优势：数智时代企业双元创新》付印之际，邀请我以朋友和学院同事的身份写几句话作为推荐序，我有些纠结但又很高兴地接受了她的邀请。有些纠结是因为我的专业领域是战略管理和企业管理思想史，而不是董老师擅长的信息与知识管理，但是基于我对董老师长期学术研究风格和思想方法的熟悉和理解，我也很高兴把我的感受写出来，形成此序，权作祝贺。

在知识管理、创新与战略的交叉处奋勇耕耘

此书以六篇22章的架构来呈现一种具有董氏风格的知识管理最新理论。之所以说是董氏知识管理理论，是就全书整体是以知识管理为底色而言的，而董老师自认的专业学术领域就是信息与知识管理。这本书是她在多部案例研究基础上的理论总结，亦是她的初心使然。之所以说是最新理论，是因为双元创新既是近二十年西方创新研究的最前沿，也是组织战略管理、动态能力与可持续发展的重要研究主题。董老师由知识管理而达双元创新再至组织可持续发展，于我而言是她登上了自己心目中知识管理的新高峰——在全球化数智时代拓展和探索组织知识管理的新理论，以实现组织双元创新战略，进而达成组织可持续发展的目的。

读者不难发现，董老师的这本书是在知识管理、创新、战略管理和数字化转型的交叉处所进行的一次勇敢的前沿性探索，它在全球范围内也是不多见的。事实上，据我所知，在国际上研究双元创新的权威管理学者是哈佛商学院的迈克尔·塔什曼（Michael Tushman）教授及其合作者，他们主要是从组织设计或组织理论的角度来研究组织双元创新的前因后果、关键影响要素和政策设计。而董老师这本书的阐述则以知识管理为底色（第一篇），以双元创新与知识探索、知识利用和知识集成为重点（第二篇、第三篇和第四篇），辅之以数智时代的数字化转型（第17章）、转型领导者的实践智慧（第18章）、大数据（第19章）、人才发展（第20章）、知识资本价值评估（第21章）、全球创新与知识竞争力（第22章）等最新议题。在学术旨趣上，董老师把信息与知识管理从企业职能层次上升到业务或公司战略层，这体现了她以知识管理为志业，力求推进其在组织战略和创新层面发挥影响，进而让企业适应全球化数智时代的高端价值追求，同时也显著地体现了她与时俱进的学术敏感性和创新精神。

融合与创新是本书学术观点的鲜明特色

在这本专著中，对有重要实用价值的新观点、新工具的阐述随处可见。给我印象比较深的是以下内容：突破式创新的知识管理（第3章）、弱信号及其战略价值（第5章）、知识平台（第11章）、基于创新流程的知识管理（第14章）、打造知识创造型组织（第16章）、数字化转型中领导者的实践智慧（第18章）、知识资本与价值评估（第21章）和全球创新与知识竞争力（第22章）等。

以突破式创新的知识管理来说，大家比较熟悉的是哈佛商学院的克莱顿·克里斯滕森（Clayton Christensen）教授所说的突破式创新理论，其核心是说市场选择与技术特性转换导致领先者地位变化。与克氏不同，本书从信息与知识管理的角度，探讨了突破式创新的特征和类型，深入分析了突破式创新所需要的条件，提出了实现突破式创新的关键在于认知框架的突破、弱信号的敏锐检测和创新思维的落地。

以本书对弱信号及其战略价值的论述来看，弱信号是信息管理领域的一个讨论话题，本书将其与VUCA（乌卡）环境下的战略管理相联系，从弱信号的定义、基本特征、演化阶段等方面分析其特点，从管理者认知框架狭窄、组织过滤流程失效等方面探讨其失灵原因，最后将其与战略规划流程相结合，从而提出挖掘其微弱而重要的信息价值的应用方法。有趣的是，前几年我在北京大学图书馆查阅战略文献时意外地发现了一篇探讨利用弱信号来发掘公司证券投资价值的硕士论文，论文的作者在一家证券投资公司就职，她的指导老师就是董老师。在董老师的弱信号理论的指导下，该学生发现了一家A股上市公司的六十多岁的创业总经理多年来每天早晨要坚持跑步七公里，随后与公司管理人员进行早餐会，交流布置公司的工作事宜这一弱信号事件。据此，她结合对该公司行业结构和竞争状况的分析，敏锐地判断出该公司具有精益化管理和持续创新等竞争优势，进而具有长期投资价值，她因此安排了对该公司的证券投资并获益颇丰。巧合的是，几年后我担任了该家公司的独立董事，并有机会近距离地观察那位总经理的性格和行为，发现其公司行为与董老师的弱信号理论推理几乎完全一致。这展示了弱信号战略价值发掘的重要性和实践有效性。

担当与探索精神是北大学者的优秀传统

1979年高考后，董老师进入北京大学图书馆学系（后称为信息管理系）学习，毕业后留在系里工作。董老师于1987年被派往澳大利亚国立大学，以访问学者的身份从事硕士论文的研究；1996年又被派往美国匹兹堡大学从事博士论文的研究，她的博士论文是我国最早以互联网为核心的信息高速公路及搜索引擎评价为主题的研究，引领了国内相关领域的研究。1999年，她在中欧高等教育合作项目的支持下，前往英国做了半年的访问学者，在此期间，她将研究的关注点从信息管理转向知识管理。2001年，董老师成为国内最早在大学课堂上讲授知识管理的教授。同年，她转入北京大学光华管理学院任教，从事信息和管理科学领域及企业数字化转型等方面的教学和科研工作，二十多年来培养了大批实业界的管理者和管科领域的学术科研人才。在北大读本科期间，董老师就受到老一辈北大学者如朱光潜、周文骏教授等的影响，他们独立思考、勇于担当和永不停息的学术探索精神深深地教育并感染着她；自转入光华管理学院工作以来，厉以宁、曹凤岐等老一辈学者的精神也不断影响着她，激励她在信息与知识管理等学术领域中独立思考、不断探索新知并奋勇前行。在此精神的鼓舞下，董老师与时俱进，连续在北京大学出版社出版了《中关村模式：科技＋资本双引擎驱动》《华为启示录：从追赶到领先》《思科实访录：从创新到运营》《变数：中国数字企业模型及实践》《创变：数字化转型战略与机制创新》等多部学术著作，其中有些还被翻译为英文、俄文等，为21世纪信息文明时代下信息与知识管理的学术发展做出了贡献。

深受北京大学优秀传统熏陶，并且把自己的青春和四十年心血贡献给北京大学的董小英老师，既是北大精神的受益者，也是实践者和传播者，她与同行者们的探索精神和社会责任感亦不会因荣休而有丝毫减少。

在董老师的这本学术集大成之作完稿之时，我作为她的老朋友和多年的光华管理学院的同事，写下以上的个人理解和感受，是以为序。

武亚军

北京大学光华管理学院组织与战略管理系副教授

目录
Contents

第一篇　知识优势与双元创新

第1章　从知识管理到知识优势　3
一、知识管理的概念　3
二、知识管理的发展演变　5
三、知识差距与知识优势　7
四、知识优势的关键特征　13
五、数智时代的知识管理　16

第2章　双元能力的构建机制　20
一、突破式创新与渐进式创新　20
二、构建双元能力的难点　21
三、构建双元能力的思维创新　25
四、构建双元能力的两种机制　26
五、双元创新与知识管理框架　29

第二篇　突破式创新与知识探索体系

第3章　突破式创新的知识管理　41
一、突破式创新的类型　41
二、技术对突破式创新的影响　44

三、突破式创新的特征　　45
　　四、突破式创新所需的条件　　47
　　五、实现突破式创新的障碍　　50

第 4 章　VUCA 环境与知识管理　　52
　　一、什么是 VUCA　　52
　　二、VUCA 环境下的知识管理解读　　55
　　三、VUCA 环境下的知识管理战略　　58
　　四、VUCA 环境与组织能力建设　　61

第 5 章　弱信号的战略价值　　66
　　一、什么是弱信号　　66
　　二、弱信号的核心特征　　67
　　三、弱信号产生的背景　　70
　　四、弱信号的演化阶段　　72
　　五、在弱信号环境下进行战略规划　　73

第 6 章　弱信号失灵与过滤　　76
　　一、弱信号失灵　　76
　　二、认知框架狭窄　　78
　　三、组织对弱信号的过滤　　80
　　四、如何避免弱信号过滤　　85

第 7 章　创新思维与创新文化　　87
　　一、什么是创新思维　　87
　　二、对创新思维的研究　　88
　　三、与创新思维关联的方法　　89
　　四、创新思维与组织文化　　93

第三篇 渐进式创新与知识利用体系

第 8 章 知识转移 …… 99
一、知识转移的类型 …… 99
二、难以转移的知识体系 …… 100
三、组织内部的知识转移 …… 103
四、组织间的知识转移 …… 106
五、知识转移中的障碍 …… 107

第 9 章 知识共享 …… 110
一、知识共享的概念 …… 110
二、知识共享与解决问题 …… 111
三、知识共享与创新 …… 115
四、组织知识共享条件 …… 118
五、知识共享的难点 …… 119
六、知识共享空间 …… 121

第 10 章 知识保护 …… 123
一、知识保护的概念 …… 123
二、知识保护的难度 …… 125
三、知识保护战略 …… 127
四、知识保护的关联因素 …… 130
五、知识保护的国际视角 …… 131

第 11 章 知识平台 …… 134
一、平台的概念 …… 134
二、组织平台化 …… 136
三、价值链平台及生态建设 …… 138
四、平台与数据智能化 …… 140

第四篇　双元创新与知识集成

第 12 章　知识集成　147
  一、知识集成的重要性　147
  二、知识集成效率　150
  三、知识集成的障碍　153
  四、人工智能赋能知识集成技术　155

第 13 章　知识分类体系　162
  一、知识价值链的分类　162
  二、显性知识与隐性知识　166
  三、战略层和战术层知识管理　169
  四、数字技术赋能知识价值链　172

第 14 章　创新流程与知识管理　175
  一、创新流程与组织要素　176
  二、创新流程与实践要素　178
  三、创新流程与知识管理要素　184
  四、创新评价与改进要素　191

第 15 章　知识管理的广度与深度　194
  一、知识管理状态　194
  二、探索未知的知识管理战略　197
  三、知识广度与知识深度的平衡　201
  四、知识广度、知识深度与突破式创新　203

第 16 章　打造知识创造型组织　205
  一、东西方知识观的差异　205
  二、知识创造与战略管理　206

三、知识转化模型（SECI 模型）及知识螺旋　　208

四、知识型组织的超文本结构　　210

五、野中郁次郎的思想对今天的启示　　212

第五篇　数智时代的知识管理

第 17 章　数字化转型与知识管理　　217

一、数字化技术对知识管理的挑战　　217

二、数字化技术对知识管理的影响　　219

三、数字化与知识管理战略保障　　221

四、数字化与知识管理的组织保障　　224

第 18 章　数字化转型中领导者的实践智慧　　228

一、领导者的实践智慧　　228

二、实践智慧与实践领导力　　229

三、数字化转型对领导者的挑战　　231

四、实践智慧与数字化转型战略管理　　233

第 19 章　大数据与知识管理　　238

一、大数据特征及来源　　238

二、大数据对知识管理的影响　　240

三、从数据采集到数据分析　　242

四、从数据策展到数据利用　　246

第 20 章　数智时代的人才发展　　250

一、数智时代的人才需求　　250

二、数字化转型领导人与一把手工程　　251

三、首席数字官的设置与能力要求　　255

四、首席数据官的设置与能力要求	262
五、数字化转型中的复合人才	264

第六篇　知识价值与竞争力

第 21 章　知识资本与价值评估	**269**
一、高价值企业类型的演变	269
二、对知识资本价值的战略认知	270
三、知识资本要素与框架	272
四、知识资本的评估方法	277
五、知识资本与 ESG 框架的结合	280
第 22 章　全球创新与知识竞争力	**282**
一、知识创造的国际视角	282
二、全球创新面临的新挑战	283
三、影响创新的模型与指标	285
四、知识竞争力对标：中美及中印比较	288
后　记	**293**

第一篇

知识优势与双元创新

PART ONE

第1章
从知识管理到知识优势

一、知识管理的概念

人类对知识的认知有着悠久的历史,但知识管理则是一个新的概念,20世纪90年代开始被企业家和管理学界广泛关注。这主要有四个原因:一是知识作为战略资源,成为经济发展和繁荣的核心,知识密集型企业的价值逐渐超越自然资源密集型企业。二是对知识密集型企业来说,大量组织知识是分散的、碎片化的和马赛克式的[1],对知识的检索和获取需要花费大量人力物力。如何有效管理组织知识,成为令很多管理者头疼的问题。三是人才的流失会导致知识资产的损失,如何通过有效的知识管理体系吸引并留住人才,提升知识共享和知识创造能力,是企业高层管理者迫切需要解决的问题。四是信息技术的发展为组织获取、整合、处理、分享和使用知识提供了机遇和条件,如何善用技术来构建知识管理系统和平台,成为很多企业迫在眉睫的事情。

在此背景下,知识管理的概念被快速普及,但仅用一个概念来表述知识管理的所有内涵是有困难的,因为知识管理涉及战略、知识内容、人才、技术、文化、创新等诸多方面。对知识管理的理解和界定通常有五种不同视角:

---

[1] De Long, D. and Seeman, P. Confronting Conceptual Confusion and Conflict in Knowledge Management [J]. Organizational Dynamics, 2000, 29 (1): 33-44.

战略与领导力视角。战略与领导力视角将知识作为战略资源进行投资和管理，目的是增强企业在行业内和国际上的综合竞争力，从积累和强化组织智力资本角度解读知识的价值。战略和领导力视角强调研发投入和知识产出，重视知识型人才的关键价值，将知识内容嵌入业务流程、体系、产品和人才培养的过程，是一套自上而下的知识管理体系。

知识内容与实践视角。知识内容与实践视角非常重视企业知识资源的积累，强调获取竞争情报、建设电子图书馆和对数据库的使用。同时，企业管理层通过各种激励机制鼓励员工将实践活动中的隐性知识显性化，并通过分享利用已有的知识资源降低新产品的开发成本，提高对市场变化和客户需求的响应能力。人力资源部门将积累的组织内外部知识资源作为核心内容，纳入组织学习和人才培训体系，使知识在人才体系内快速传播与分享，加速人才的成长，减少人才流动导致的智力损失。

技术与平台视角。技术与平台视角助力企业将战略业务活动中的所有数据、信息加以采集和集成，以数据中台或智慧大脑的形式将整个价值链活动中的异构数据进行采集、加工、处理和分析，以工具化或微服务的方式提供给业务部门和合作伙伴，赋能其产品设计、研发、生产和销售活动，提高效率，减少重复劳动。技术与平台视角最大程度地拓展了知识管理的广度和深度，是知识密集型企业不可或缺的基础视角。

文化与变革视角。很多企业管理层意识到，知识共享与知识创造并非完全自发的行为，组织内的专业分工、部门分割、内部竞争、上下级沟通等都会影响知识管理活动，因此，知识管理必须通过文化建设和组织变革才能实现。为了促进个人、团队和组织的知识转化和集成，促进知识共享与知识利用，必须在战略定位、领导意识、激励机制和组织模式上做出系列化调整，才能改变组织内知识分割、知识囤积、知识"搭便车"等现象。

创新与发展视角。在面临严峻的生存压力和竞争挑战的情况下，企业不能仅满足于管理已有知识，而是要加速探索挖掘新的知识用于产品创新和市场拓展。特别是对于中小企业和追赶型企业来说，面临着与竞争对手的知识差距，必须加速学习吸收，以更大的努力获取和利用有限的知识。因此，整个组织成员应该通过构建内外部互动的动态联系打造实践社区，在高层、中层和基层之间，在企业员工、客户和合作伙伴之间，建立知识共享共创的关系，才能发现创新机遇，利用各种创意，构建新的能力。

学者们对知识管理有不同的概念和价值主张，从总体上看，知识管理的概念可以划分为人文派和技术派。人文派强调人是知识的最重要载体。知识是有框架的经验、价值观、语境信息和专家见解的混合，它是评估和整合新经验和信息的框架，源于人们的头脑和隐性知识，很难被具体界定、描述和展现，它的产生需要自由、交互和开放的环境。技术派强调知识产生的流程化、系统化和显性化，重视用工具、方法和量化手段来对其进行加工、处理和规范。人文派和技术派之间存在着矛盾和冲突，在组织内部，可以体现出对领导的注意力、资源和部门地位的竞争。但是，从有利于达成企业知识管理整体目标的角度看，知识管理应该综合考虑人文因素和技术因素，并根据企业发展的现实问题和挑战进行动态调整平衡。

二、知识管理的发展演变

知识管理从20世纪90年代中期起，随着国际科技竞争与知识经济、数字经济的迅猛发展，历经三个发展阶段。

第一阶段是20世纪70—90年代，知识管理与集成战略占主导地位。这一阶段的知识管理实践主要由美国学术界和企业引领。在理论创新上，战略管理领域中的资源学派与动态能力学派提出了知识资源优于自然资源的战略价值，引领了美国企业向知识密集型企业转型的大趋势。企业高层管理者意识到必须通过发展知识资本（又称智力资本）构建持久的竞争力。在这个过程中，人力资本、创新资本、结构资本和市场资本等智力资本是创造企业价值的基础，知识密集型企业的市场价值逐渐超出自然资源密集型企业。这一时期，国际经济环境总体稳定，企业知识管理的重点集中在内部知识资源的整合与开发利用，通过有效集成组织内知识，员工可以在最大范围内，以最快的速度分享知识；信息系统作为新的管理工具被引入组织内部，成为连接和集成已有知识的重要手段和工具。知识资源与管理信息系统的密切结合构成了发达国家推进经济全球化的基础，并在全球经济价值链中获取最大收益。

第二阶段是 20 世纪 90 年代到 2010 年，知识转化与创新战略占主导地位。这一阶段的知识管理实践主要由日本学术界和企业引领，特别是野中郁次郎教授的著作在全球知识管理学界产生很大影响。野中教授通过对中西方哲学思想的比较研究指导企业生存发展，通过观察反思发现美国企业重视信息系统与显性知识的价值，却忽视了人在知识创造中的主动精神。他在对大量日本企业的创新实践进行深入案例研究的基础上，发现人的隐性知识在组织知识创造中的关键作用和价值。无论是高层领导者的实践智慧、中层管理者在知识创造中承上启下的关键作用，还是基层员工的洞察力与观察力，都是以隐性知识的形态存在。野中教授提出的基于个人、团队、组织和跨组织间的隐性知识与显性知识转化模型，对指导企业系统化的知识管理实践起到了战略引领和理论指导的作用。特别是野中教授用"知识创造"一词替代了"知识管理"，使知识管理实现了人性化的回归，呈现了知识不仅被管理，更在于被创造，这是对欧美知识管理体系的重要发展。

第三阶段是 2010 年至今，知识突破与重构战略开始占主导地位。近年来，企业知识管理面临全新的挑战与机遇。一方面，国际形势风云变幻，这使得企业的知识管理体系与框架不断拓展。知识获取与分析不仅要关注内部，更要对不确定的外部环境进行态势感知和前瞻预判，知识管理对战略更新的价值越来越大。另一方面，全球的科技竞争愈演愈烈，中国被推到了科技知识竞争力的前台。我们尽管取得了一定成就，但基础研究领域中的原创性和国际影响力仍有待提升，特别是一些关键技术上还存在很多知识缺口并受制于人。如何通过知识管理打造知识优势是迫在眉睫的研究课题。[①]

计算能力和通信技术的不断进步，特别是人工智能大模型技术的成熟与应用，给知识管理带来了新的机遇与挑战。一方面，企业数字化转型有助于提升知识管理的广度、深度、速度、强度和精度；另一方面，数字化技术要求企业在数据—信息—知识—智慧价值链上形成强有力的整合和协同能力，特别是通过对人工智能技术的应用加速知识的创造进程。在这一背景下，知识管理与数字化技术的深度融合再一次将知识价值链研究与实践推向新的发展范式与空间。

三、知识差距与知识优势

《孙子兵法·谋攻篇》言："知彼知己，百战不殆；不知彼而知己，一胜一负；不知彼，不知己，每战必殆。"知识优势是一个比较概念，需要在竞争和对标的框架下进行解析，知识优势也是知识差距的反义词，是一个相对的概念。知识优势作为客观概念，与参照对象有关；知识优势作为主观概念，与人们的战略意图有关，是在一个竞争框架下对自身定位的要求和期望。图 1-1 体现了对知识差距和知识优势的分析。

[①] 董小英. 从知识管理到知识优势：企业数字能力九宫格 [J]. 清华管理评论，2022，12：79—84.

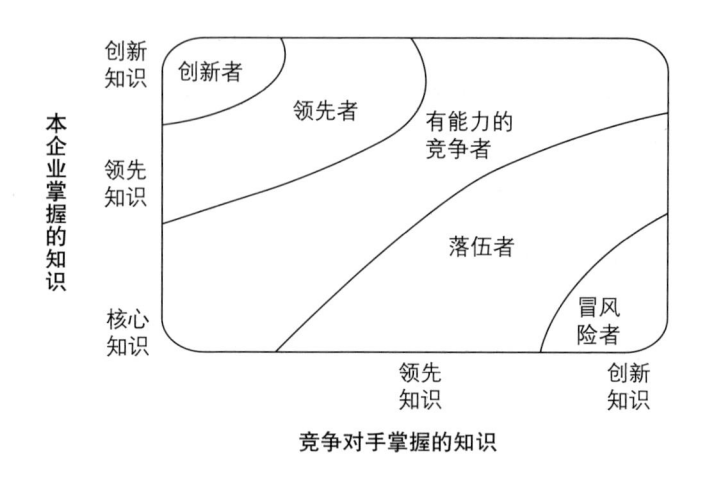

图 1-1 知识差距与知识优势分析框架图

第一种状态是企业掌握了核心知识，有资格参与行业平等竞争。已经掌握行业核心知识意味着企业具有一定的竞争力，也就是在系列指标上达到或接近行业领先者的水平。在此，竞争力并不是竞争优势，竞争优势是指与竞争对手相比，企业拥有差异性的资源和能力。如果企业尚未掌握行业核心知识，则尚不具备与对手直接竞争的能力，在这个阶段，企业需要非常清晰地认识到自己与行业里最佳实践企业的差距，虚心学习，快速吸纳并逐渐积累关联知识，逐渐接近或达到行业领先者的知识水平和能力，这是一个知识积累、追赶、转移、吸收和学习的过程。

第二种状态是企业掌握了领先知识，无论在新产品研发、管理运营体系创新还是商业模式创新等方面，企业就有能力在行业里做到专业领先、局部领先或全面领先。但当领先知识被竞争对手掌握时，企业就会处于落伍者状态，只能采取快速跟随和追赶的战略。

第三种状态是企业通过突破式或渐进式创新引领行业发展时，企业可以称得上是创新者。如现在很多企业在技术上拥有的知识产权、在产品/服务和市场上拥有的长期竞争力和盈利能力、在消费者心目中拥有的忠诚度、品牌声望和影响力、在资本市场拥有的价值等,都是其持续创新能力的综合体现。而当创新由竞争对手引领时,企业丧失了主导创新的能力,其发展就会面临一定的风险。

需要说明的是,知识优势是一个动态概念,是不断变化与转换的,今天的优势可能变成明天的劣势;同时,随着参照对象的不同,知识优势的价值也有所不同。在过去的四十年里,我国通过一以贯之的战略定位和持续不断的学习吸收转化,不断缩小与领先国家的知识差距。

在讨论知识差距和知识优势时,还需要对知识的概念和范围进行界定。从学术角度看,这是一个充满争议、众说纷纭的复杂课题(参见第13章,知识分类体系)。学术界、企业界和不同专业的个人,在不同场景下,对知识的理解、分类也会变化。在此,我们先从四个维度对知识的概念做一个一般性解读。

一是知道为什么(know-why)。这类知识的积累源自古以来人类对自然、社会和人本身的探索与研究,其间形成的原理、规则、体系和概念等庞大的知识体系是人类文明的瑰宝,涵盖了自然科学、社会科学和人文学科等诸多基础科学领域。其中,自然科学是以观察和实验的经验证据为基础,对自然现象进行描述、理解和预测的科学分支。同行评审和研究结果的可重复性等机制被用来确保科学进步的有效性。自然科学有两个主要分支:生命科学和物理科学。生命科学也称生物学,而物理科学又细分为物理学、化学、地球科学和天文学。社会科学是用科学的方法,研究种种社会现象的各学科总体或其中任一学科;政治学、经济学、社会学、法学、军事学等是典型的狭义上的社会科学。人类学、心理学、考古学等是社会科学和自然科学的交叉。人文学科是20世纪时人们对自然科学和社会科学之外的领域的简称,其包含的学科有哲学、文学、历史、现代语言及艺术等。

中华文明是世界上最古老的文明之一,在发展过程中积累了大量哲学、历史、文学、医学等著作;而经过最近一百多年,特别是改革开放以来的不懈努力，我国在科学研究领域也已经逐步实现从追赶到局部领先。根据2023自然指数年度榜单，以贡献份额衡量，2022年中国对自然指数所覆盖的四大自然科学类别（物理、化学、生物科学、地球和环境科学）的总体研究贡献，首次由第二位跃升至第一位。与2021年相比，中国的调整后份额增长了21.4%，在年度榜单前十国家中增幅最大。同时，根据日本科技政策研究所发布的《科学技术指标2022》，中国被引频次Top1%的论文数量超越美国，位居世界第一。从各个国家或地区的发明专利家族数量排名来看，1995—1997年，美国第一，日本第二；2005—2007年和2015—2017年，日本第一，美国第二；中国在2015—2017年排名第四，专利家族数量稳步增长。从技术领域来看，日本在"电气工程"和"通用设备"的专利份额较大，美国在"生物医疗设备"和"生物技术与制药"的专利份额较大；相对于十年前，中国在"信息通信技术"和"电气工程"的专利份额有所增加，而日本这一领域的专利份额有所下降。

二是知道是什么（know-what）。在基础理论研究的基础上，know-what能够将理论、设想、概念、创意和原理转化为战略和政策、社会实践、产业、企业、产品和服务；将人类的梦想、思想、理念、洞察、发明、创造转化为显性化的成果，如专利、论文、著作等，服务于社会进步和民生改善。这些都是将know-why的知识有效应用的过程。因此，know-what是从书本到实践的应用知识体系构建的过程。know-what的发展存在于政治体系、社会体系、经济体系、文化体系和技术体系等众多体系之中。例如，在政治体系中是把政治理念转化为社会实践的过程（如乡村振兴），在经济体系中是把理念、政策、技术、资金、产品等通过工程化、标准化、规模化变成产业的过程（如新能源汽车）。know-why的领先性、前瞻性、科学性与know-what的可行性、可靠性相互支持、相互补充，由战略领导者、战略科学家、战略投资人和战略企业家共同构成的知识引路人和实践者组成合力，形成国家知识优势的重要来源和基石。

三是知道如何做（know-how）。在理论知识和应用知识的基础上，know-how 是指了解复杂、前沿、挑战性问题的解决思路、方法和途径，指在大量试错和实践基础上获得和总结出来的感悟、经验和洞察，是隐性知识中最宝贵的知识。掌握 know-how 的人不仅能把工作做到实处，还能做得更好、更精、更快和更新。know-how 是一套复杂的方法论与技术诀窍，包含了理念、试错、探索和实践，这种知识难以言明、难以分解、难以解读，显性化难度较大，但具有非常高的价值。同时，know-how 融合在文化、社会、组织和个人技能中，是一种复杂交互、相互强化的体系，可以在宏观、中观和微观层面形成不同的知识体系。在宏观层面，know-how 可以是一套传导和运行机制，将高层的战略意图和价值主张转化成实践；在中观层面，know-how 是差异化的创新思维和探索方法，在特定产业或区域，形成独特定位和转型发展的路径和方法；在微观层面，know-how 则与具体岗位的操作能力密切相关，再好的理念、产品，都需要一大批工作在一线的管理人才、专业人才凭借职业操守和责任心，以专注的精神、精益的方法和高超的技能来实现；同时，当这些人才在管理和专业岗位上持续创新、改善和优化，组织层面才会不断出现专业奇才和岗位精工（如研发大师、手术专家等），将更多理想转化为现实。

四是知道是什么人（know-who）。人是三种知识创造和应用的主体，know-who 包含了人的成长环境和工作环境。成长环境与人们参与知识创造和应用的意愿密切相关。生长的家庭、受到的教育，以及文化的熏陶、书籍的影响等，决定了人的视野、格局、胸怀和才干，为其在工作环境中的可塑性、开放性、成长性和创新性打下重要基础。因此，与有知识、有品德的"高人"同行，对个人成长有很大价值。在工作环境中，know-who 既包括你的上司知人善用、尊重知识，让组织中的知识分享成为常态；又包括当你成为管理者时能够任人唯贤、提携后人，正如钱学森先生多次提及的"领军人才"——既有长远的战略眼光和责任与使命感，又对多学科人才尊重与包容，在解决问题时具有执着与忘我的精神，等等。在社会层面，know-who 更在于能快速触达和组合领域里真正的专家协同解决问题。社会中有一批并非依靠专业特长，而是善于与他人交往的机构和个人，他们掌握大量人际网络信息和 know-who，通过他们可以快速找到专心治学、"酒香也怕巷子深"的专家们。这对知识体系的构建具有独特价值。

总而言之，知识优势的形成需要特别关注五个方面：一是对人类社会和自然界内在规律和核心原理的认识与探索，着眼于未来的知识体系发展与战略认知，以及在全球视角下对自然科学和社会人文科学领域的独特贡献。二是解决超高难度却具有普遍价值的现实复杂问题，如环境气候、卫生健康、贫富差距、区域冲突和可持续发展等。这需要跨学科的协同、基于实践的创新性解决方法，还要将理论与工程管理方法有机结合。三是有利于新知识产出的体系与文化，即知识创造者所处的环境中有诸多要素鼓励新知识探索；从事新知识探索的人获得足够的尊重、接纳、支持和鼓励；允许新知识探索的边界模糊、混沌、未知；对新知识探索的探索性失败给予积极正面的评价，将其作为最有价值的知识予以认可；在文化上以包容、多元、平等、公正等特征支持突破式创新与渐进式创新，特别是对于突破式创新给予更多的包容与容错，在绩效考核、资源支持和保障上给予更多空间，为战略科学家和战略企业家创造良好的体系环境和文化氛围。四是有利于知识协同的机制与方法。知识协同包括基础研究与应用研究的协同、学术研究与企业研发的协同、学术研究与企业家创新的协同、知识要素与其他关联要素（如资金、人才、法律等）的协同。知识协同机制要打通科研成果转化中的盲点与堵点，加速知识的应用与传播过程。五是有利于创新人才产出的教育和社会环境。规模化、标准化的人才培养模式是无法产出差异化知识的，沉浸于对旧知识体系的学习也无法培养出具有探索新知识能力的人才。作为人口大国，我们需要让更多有天赋的人才、钻研科技的专才、勇于探索的英才、特立独行的"怪才"受到尊重和重用，用不同寻常的社会准则和文化规则接纳和使用他们。打造有利于创新人才产出的环境和机制，才有可能使我们在激烈的国际竞争中立于不败之地。

四、知识优势的关键特征

知识优势的形成与知识管理密切相关。要打造知识优势，企业需做到：首先，对知识资源的战略价值有清晰的认识，并愿意为此投入大量人力物力，长时间地构建这方面的能力，对构建知识优势有强烈的追求和欲望。其次，对自身与竞争对手的知识差距有明确的认识，明晰自身的知识需求，根据需求进行知识扫描，利用不同资源获取有价值的知识，根据价值对知识对象进行评价筛选，对知识内容进行加工处理、分析和整合。最后，对知识资源的利用和共享价值有高度共识，通过在组织内外进行知识分享，提升人才创新思维的活跃度和相互学习交流的意愿，降低创新试错成本，通过有效的知识体系支撑并加速知识创造，创造的知识在社会、经济、科技和人文等各个领域产生价值，形成综合知识优势（见图 1-2）。

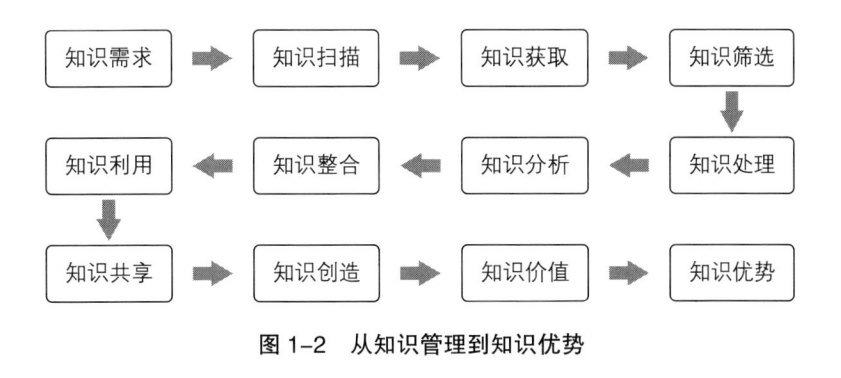

图 1-2　从知识管理到知识优势

知识优势的形成与国家、机构，以及人们所拥有的资源和能力密切相关。与自然资源相比，知识资源源自人类的智力创造，人既是知识创造的主体，也是知识的使用者。从广义上讲，智力创造既包括人类的天赋、想象力、突破力和好奇心，又包括产生知识资源的制度、环境、文化、激励和配套要素等。知识资源的可持续性、可再生性、可组合性和可复用性，使其成为人类文明传承和可持续发展的核心动力，以及国家、地区、组织和个人软实力的来源。从狭义上讲，缺乏自然资源的企业需要有更强的能力开发知识资源，特别是在人才获取、人才利用、人才组合和人才保留方面。具有竞争优势的知识具有下述三个特征：

一是稀缺性。知识的稀缺性是针对知识供给来说的，稀缺性知识具有在公共市场上难以获得、获得代价昂贵和产生高价值等特征，通常受到其拥有者强有力的保护，具有专用性、专有性和独特性。与通用性知识相比，稀缺性知识积累时间长、探索难度大、隐性程度高、突破壁垒厚，具有看不懂、拆不开、摸不透、学不会等特性，对人才、机制、氛围要求高。只有少数人和机构拥有获取和创造稀缺性知识的能力，这些能力源自在无人区长期的探索、在看似无法解决的难题中获得的经验，以及突破现有知识边界时的领悟。因此，稀缺性知识是企业差异化能力、创造能力和高附加值的关键来源。

二是复杂性。知识优势的形成源自知识体系中多元要素的相互作用，具有要素多样性、交互多元性、组合多层面、迭代多阶段和创造多维度等特征。知识体系中的要素和组合路径越多、越复杂，其透明度越低，被模仿的难度越大、时间越长。从竞争视角看，知识生态中门类越全，人际交流越频繁，构建新知识的可能性越大。从社会视角看，知识机构协同性越强，知识转化效率越高，形成复杂性知识的概率越大。无论是好奇驱动的知识求索、探索驱动的知识发现、挑战驱动的知识突破、问题导向的知识创新，还是需求引发的知识应用、客户牵引的知识迭代，连接环节越发达，科研成果转化的可能性越大。从文化视角看，知识创造的复杂性需要文化的包容性和多元化，无论是艰难探索的"侠客"、特立独行的"天才"，还是甘冒风险的勇士与寻求突破的智者，都能充分释放其智力资本，并受到全社会的尊重与敬仰。

三是持久性。知识资源的复杂性和稀缺性共同构成了知识优势持久性的基础。知识的复杂性是诞生稀缺知识的基础，而稀缺知识又不断增加知识的复杂性，两者的动态循环与互相加持，构建了知识优势形成的基础和环境。在快速的科技竞争中，知识的复杂性和稀缺性被不断破解与超越，企业需要通过知识管理不断扩大知识要素来源，促进知识协同，推动知识资源整合，加固能力护城河，特别是以数字化转型契机，为获得知识优势创造条件。

以半导体制造为例，半导体制造体系经过数十亿美元的投入、数十年的研制和知识积累，其工作过程包含了500多台机器和1000多个步骤[①]，美国在整个体系中都投入或嵌入了工具、软件、组件和知识产权等关键资源，将整个知识体系整合在巨大的、充满复杂性且跨越全球的供应链中，只有极少数厂家能够生产并获取极高的附加值，并将稀缺性、复杂性和持久性集于一身来构筑竞争壁垒。

知识的稀缺性和复杂性既是企业知识优势的来源，也给知识的高效利用带来困难，特别是当稀缺和复杂的知识以隐性化、碎片化和分割化的形式存在时，获取、过滤和整合这些知识的成本过高，企业必须通过技术手段和工具降低知识获取成本，使知识创造者将更多时间和精力用在知识分析、分享和创造上，而数字技术的发展与应用恰好为此创造了条件。

---

① Palme, A. W. 'An Act of War': Inside America's Silicon Blockade Against China [EB/OL]（2023-07-12）[2024-01-11].https://www.nytimes.com/2023/07/12/magazine/semiconductorchips-us-china.html.

五、数智时代的知识管理

在数字经济时代，企业数智化与平台化依然与资源和能力有关。数智化中的"数"与"智"分别代表资源和能力。一方面，数据的类型与数据量迅速扩大，大量外部数据（如社交媒体数据）、动态数据（如智能终端）、非结构数据（如音视频）和过程数据（如物联网和移动互联网）对企业的数据管理能力提出了更高要求。另一方面，人工智能技术的应用，为从数据到知识的增值过程带来了新的思路、工具和方法。智的能力既包括"数据—信息—知识—智慧"的增值过程，即将数据增值为可用的看板、工具、模型和服务的能力；又包括人们在海量大数据中发现新的认知模式的能力，以更快的速度、更广的视野、更深的洞察获得全景式、精准化认识，弥补人脑的局限和不足，在人机交互中形成新的知识创造范式。

平台是各方交互的集合，通过创造外部生产者和消费者交互捷径来创造价值。平台既是中介，也是数字基础设施。平台化能力是指企业将孤立的业务单元通过数字化、参数化、模块化的方式，利用平台即插即用的开放性特征，动态整合各类资源的能力。平台化突破了传统工业经济连接外部与内部资源、通用与专用资源、同构与异构资源中的边界和局限性。平台企业利用数字产品的可编程、可访问、可通信、可记忆、可感知、可追溯、可协作的特性发展规模经济，促进了不同资源在平台上的连接、融合和重构，使得生产者在应对市场不确定性、需求波动性时可以随需调用各类内外部资源，而不必受到企业定位的限制。平台企业所具有的资源和能力，解决了需求和供给的复杂性，从而带来持久的知识优势。

对企业来说，数智化和平台化改变了组织的知识管理模式、知识整合范围、知识分享成本和知识创造要素。需要指出的是，数据资源本身并不构成知识优势，将数据加工成高质量的知识并赋予人们决策与行动能力，才能带来知识优势。数据不稀缺，但有效开发数据的能力是稀缺的，这也是人工智能成为数字经济发展中最令人瞩目的国际科技竞争前沿技术的主要原因。平台化能力是稀缺的，当平台能够聚合复杂资源、解决复杂问题时，其才能转化为真正的竞争优势。

企业的数字化转型为知识管理带来了新的挑战和机遇。企业数字能力的构建，使得之前没有被数字化的活动和知识显性化，这对隐性资产的可视化和被利用很有帮助。同时，以企业价值链和生态为对象的数字化转型，为"数据—信息—知识—智慧"价值链的整合协同提供了可能性；人工智能技术的应用对知识管理的增值模式也产生了重要影响。据此，笔者提出了知识管理与数字能力九宫格（见图1-3），试图分析数字技术可能产生的影响。

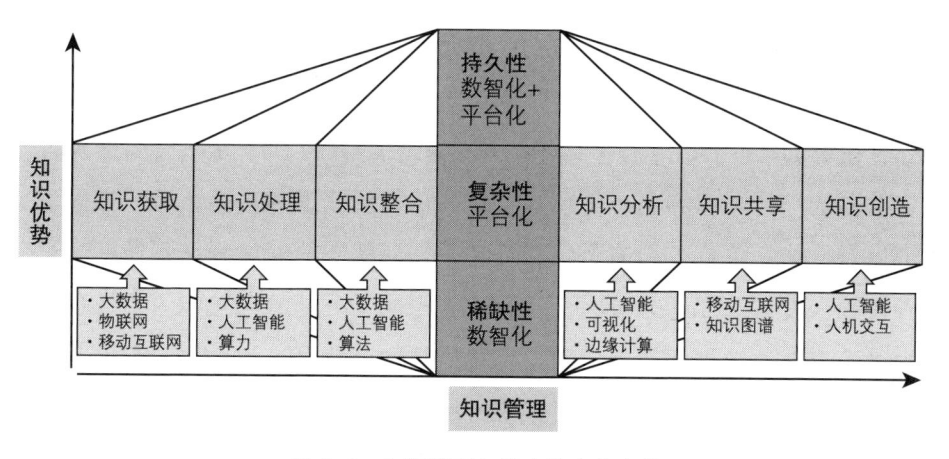

图1-3 知识管理与数字能力九宫格

在知识获取上，从知识价值链的组成上看，人们通过管理信息系统、大数据、移动互联网和物联网获取数据的广度、深度、速度和精度大幅提升。智能终端和传感器连接了人、物、过程等并实时传输，特别是对社交媒体和物联网的数据采集范围和时效性都超出了人们已有的能力。人们通过交流、学习、实践、传承获取和积累知识的模式被打破。

那么，如何将数字技术获取的知识与人类的经验进行整合，成为我们亟须关注的问题。

在知识处理上，大数据的复杂性、多元化和规模化使数据处理变得更加困难，人们已经无法依赖人脑和经验分析处理这些大数据。以数学、计算机科学、神经生理学、心理学、信息论、哲学和认知科学等为基础发展起来的人工智能技术，试图在自然语言处理、知识表达、智能搜索、推理、知识获取、模式识别等领域极大地提高和拓展人们处理、检索和标注知识的速度和规模。

在知识整合上，云计算为大数据提供了算力、网络安全和存储能力，将来自四面八方的数据进行存储和处理，将异构数据进行整合分析，改变了以往依靠人脑或组织内的信息系统存储知识的模式。从横向看，知识的整合跨越时空、地域和组织边界；从纵向看，知识贯通深入到垂直供应链、个体的单元和人，形成了复杂的知识网络和知识图谱，知识资源之间的融合交互，为新知识的产生提供了各种可能性。

在知识分析上，对海量数据的整合及关联分析，一方面可以提供特定对象的综合画像和全态势感知，拓展认知的范围和边界；另一方面也可以对个体对象进行精确定位和描述，拓展认知的深度和细颗粒度。这种兼顾广度与深度的分析在一定程度上超越了人脑的认知能力，为我们提供了全新的知识体系。借助人工智能技术、数据可视化技术和移动互联网技术，企业的经营现状通过多维度、多载体的数据看板，实时、动态、全面地呈现。数据能够真实、客观、准确地呈现对象和过程，为决策者、管理者和员工提供全方位的决策依据和行为指导，数据驱动发展优化成为现实。

在知识共享上，数字化技术的最大价值在于以极低的成本快速有效地分享知识。数字产品可编程、可访问、可通信、可记忆、可感知、可追溯、可协作等特征有助于加速知识共享、降低知识共享成本；通过便捷的客户交互，形成有效的价值共创，缩短知识需求与知识供给的路径和周期。

在知识创造上,知识管理与数字技术结合打造了三个知识创造空间。一是人际的知识创造。通过有效交流、沟通思想、认知碰撞所形成的以隐性知识为核心的知识创造与决策体系,对于前瞻性判断、处理突发事件和分析解决复杂问题来说,是不可替代的传统创新空间。二是人机交互形成的知识创造。通过数据可视化呈现、系统化整合、动态化追踪和精细化分解,在人机之间形成隐性知识与显性知识、感性与理性、主观与客观、内部与外部相互融合的决策变革。通过数据中台,将孤立的业务单元和创新主体数字化和模块化,利用平台即插即用的开放与动态整合能力,快速集结资源和用户,随需而变构建创新生态。三是基于人工智能技术创造的新认知空间。通过大数据和人工智能技术,形成对复杂事物更全面、更深入、更系统和更高效的知识体系。上述三个空间相互组合、协同共创,在基于工业时代知识创造体系的基础上,发展新的知识优势。

简言之,数智化与平台化需要与知识管理活动和知识价值链深度融合,在资源和能力上形成你无我有、你有我专、你专我新、你新我特、你特我精、你精我全等关键特征,逐步形成资源与能力的稀缺性、复杂性和持久性。要实现这个目标,需要精心设计构建一整套知识管理体系,系统记录、整合、传承人们的智力资本,对其充分利用和共享,才能打造坚实的知识优势。正如《孙子兵法·虚实篇》中对优秀军队的描述:"故形兵之极,至于无形。无形,则深间不能窥,智者不能谋。因形而错胜于众,众不能知。人皆知我所以胜之形,而莫知吾所以制胜之形。"

第2章
双元能力的构建机制

一、突破式创新与渐进式创新

企业成功要兼顾长期发展和短期生存，必须要在从事渐进式创新的同时推进突破式创新，并在两者之间达成相互协同和动态平衡。在突破式创新与渐进式创新并行迭代发生的年代，有些企业在激烈变化的环境中生存下来，有些则难以适应。适应的企业有能力充分利用现有资产并巩固已有的竞争地位，同时有资源和能力探索新技术和新市场，形成创新组合能力，持续捕捉新的机会。这种能力被称为利用与探索能力，或组织的双元能力。"组织双元性"这个术语是指企业为了获得长期的成功，需要考虑构建支持突破式创新和渐进式创新的双重结构，随着创新发展的需要进行切换和组合，企业还可以根据创新过程的不同阶段调整这一结构，以适应不同的战略需求。[①]

突破式创新强调对现有知识体系的突破、对既有路径的改变和对已有范式的颠覆，通过"洞察""感悟""搜索""改变""试验"和"发现"等活动[②]，创造新思想、发现新知识、开发新技术、构建新能力，开创前所未有的需求、应用与市场。突破式创新包括对思维框架、理论

---

① 董小英，晏梦灵，余艳. 企业创新中探索与利用活动的分离-集成机制：领先企业双元能力构建研究 [J]. 中国软科学，2015，(12)：103—119.

② Levinthal, D. A. and March, J. G. The myopia of learning [J]. Strategic Management Journal, 1993, 14(S2): 95-112.

框架、机制框架和约定俗成的成熟体系的创新，是跳出已有体系进入全新体系的过程，对组织来说是一次重大的转型。[①]如汽车之于马车、电脑之于打字机、智能手机之于功能手机等都是属于突破式创新。大量实践案例证明，突破式创新并不是由传统企业完成的，传统企业往往固守已有的成功和商业模式，拒绝对已有的业务体系和组织结构做出重大调整。

与改变现有体系的突破式创新不同，渐进式创新强调对现有体系的持续优化、升级和改善，其重点在于"完善""精细""效率"和"实现"。[②]知识传承、重用、组合、保护至关重要。渐进式创新重视已有能力、技术路线和管理范式的一致性和延续性[③]，重视对已有流程、体系和产品的持续改善，是在已有的技术路线上持续前行。如苹果公司的智能手机iPhone持续迭代，其架构和功能没有根本性的变化，但在不断改善升级。研究结果表明，80%的大企业倾向于从事渐进式创新，却可能忽视突破式创新的早期苗头。[④]

二、构建双元能力的难点

在实践中，很多企业发现兼容突破式创新与渐进式创新是非常困难的，因为突破式创新与渐进式创新之间存在着相互竞争、相互排斥的紧张关系。二者的紧张关系在认知层面就已经存在，它们一直竞争领导者

[①] 董小英, 周佳利. 信息时代的创新与管理：思科启示录 [M]. 北京大学出版社, 2014.

[②] March, J. G. Exploration and exploitation in organizational learning [J]. Organization Science, 1991, 2: 71-87.

[③] Tushman, M. L. and O'Reilly III, C. A. Managing evolutionary and revolutionary change [J]. California Management Review, 1996, 38(4): 8-28.

[④] Voss, G. B. and Voss, Z. G. Strategic Ambidexterity in Small and Medium-sized Enterprises: Implementing Exploration and Exploitation in Product and Market Domains [J]. Organization Science, 2012, 24(5): 1459-1477.

的注意力、宝贵的资源和优秀的人才。企业领导人到底该把重点放在突破式创新还是渐进式创新上？要平衡好两者之间的关系非常困难，这主要有三个原因：一是在投资与回报已经证明行之有效的领域追加投资是一项安全的选择，风险较小，上级也不会责怪；二是当企业在满足客户需求方面投入并获得利润时，这种正反馈会使组织产生不断强化的路径依赖；三是渐进式创新通常是在已有业务体系和战略框架内的持续改善，过去的经验和知识都可以复用，对企业来说更容易和便捷。因此，大多数企业倾向于发展渐进式创新能力。管理学大师马奇认为，由于短期偏见，成熟企业总是注重开发利用能力，这使他们在已知的领域变得效率越来越高。[①]在成熟稳定的市场环境中，这是一个非常明智的选择。这样的组织在短期内会占据主导地位，但随着技术更新和环境变化，"温水煮青蛙"的发展模式和渐进式创新营造的舒适区会使企业排斥并错失突破式创新所带来的潜在机会。

这也就是为什么在市场变化时和新技术革命到来时，渐进式创新做得非常好的企业的转型会遇到巨大障碍并陷入窘境。尽管大企业鼓励各种内外部的创业创新，但成功率不高，因为它既有的知识积累和能力体系过于强大，阻碍了对新知识的关注和探索。而一些中小企业早期冲劲十足，技术有一定的新颖性和前瞻性，但由于缺乏渐进式创新能力，知识积累不足，发展到一定程度难以实现规模化和体系化。企业在突破式创新和渐进式创新面前左右为难、顾此失彼，这成了一个管理难题，细分原因，主要是领导力层面的四种思维状况阻碍了企业双元能力的建设。

第一，对失败和组织变革所带来的痛苦的恐惧。由于突破式创新的不确定性和风险，大多数成熟企业倾向于从事渐进式创新而规避突破式

---

① March, J. G. Understanding Organization Adaptation [J]. Society and Economy, 2003, 25 (1): 1-10.

创新。[1] 突破式创新是对未来潜在技术和新市场的试验和发现，这意味着前途充满不确定性、战略选择充满风险、商业模式不清晰、投资回报难以预测，因此存在着失败的可能性且阻挡了大多数人的参与。而突破式创新一旦获得成功，回报巨大。美国和以色列的高科技企业更愿意从积极的层面解读这种可能的失败，认为这是有价值和有意义的探索，正如我们常说的"失败乃成功之母"。而大多数企业迫于股票市场的压力和竞争生存困境，在激励机制设计上强调短期回报和当期财务指标，因此更倾向于选择渐进式创新，既可以少犯错误，又可以规避风险，不确定性越高，其投入越谨慎。

第二，锁定机制和自我强化。企业对渐进式创新的持续投入不断强化已有优势，效率的提高、收益的可预测与稳定性，使企业逐渐形成自我强化机制。成熟的大企业不愿放弃或颠覆已有优势，承担组织转型的痛苦和短期收益的损失，对突破式创新噤若寒蝉。从短期看，渐进式创新是安全的选择，特别是在稳定的市场环境中，它有助于加强企业已有的核心竞争力。但从长期看，自我强化机制会使企业产生路径依赖和惰性，重视内部优化和发展，忽略外部环境、技术和客户的转型变化。[2] 自我强化机制增加了企业突破式创新的机会成本和转换成本[3]，使其核心能力变成了核心障碍，对竞争对手的"创造性破坏"难以快速响应，从而错失进入新技术和新市场的时机，很多显赫一时的大企业都曾陷入类似的窘境。

第三，思维偏好降低对创新的包容度。偏重突破式创新的企业和偏

---

[1] Groysberg, B. and Lee, L. E. Hiring stars and their colleagues: Exploration and exploitation in professional service firms [J]. Organization Science, 2009, 20 (4): 740-758.

[2] Gupta, A. K., Smith, K. G. and Shalley, C. E. The interplay between exploration and exploitation [J]. Academy of Management Journal, 2006, 49(4): 693-706.

[3] Levinthal, D. A. and March, J. G. The myopia of learning [J]. Strategic Management Journal, 1993, 14 (S2): 95-112.

重渐进式创新的企业，在思维、价值观、领导力、组织氛围、组织结构和绩效体系上存在着很大差异，同时兼顾两种创新模式的领导人，在认知复杂性和行为复杂性上都有更高的要求，如突破式创新需要将注意力放在新的领域、新的能力和新的人才上，而渐进式创新是在既有的框架内寻求创新空间。因此，两者存在着冲突和竞争关系。一般来说，个人的认知偏好使其不由自主地在重视一方的同时忽视甚至排斥另一方。构建兼容突破式创新和渐进式创新的组织首先要完成思维上的转变，即从非此即彼的权衡思维（trade-off thinking）转向悖论思维（paradox thinking）。[1] 权衡思维是指人们在突破式创新与渐进式创新之间进行取舍。悖论思维指导下的管理模式被称为悖论管理。悖论中的对立关系往往会引发人们情感上的焦虑和防御心理[2]，导致否定、压制、排斥的行为相继出现。[3] 人们通常用简单、静态、分离的权衡思维解读悖论，强调事物的一方，忽视甚至否定另一方，这导致悖论的对立关系被强化，关联关系被弱化。人们在认知、态度和行为上追求与他人保持一致的倾向会进一步深化矛盾。[4] 这种一致性有助于减少人们在思想和行为层面的冲突和矛盾，降低企业内部的协调和达成共识的成本，避免行为的不一致所带来的不确定性。[5] 不过，通过压制悖论的一方来维持有序的假象虽然可以暂时舒缓焦虑或使另一方得到加强，但这不仅无法消除两者

---

[1] Morgeson, F. P. and Hofmann, D. A. The structure and function of collective constructs: Implications for multilevel research and theory development [J]. Academy of management review, 1999, 24(2): 249-265.

[2] Schneider, K. J. and May, R. The paradoxical self: Toward an understanding of our contradictory nature [M]. Humanity Books, 1990.

[3] Vince, R. and Broussine, M. Paradox, defense and attachment: Accessing and working with emotions and relations underlying organizational change [J]. Organization Studies, 1996, 17(1): 1-21.

[4] Cialdini, R. B., Trost, M. R. and Newsom, J. T. Preference for consistency: The development of a valid measure and the discovery of surprising behavioral implications [J]. Journal of Personality and Social Psychology, 1995, 69(2): 318.

[5] Pratt, M. G. and Foreman, P. O. Classifying managerial responses to multiple organizational identities [J]. Academy of Management Review, 2000, 25(1): 18-42.

的紧张关系，反而在管制放松后，使两者的紧张关系进一步加强，从而导致悖论的恶性循环。因此，将权衡思维或一致性作为组织防御机制，短期内会提高组织共识和效率，长期则会顾此失彼。因此，"接受"的态度是使悖论产生良性循环的关键：当人们认识到悖论双方存在紧张关系并可以共存时，就会主动探索两者的对立关系和实现对立关系动态转化的方案。然后通过悖论的转化，将决策的有效范围扩大到中长期，挖掘组织资源的可能性和潜力。

第四，战略视野与知识体系固化。尽管企业有意愿将更多资源投入突破式创新，但企业已经在固化的思维模式和知识体系里，难以实现认知上的突破。因为每个企业都有自己的发展基因，当企业知识体系相对稳定和专注时，企业获取新知的视野、范围和来源都聚焦在既有的框架内，容易忽略和过滤掉新的变化和信号，错失捕捉突破式创新的苗头和时间窗口。

三、构建双元能力的思维创新

利用悖论思维解决突破式创新与渐进式创新的矛盾和冲突，对我们设计知识管理解决方案是一个非常好的指引。悖论思维是指一对元素同时且持续存在，相互对立又相互联系。悖论思维与权衡思维存在着本质差异。[①] 第一，与权衡思维相比，悖论思维承认事物相互对立的关系，采用"接受"而不是"对抗"的态度。第二，权衡思维强调对事物双方做非此即彼的选择，而悖论思维强调悖论双方既相互对立又相互联系、相互连接、相互支持，如果采用积极的管理方式，就存在同时满足悖论双方要求的可能性。第三，悖论双方做出非此即彼、你对我错的选择，

---

① Lewis, M. W. Exploring paradox: Toward a more comprehensive guide [J]. Academy of management review, 2000, 25(4): 760-776.

并不能解决或消除悖论，而会强化两者之间的对立关系；将这种既对立又联系的关系视为一个整体，并认可两者持续存在的价值和意义，发现和利用两者之间相互支持和转化的关系，就有可能兼顾两种模式并充分挖掘悖论双方资源的价值和潜力，用创造性的方法同时发展张力的两端，既将突破式创新与渐进式创新做到极致，又探索并整合在突破式创新和渐进式创新之间建立提升彼此价值的方法和途径。在这个过程中，人们通过直面冲突，寻找"同时"而非"取舍"的管理路径和方案，并在此基础上进行长期和整体的机制设计。

在悖论思维指导下探讨突破式创新与渐进式创新的重点不是简单地判断哪个更重要，而是充分发掘两种创新模式给彼此带来的价值和效益，通过创造性的方法将"双元"有机联系起来，抓住各"元"的优势，相互补充，从而实现彼此价值的最大化。[1]

四、构建双元能力的两种机制

在悖论思维的影响下，学者们提出了悖论管理的分离机制和集成机制。[2]

分离机制关注悖论两元的不同之处，采取不同方法对二者进行处理。分离有助于解决悖论双方的冲突和竞争，通过建立和发展分离结构，给它们空间和时间发展出各自的独特性和创造性，使组织的双元性同时得到发展。分离可以细分为空间分离和时间分离。空间分离是指在

---

[1] Eisenhardt, K. M. and Martin, J. A. Dynamic capabilities: what are they? [J]. Strategic Management Journal, 2000, 21(10-11): 1105-1121.

[2] Poole, M. S. and Van de Ven, A. H. Using paradox to build management and organization theories [J]. Academy of Management Review, 1989, 14(5): 562-578; Andriopoulos, C. and Lewis, M. W. Exploitation-exploration tensions and organizational ambidexterity: Managing paradoxes of innovation [J]. Organization Science, 2009, 20 (4): 696-717.

组织内建立分离的单元，通过结构边界和空间隔离，在子系统内营造互不干扰的条件和环境。时间分离指在不同的时间段关注悖论的不同方面，如在某一时期重点发展探索能力，在另一时期重点发展利用能力。例如，一些大企业在设立创新中心时会将地点选在与集团总部相对较远的地方，通过地理分割，让创新中心团队成员在使命、文化、工作方式和绩效考核指标上都与传统业务分离，以确保给他们足够的空间、自由度和灵活性进行突破式创新的探索，而不会在思维、人和模式层面，被已有的成熟体系所"干扰"。

分离机制的好处是，通过时间与空间的分离，悖论的冲突和竞争得以避免，业务活动模式保持各自的独立性和一致性，让悖论中的某一方做到最优，避免组织悖论中一方对另一方产生干扰。这种机制有助于发展组织专业化能力，通过自我强化机制增加组织在某些领域的专业性、领先性和差异性。[1] 大企业可以兼顾这种模式，将"鸡蛋放在不同的篮子里"；资源匮乏的中小企业则可以根据环境的变化和不同阶段企业的战略诉求和主要问题，交替式地发展突破式创新和渐进式创新，并在资源配置上进行动态调整。

分离机制的局限性是突破式创新与渐进式创新各自独立进行，对组织资源配置有较高的需求，而且，由于突破式与渐进式创新之间关联弱化，组织将面临知识交换和成果共享方面的障碍。此外，突破式创新和渐进式创新各自的体系中存在着自我强化的现象，这会导致组织难以开发出新的资源组合和整合能力。渐进式创新倾向于规避突破式创新的不确定性和风险，使企业错失转型的良机；而突破式创新无法充分利用原有资产和能力，难以实现新兴技术的商业价值，最终导致企业在生存与发展的悖论中顾此失彼。只使用分离机制并不能完全解决组织悖论，组

---

[1] Smith, W. K. and Tushman, M. L. Managing strategic contradictions: A top management model for managing innovation streams [J]. Organization Science, 2005, 16(5): 522-536.

织中的冲突关系仍然存在，并且会产生新的冲突。[①]如一家知名的国有企业总部位于北京，为了解决突破式创新问题，把创新总部放在上海，以适应适度的创新分离，但是创新中心的业务并非完全独立，其仍需要不断与总部进行协同，"剪不断，理还乱"，仅仅是地理上的分离，并未从根本上解决这个问题。

集成机制强调在看似相反的两元之间寻找关联点，通过在两者之间建立联系来构建双元能力。越来越多的学者认识到，突破式创新与渐进式创新之间可以形成互补关系，通过两者之间的转化和支持提升彼此的价值：突破式创新为渐进式创新提供了新的思路、知识，以及优化和扩展的素材；而渐进式创新为下一步突破式创新提供了知识基础和辅助性资源。在这个过程中，组合能力与互补性资产发挥了关键作用。

组合能力是指将渐近式创新中已经积累的知识用于突破式创新的洞察和发现，在两者之间建立相互交流、相互启发和相互支持的关系。大多数新知识并非凭空产生，而是在原有知识的基础上通过洞察、试验发展而来。创新是用新的方式对已有资源进行重组。[②]为了应对技术转型的不确定性和不可预测性，组合是在已有的视野和知识框架内，尝试加入以前没有的要素，在这个过程中，能同时考虑新要素与新组合，就可以使创造持续发生。[③]这些观点都表明，将突破式创新和渐进式创新加以组合，将有助于激发组织创新，且使突破式创新的风险得以降低、渐进式创新的价值得以提升。此外，组合能力是组织吸收能力的基础。创造新知识是在现有知识中生成新的应用和新的知识组合。组合能力可进一步细分为系统能力、社会化能力和协调能力，其可以发生在组织内部、产

---

① Edmondson, A. C., Roberto, M. A. and Watkins, M. D. A dynamic model of top management team effectiveness: Managing unstructured task streams [J]. The Leadership Quarterly, 2003, 14(3): 297-325.

② Schumpeter, J. A. Business Cycles: A Theoretical, Historical and Statistical Analysis of the Capitalist Process [M]. McGraw-Hill, 1939.

③ Fleming, L. Recombinant Uncertainty in Technological Search [J]. Management Science, 2001, 47(1):117-132.

业间和与企业相关的产业与环境中。①组合的重点是关注突破式创新与渐进式创新资源配置的数量和比例，但组合的具体方式仍需进一步挖掘。②

根据动态能力理论的主要贡献者蒂斯的观点，核心技术商业化的成功需要互补性资产做支持。③互补性资产是指企业在从事突破式创新和渐进式创新的过程中，可以共享的组织已经积累的成熟资产，如制造、渠道、服务、市场营销、金融资产等。创新活动是企业的核心活动，互补性资产是支撑辅助性活动的资产。互补性资产可以提高利用活动的效率，降低探索活动的风险。特别是大企业和领先的高科技企业，它们通常积累了丰富的互补性资产，将创新活动与互补性资产相结合，可以提高技术工程化和市场化的水平和能力、提高模仿者拓展市场时的准入壁垒、提高新技术的商业价值。

五、双元创新与知识管理框架

在实践中，人们发现兼顾突破式创新与渐进式创新很难，两者之间存在着相互竞争和相互冲突的紧张关系。擅长渐进式创新的企业通常很难在突破式创新中取得成功，尤其是大企业和行业领先企业，容易错失技术创新所带来的机遇；而擅长突破式创新的中小企业如果没有渐进式创新能力，很难在规模化、规范化方面取得成功，很难把企业做大。

突破式创新和渐进式创新对文明演化传播和社会发展都有重要贡献，但两者的范式差别很大。

---

① Bosch, F. A. J. V. d., Volberda, H. W. and Boer, M. d. Co-evolution of Firm Absorptive Capacity and Knowledge Environment: Organizational Forms and Combinative Capabilities [J]. Organization Science, 1995, 10(4): 551-568.

② Cao, Q., Gedajlovic, E. and Zhang, H. Unpacking organizational ambidexterity: Dimensions, contingencies, and synergistic effects [J]. Organization Science, 2009, 20(4): 781-796.

③ Teece, D. J., Pisano, G. and Shuen, A. Dynamic capabilities and strategic management [J]. Strategic Management Journal, 1997, 18(7): 509-533.

突破式创新的不确定性大,与现有知识体系相距较远,通常处于现有知识体系边缘或体系之外。突破式创新需要在无人触及的领域开疆扩土,通过丰富的想象力、精确的洞察力、差异化的思维、与众不同的审美、敏锐的嗅觉、细微的观察、强烈的好奇心、不经意的发现、未预期的涌现、持续的探索、对改变社会的强烈使命感等多种精神活动,在他人未知的领域寻找和开辟求知求证的空间和机会。突破式创新需要与混沌、不确定性、无边界、无回报、质疑、挑战、否定和嘲笑共融共存,以生命、青春、功名利禄、富贵荣华为代价,在周围的不解甚至鄙视中坦然自若,对追寻的目标坚定不移,没有投机、没有算计,也没有框架限制。

渐进式创新的不确定性相对较小,有大量已有知识做支撑,是在既定框架、指南、体系、结构中做局部创新和改善,与现有的知识体系紧密相关。渐进式创新需要企业的人才对现有架构和知识体系中的问题和弱点有深度洞察、全面理解,对与行业内最佳实践的差距和对标了如指掌,有足够的知识深度,对品质有精益求精的追求,对整个体系有持续改善的精神,从点、线、面、体逐渐拓展渐进式创新。

中国科学院学部委员俞鸿儒院士在谈到中国缺乏原创性创新时曾指出科研项目指南制约了创新型科研的发展。也就是说,我们在用渐进式创新的方法做突破式创新的事情。在俞院士看来,创造性项目是在未知领域进行探索,存在很高的风险及不成功的可能性,在不成功时也要给出此路不通或发现重大障碍等结果。创造性研究需要宽松的环境,如果按工程项目来对待,科研人员的思维和活动就会被不必要的约束严格限制,要想获得成果难上加难。长期以来,我们形成了一种"集中力量办大事"的习惯,这对于仿制和跟踪项目或许是有效的办法,给予高投入确实会产生明显的成效。但给大兵团提供高额经费开展探索性研究的真实效果恐怕未必好。那么应该如何扶持创造性项目呢?科研选题往往决定项目的成败,选题既重要又难度极大。我们目前的问题在于各种性质的研究项目都喜欢发布非常具体的项目指南,可哪一位指南编写者有能力为创造性研究选定课题呢？勉强为之还不如定个宽松的方向，指南中还一定要加上"其他"一项，以防将研究者好的构思拒之门外。①

突破式创新和渐进式创新的条件及氛围也是很不同的。对于突破式创新来说，知识探索体系非常重要。从事突破式创新的人，在思维上通常具有前瞻性、居安思危、自我批判、志向高远、求新求变、充满好奇，勇于突破和挑战，擅长发现和探索，崇尚自由和多元；在价值观上，重视创新和发展；在领导力上，对外部环境高度敏感，具有他人所不具备的前瞻性、洞察力和判断力，对未来具有执着的战略追求和眼光，在高风险和资源匮乏的探索中保持战略定力；在认知模式上，具有突破性思维、危机意识和对未来的思考；在文化上，强调不断适应市场环境的变化，打破现有组织惯性，抓住新发展机会，构建新的能力，从而保持业务的持续增长；在知识体系上，重视对新知识的获取、对新事物的洞察、对弱信号的前瞻性预判，有意识地进入无人区进行知识探索和发现；在学习体系上，重视开放、试错、未来导向和差异化，以及在不确定性高的未知领域进行探索；在组织氛围上，强调包容、接纳、尊重、授权、非正式、平等、关爱等文化建设；在组织结构上，强调灵活性、开放性和多元性；在绩效体系上，关注长远、社会责任、可持续发

---

① 俞鸿儒．俞鸿儒院士：科研项目指南制约了创新型科研的发展 [EB/OL].（2023-07-26）[2023-12-15]. https://mp.weixin.qq.com/s?__biz=MzI3MTkwMzM0Nw==&mid=2247910552&idx=2&sn=10534c94a134b27922f2c26637b680d9&chksm=ea229a58eddf428842be1d7a38a2d6dcbe705f89a410b4f2ef5db6387a9f8b36293cd2775944&mpshare=1&scene=1&srcid=0404jODUKHc4PVKDnMvdGeZ9&sharer_shareinfo=99f258a979b95ff3f584c4589978c082&sharer_shareinfo_first=99f258a979b95ff3f584c4589978c082&from=singlemessage&isappinstalled=0&clicktime=1743993001&enterid=1743993001&ascene=1&devicetype=iOS18.3.2&version=1800392d&nettype=WIFI&lang=zh_CN&countrycode=CN&fontScale=100&exportkey=n_ChQIAhIQbMtjgZQVLKP1z9PgVmnIrxLkAQIE97dBBAEAAAAAJnLEu9uYSYAAAAOpnltbLcz9gKNyK89dVj0Iy0J%2FLmjhbs383sWjT5wC5g%2FxXpl%2BUILvBznUDiHniZx2JCcNpcA7rZQWTH63jO00dqg7FH3mYIVStKz%2FHChccCh%2FMzWTik3qJfxgYmsdej6B85pnXKEqn5V1A77dyQh8wUtDnsqM6AfpcFk%2F%2Bx6efb4wPldgP0C3Uk1Vl0GAcjKitzrvdwAoJS%2FAyIqV38Jndsv9AzJU74JAfBTKv0%2BVIMl9ZWDNYPOWzGgEnYjAiGsCXnt8D63NxMNONwYQM6A%3D%3D&pass_ticket=43FH03I2UwauHFGpGmC%2F4iVTqMx9PxB%2Bvfp49IC8%2Fq%2BYL6wGNpcM%2BG4er2CmKdqx&wx_header=3.

展和人文关怀等非财务性指标，愿意承担从短期来看没有商业价值的研究，或探索"无用"的知识。

对于渐进式创新来说，知识利用体系非常重要。从事渐进式创新的人，在思维上通常倾向于规避风险，追求安全第一、精益求精、稳定高效、持续改进；在价值观上非常重视诚实守信，以及一致性、传承性和稳定性；在领导力上强调稳健性、高效率和精细化，对既有领域保持高度专注、热爱和执着；在文化上强调不断提高现有流程的效率，降低成本，维持相对稳定的组织结构和文化，从而凭借在现有流程中的竞争力获得稳定的现金流；在组织知识体系上重视知识的整合、重用、转移和保护；在学习体系上强调在已有框架和范式内遵守规范、尊重经验，重视对既有知识的传承、利用和整合，对标已有最佳实践，在细节上持续改善，并对已有知识体系进行保护；在组织氛围上着重打造求同存异、传帮带、权威决策、结构化、有控制的和风险规避的文化体系；在组织结构上有明确的层级制度、分工体系和职责划分；在绩效体系上重视短期、效率、量化指标、价值评估、解决问题和商业价值。

有一种观点认为，对外部知识的认识与加工属于知识探索体系，对内部知识的挖掘与整合则属于知识利用体系。知识集成战略是将外部知识与内部知识、新知识与已有知识集成的战略。知识集成战略的目标是加速外部知识与内部知识的融合，加速组织内部知识的流动，加速新知识与旧知识的组合，加速个人知识、团队知识与组织知识之间的相互转化，加速组织创新的过程。随着数字化技术的应用，知识传播复制速度加快，个人知识贬值的周期缩短，所以，加快组织内部知识流动和创造的速度就会有相对比较优势产生。对于知识密集型组织来说，知识集成战略的重点不是占有知识，而是促进知识的分享、提升创新知识的速度和质量。

为了尝试解决上述问题，笔者根据双元能力理论和对我国企业的大

第 2 章 双元能力的构建机制

量案例研究[①]，提出了双元创新与知识管理框架作为本书的基本结构和逻辑体系（见图2-1）。

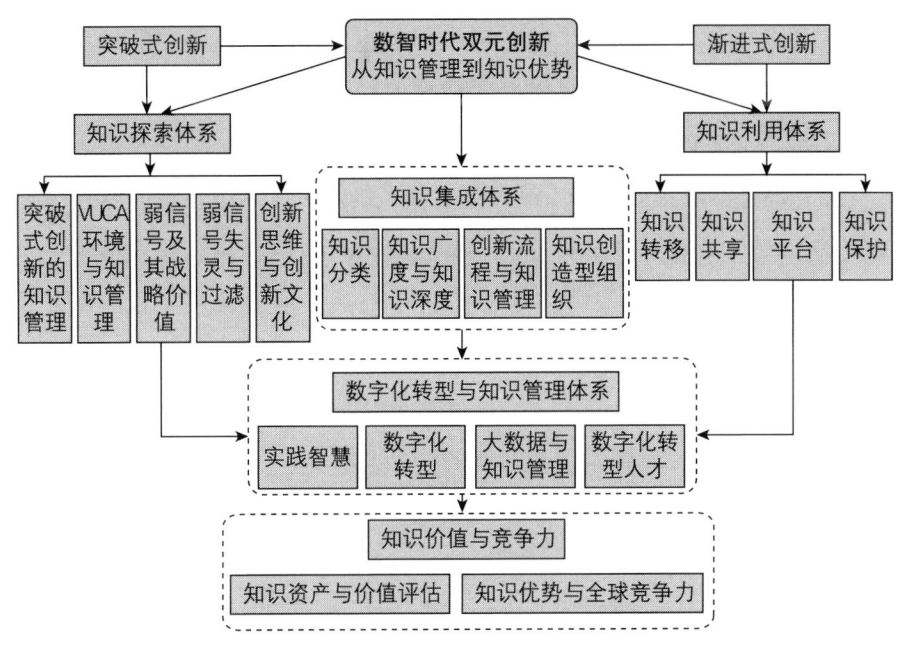

图 2-1 双元创新与知识管理框架

本书共分六篇：

第一篇是知识优势与双元创新。在数字经济大发展和国际科技竞争日趋激烈的环境下，我国企业历经四十多年的追赶与渐进式创新，已走到了发展的最前沿。此时，仅仅依靠引进吸收外部知识已经不能解决企业可持续发展的问题，企业必须在渐进式创新的同时，进一步强化和发展突破式创新能力，通过知识探索活动，寻求"从0到1"的突破性能力。在突破式创新与渐进式创新的双元体系中，知识管理强调的是知识积

---

① 董小英，晏梦灵，胡燕妮. 华为启示录：从追赶到领先 [M]. 北京大学出版社，2019；董小英，周佳利，余艳. 思科实访录：从创新到运营 [M]. 北京大学出版社，2020.

累、知识整合和知识利用；而知识优势是指拥有比竞争对手更领先、更差异化和更专业的知识，或者拥有开发并形成更稀缺、更复杂和更动态的知识创新体系的过程。知识优势是目标，知识管理是手段和工具。与竞争对手几十年甚至上百年的知识积累相比，我国企业需要通过快速有效的知识整合体系，缩短知识探索和知识积累的时间，同时更有效地利用知识资源从事创新活动。

第二篇是突破式创新与知识探索体系。知识探索体系是在既有知识体系之外，探索发现新知识的过程。突破式创新体现在知识探索活动中，是在新的、前瞻性的、知识积累较少的、有风险的领域探究和发现新知识的过程。知识探索体系涉及知识扫描、获取、判断、吸收和创造等活动，与弱信号甄别、复杂搜寻、基础研究、创新、变异、风险承受等活动密切相关，追求新知识和开发新的产品与服务。知识探索活动与思想家、科学家、艺术家、企业家密切相关。从人的内在追求来看，知识探索活动源自人类的好奇心、求索精神、审美意愿和突破勇气；从人的生存发展来看，知识探索活动是为了解决人类生存困难、资源窘迫等急难险重的问题，通过技术创新和模式创新，满足新兴的顾客需求和市场需求。

突破式创新与知识探索体系是一个大的课题，是管理学研究的核心，在学术界已经积累了大量研究成果。[1] 根据作者多年的授课经验和知识积累，本篇将讨论主题集中在突破式创新、VUCA 环境与知识管理、弱信号的战略价值、弱信号失灵与过滤、创新思维与创新文化等五个问

---

[1] 如：克莱顿·M. 克里斯坦森（Clayton M. Christensen）的《创新者的窘境：领先企业如何被新兴企业颠覆》(*The Innovator's Dilemma: When New Technologies Cause Great Firm to Fail*)；米哈里·希斯赞特米哈伊（Mihaly Csikszentmihalyi）的《创造力：心流与创新心理学》(*Creativity: Flow and the Psychology of Discovery and Invention*)；史蒂文·约翰逊（Steven Johnson）的《伟大创意的诞生：创新自然史》(*Where Good Ideas Come from: The Natural History of Innovation*)；陈光主编的《创新思维与方法——TRIZ 的理论与应用》等。

题上；以突破式创新与外部环境的紧密交互为重点，助力企业适应当今复杂多变的外部环境并更好地管理不确定性和风险。

第三篇是渐进式创新与知识利用体系。渐进式创新是在已有知识框架内，从现有的知识存量出发，通过对现有知识的加工、集成、组合、转移、共享和保护，扩大并加深知识的使用范围与程度，从而以较低的成本实现规模经济和范围经济。在这一篇中，我们重点探讨了知识转移、知识共享、知识保护和知识平台四个问题。

知识利用体系是在既有知识体系之内，寻求有效分享利用知识的方法和途径。在企业实践中，"从 0 到 1"的创新是少数，大多数是"从 1 到 100"的渐进式创新。渐进式创新多数是在已有知识积累基础上的再创新，包括知识加工、知识集成、知识重用、知识转移和知识保护。在已有知识的基础上推进创新可以大大降低不确定性，用有限的资源重点解决少数未知的问题。知识的集成和组合可以减少知识检索、采集、处理、分析所需要的成本，将其用于知识创新和知识使用。知识集成的广度为创新多元化奠定了基础。最早关注知识集成问题的通常是新产品开发部门，因为在企业研发活动中，大量创新是在重新配置现有知识以实现"结构性创新"的过程中实现的，即对已有知识的重新组合。因此，企业知识集成有助于加速已有知识间的重新组合，同时在这些组合中发现创新空间。对知识的整合能力决定了企业组合知识并产生新知识的能力。对于需要进行复杂产品设计开发的企业来说，被整合的专业化知识越多，获取这些知识的效率越高，组合创造新知识的可能性越大，因此，企业竞争优势的关键来源是知识集成，而不是知识本身。

鉴于知识发现成本高、知识重用成本低的客观规律，知识利用体系可以有效缓解企业中重复犯错、重复建设、知识孤岛和资源浪费等现象。同时，知识利用体系也是一个动态优化的过程，企业通过质量、流程、方法和产品的持续改进，不断更新现有知识体系，通过有效的知识共享和知识转移，延伸现有知识体系的使用范围和深度，从而达到规模经济和范围经济的发展目标。

第四篇是双元创新与知识集成。20 世纪 90 年代，学界阐明了知识集成对组织竞争优势的关键作用。[①] 笔者认为，知识集成体系的核心是将突破式创新与渐进式创新关联的知识进行集成、组合，并促进两者的交互和流动。没有任何创新是可以独立完成的，无论是突破式创新还是渐进式创新，相互借力才有助于解决创新的不确定性问题。知识集成体系的构建需要基础性的知识管理活动，包括知识分类、确定知识管理的广度和深度、在创新流程框架下确定知识管理活动、打造知识创造型组织等。在知识创造型组织建设中，本书重点借鉴了野中郁次郎教授的研究成果和真知灼见。野中教授的很多观点在今天仍然具有很大的启发意义，对其研究的回顾，也是我们向这位知识创造型组织研究先驱者的致敬。

第五篇是数智时代的知识管理。数字化转型是当前很多传统企业面临的新挑战。如何将企业数据转化为数智能力和数据资产、如何打造数据文化并赋能企业决策，这些都与知识管理密切相关。然而，企业在实践中会面临若干问题。例如，在领导力层面，企业领导者对数字化转型战略尚未形成清晰的认识；在组织层面，数字化转型部门与知识管理部门是两个体系，二者并未整合；在数据资产上，数据未能增值为知识，为企业各级决策者提供服务。针对这些问题，本篇共探讨了四个主题——数字化转型与知识管理、数字化转型中领导者的实践智慧、大数据与知识管理，以及数智时代的人才发展。

第六篇是知识价值与竞争力。随着创新活动中大量知识的产生，企业的资产结构发生了根本改变，知识资本成为企业价值的关键组成部分，

[①] Grant, R. M. Prospering in Dynamically-Competitive Environments: Organizational Capability as Knowledge Integration [J]. Organization Science, 1996, 7(4): 375-387.

并在资本市场上得到充分体现。因此，我们在这篇中主要介绍了知识资本与价值评估，并参考《2024年全球创新指数》，将中国与美国、印度的知识竞争力进行了比较，试图将其作为知识优势的绩效指标，展现出从知识管理到知识优势的结果与价值。

第二篇

突破式创新与知识探索体系

PART TWO

第3章
突破式创新的知识管理

一、突破式创新的类型

突破式创新又被称为激进式创新、颠覆式创新、非连续性创新等，其核心特征是通过破坏性方法和力量产生突破式创新与思想。突破式创新与渐进式创新的主要差异是变革的程度，是延续过去的知识体系还是与过去的知识体系分离。在很多情况下，渐进式创新与突破式创新是连续的统一体，两者不能完全分离，只不过突破式创新处于统一体的边缘。

学术界、企业界对创新的理解也是不同的，如英文中有三个不同的单词表述不同类型的创新：discover（发现）、creation（创造）与innovation（创新）。发现与科学家的工作密切相关，是指人类社会已经存在的客观规律被人类认识和发现，如哥白尼的日心说、牛顿的三大定律、爱因斯坦的相对论等。这些发现创建或改变了人类认识自然界的知识体系，成为人类文明的基石。发现的主体通常是大学与研究机构中的学者。创造与科学家和企业家的活动均有关联，是指人类通过科学研究与开发活动，创造出在自然界中本不存在的物品与系统，方便人们的生产生活，如火车、汽车、手机、电脑、洗衣机、互联网等。这些产品的构想和研发需要科学家，其走进百姓的生活则需要企业家。创造的主体是企业研发机构。创新通常与企业家有关，是将科学家和研发人员的发明创造商品化、市场化，将创新活动与市场需求紧密结合，通过商业模式组合所需资源，以最佳商业模式和路径交付给客户。

突破式创新通常会打破原有的科学范式，迈向新的科学范式，因此与科学革命紧密联系在一起。根据托马斯·库恩（Thomas Kuhn）的观点，范式的变革不可能是知识的直线积累，而是一种创新和飞跃，是科学体系的革命。在特定范式的指导下，科学家不断积累知识形成了常规科学，不断扩展范式的内涵为新的突破奠定基础，因此，科学研究中常有连续性和阶段性特征。科学研究的核心目的是寻找新的范式来替代旧的范式，一旦新范式出现，科学革命就开始了。科学是在常规研究与突破性研究交替转换中发展的，突破性研究可以消除科学进步的障碍，打破已有科学规范的约束，通过创造新的理论或改进现有理论更好地描述已知现象。突破式创新会彻底改变该领域的认知结构，引申出新的研究领域或方法，形成与当前科学领域中占主导地位的理论框架不相容的知识探索与发现。

与学术界重视知识体系的突破式创新不同，在商业领域，突破式创新主要分为四种类型：一是产品创新。产品的突破式创新是指技术改进、产品性能及市场价值提升，是一种非连续性的、革命性的创新，会产生全新的科技知识和资源，并淘汰现有的技术和产品。二是管理创新。管理的突破式创新是使产品、工艺或服务具有全新的性能特征，或特征相似但性能大幅提高且成本降低，或创造出能够改变现有市场和产业的新产品。管理创新是将新奇、独特和精妙的技术引入新的产品，并可以改变市场消费模式的一种创新，能显著提升技术水平和顾客价值，如流程再造、六西格玛、精益生产等。三是商业模式创新。商业模式上的突破式创新能对现有的产品和服务进行改造，赢得顾客市场，如平台企业、线上与线下运营、供应链管理等。四是技术创新。突破式技术创新有两个层次：一是现有技术的应用和组合产生的市场突破性，二是技术层面的非连续性带来新的应用。[①]

---

① 刘亚辉，许海云. 突破性创新早期识别与弱信号分析综述[J]. 图书情报工作，2021，65（4）：88—101.

商业领域发生的突破式创新会对社会发展产生重大影响,主要体现在以下几个方面:

第一,产业层面的重大变革。突破式创新是那些通常会导致整个产业完全改变,并最终成为新产业旗帜的创新。突破式创新建立在一整套不同的工程和科学原理之上,它常常能带来新的市场和潜在的应用。突破式创新通常是新企业成功进入市场的基础,这些新企业有可能导致整个产业重新洗牌,同时给市场上的领先企业带来巨大的挑战和压力,因为它们可能替代领先企业而成为行业中的主导力量(如苹果替代诺基亚)。

第二,通过构建新的核心竞争力改变行业规则。突破式创新依据新的科学技术原理和创意,开发新的资源、构建新的能力,通过瞄准领先企业的弱项、短板、产品功能和边缘市场,快速构建强有力的竞争优势并吞噬领先企业的客户和资源;同时借助风险资本和战略空间优势,对各类资源形成虹吸效应,给传统企业带来巨大挑战和压力,改变它们长期布局的市场和模式。以互联网平台企业为例,它们凭借在数智能力和平台能力上的技术人才优势,快速整合海量消费者和供应商,通过交易模式的便捷化、客户体验的改善和商业模式的创新,形成全新的、整合供需双方资源的平台,运用与从前完全不同的科学技术与经营模式,以创新的产品、生产方式及竞争形态,对市场与产业进行了翻天覆地的改造。通过移动互联网、大数据和人工智能技术的应用与创新,规模经济和范围经济快速发展。

第三,新技术应用带来的产品创新优化或产品替代。产品创新优化主要有三种情况:(1)产品、服务、工艺出现前所未有的新特征。(2)新产品、新服务、新工艺的特征与之前的相似,但性能大幅提高(5倍或5倍以上)、成本大幅降低(30%或30%以上)。(3)全新的产品、服务、工艺。产品替代是指新产品大规模替代现有主流产品(如智能手机替代功能手机),导致现有产品报废。

二、技术对突破式创新的影响

在四种类型的突破式创新中，技术创新对人类社会和经济繁荣发展的影响越来越大（如新一代数字技术引发的数字经济的发展），并越来越多地渗透到产品创新、管理创新和商业模式创新中。这里面又可以划分为两类技术：通用技术和辅助使能技术。

根据学者们对通用技术的经典定义[①]，通用技术具有三个特征：一是传播范围广。技术应用扩散到社会各个领域，会破坏或替代传统产业形态，改变原有的产业和经济结构，给社会带来重大影响。二是通用技术本身具有自身演化和持续改进能力，会长时间地成为驱动经济发展的主导力量。三是通用技术会不断与新出现的辅助使能技术组合，持续带来新的技术应用和商业形态，创新活动会伴随技术发展延续几十年甚至上百年。在这个过程中，不仅劳动力结构会发生变化，还会出现预想不到的创新实践，给社会经济前景带来很多不确定性。由于通用技术的社会及商业价值往往需要十年或更长时间才能显现出来，很多人一开始并未意识到其价值，随着时间的推移，其累积效应会越来越显著。在近现代历史上，真正可以被称为具有划时代意义的通用技术仅有十余项，如印刷术、水轮、蒸汽动力、电力、内燃机、铁路、机动车、激光、互联网和基因编辑技术等。[②]

辅助使能技术被认为是初级的通用技术，它可能具备通用技术的第二个和第三个特征，但不具备独立进行突破式创新或改变游戏规则的特征和能力。在数字经济环境下，新出现的辅助使能技术包括云计算、大数据、物联网、移动互联网、人工智能、区块链等，在与互联网结合起

---

① Bresnahan, T. and Trajtenberg, M. General purpose technologies "Engines of growth"? [J]. Journal of econometrics, 1995, 65(1): 83-108; Bekar, C., Carlaw, K. and Lipsey, R. General purpose technologies in theory, application and controversy: a review [J]. Journal of Evolutionary Economics, 2018, 28(5): 1005-1033.

② Helpman, E. General Purpose Technologies and Economic Growth [M]. MIT Press, 1998.

来之后，形成了新一轮创新应用的浪潮。

三、突破式创新的特征

高不确定性。突破式创新在技术方向、技术选择、技术价值及投资回报上均具有不可预测性，有可能成功，也有可能失败，通常失败的数量更多，有些成功也具有偶然性。因此，在很多人看来，突破式创新是异想天开、突发奇想、胡说八道甚至投机取巧的。它探索的往往是新的技术路径，不像渐进式创新是原有技术轨道的延伸与拓展，因此突破式创新具有高度的不确定性和不可预测性。突破式创新的不确定性来自四个方面：一是技术的不确定性，与潜在的科学知识和技术规范相关，包括未来技术方向、不同技术的选择、技术的市场价值和技术投资与回报等；二是市场的不确定性，与消费者的需求和偏好相关；三是组织的不确定性，主要与主流组织对突破式创新团队的接纳、包容与冲突相关；四是资源的不确定性，涉及项目投资、人员流失、工程化过程、市场接纳等。

长周期。突破式创新从创意产生到实验室研发，再到工程化生产和被市场接纳，需要经历漫长的时间。从历史上看，很多新思想、新产品从发明到取得市场成功，需要数年、数十年甚至上百年不等。尽管近年来随着国际科技竞争愈演愈烈，技术创新的商业化步伐加快，但很多突破式创新仍需忍受长期的孤独与寂寞，经受工程化、商业化和市场化的多重考验，承受商业价值不确定的风险。

发散性涌现。突破式创新通常以创新思维和创意为起点，而创意通常是在长期探索中偶然涌现或被意外激发的（如青霉素的发明），这种偶然性和意外性并非意外之喜，而是长期积累和探索后的顿悟与感知。在个人层面，发散性表现在突破传统思维框架、稳定的认知模式和成熟知识体系的禁锢，在他人思维和眼光未触达的领域积极思考和探索；在组织层面，发散性既体现在人际交流时思维的随意碰撞所擦出的火花，又体现在主流知识网络边缘或网络之外的连接、交互和组合。

非连续跨越。突破式创新是在成熟的技术体系之外寻求发展空间和上升曲线，在传统赛道之外进行探索。突破式创新常常受到质疑是因为其处于新技术萌芽期，人们的相关认知非常有限，且大量知识处于隐性化状态，缺乏历史数据积累，人们无法推断未来技术的方向，也更难说明其价值。同时，在一个新领域进行技术探索，需要否定、质疑和放弃旧技术和旧知识体系，但价值评判仍然源自旧的体系，因此，突破性技术常常被否定和放弃也就不足为奇。很多企业通过分离机制，让突破式创新和渐进式创新分别在不同的体系和氛围中运作，也是为了减少此类干扰。

创造性整合。根据学者对我国企业在光伏、新能源汽车、智能手机和电信设备等行业实现弯道超车的案例研究[1]，这些企业的成功主要有四种模式：一是通过外围模块技术创新，逐步向关键模块技术乃至主导架构规则攀升，最终实现产业技术赶超与升级的战略主线。二是依托优势创新资源，面向制约战略性新兴产业发展的关键模块技术（如模块化的产业关键核心、共性技术等）重点攻关，在"背对背"锦标赛式的竞争机制的作用下，参与创新的模块化组织，选择关键技术模块进行重点研发，形成模块技术多样性创新局面，形成能够带动产业发展与技术升级的标志性技术创新成果的战略主线。三是通过对产业中成熟的技术模块的组合与重构，在架构规则上颠覆重构路径。四是在技术模块和架构规则上同时创新突破，形成模块—架构耦合升级路径，实现对原有产业技术的升级与替代；与前面三种相比，该路径的

---

[1] 武建龙，王宏起. 战略性新兴产业突破性技术创新路径研究：基于模块化视角 [J]. 科学学研究，2014，32（4）：508—518.

技术突破最为全面。

四、突破式创新所需的条件

突破式创新的创新程度、难度和影响力等都大于渐进式创新。突破式创新需要个人、组织、社会和政府等多个维度形成共识、达成合力才能完成。如何激发更强、更深程度的创新，是战略制定、文化建设和知识管理要解决的核心问题。因此，对突破式创新机理的研究，对我们营造有利于突破式创新的氛围很有意义。

创新意愿与创新动力。根据社会信息处理理论，人们的行为是个体对环境中与特征相关线索的回应。[1]创新行为是人们基于从环境中搜集的线索和信息去理解环境，创造性地采取新的态度、认知和行为去应对或改造环境的过程。突破性想法通常不是在结构性、计划性的机械过程中产生的，而是在特定环境中遇到困难、挑战和麻烦后涌现的创意和新方法。

不确定性与包容失败。不确定性是指突破式创新的未来存在大量未知因素，人们需要持续探索与试错，以"摸着石头过河"的方式砥砺前行，随时总结经验教训并纠错。突破式创新要获得成功，需要很多组合要素，个别要素不成熟都有可能导致创新失败，前功尽弃。因此，对失败的看法决定了突破式创新发生的可能性。在创新体系内，接纳失败的程度决定了突破式创新产生的文化氛围。

从积极的角度看待失败可以使人们重视创新探索中失败的价值与意义，通过纠错实现快速成长。失败的故事和案例可以作为最有价值的知识被公开研讨和分析，以帮助人们分析失败产生的原因，减少重复犯

---

[1] Ibrahim, H. I., Isa, A. and Shahbudin, A. S. M. Organizational Support and Creativity: the Role of Developmental Experiences as a Moderator [J]. Procedia Economics and Finance, 2016, 35: 509-514.

错，少走弯路。同时，失败可以被视为激发原创和突破想法的契机，帮助人们找到解决问题的更佳方案。对失败事件的复盘包括还原过程、分析讨论、发现差错和持续改善等诸多过程，是突破性想法的知识保障和经验基础。在创新项目的早期，一些创新团队试图以零容忍的态度对待差错，但探索过程中难免出现差错，与其试图根除差错，不如将差错视为契机，采取措施以减轻差错的消极后果，提升其潜在的积极结果。

从消极的角度看待失败会使人们惧怕失败引发的消极后果及惩罚，倾向于规避不确定性和风险，从而抑制突破性想法的产生，降低参与突破性创造活动的积极性。对失败的负面看法和惩罚越重，人们耗费认知和其他资源掩盖错误的可能性越大。当人们把大量精力放在畏惧差错、规避差错和掩盖差错等方面，反而可能导致小错误酿成大灾害。

对失败的积极看法并不是鼓励失败，而是将不可避免的失败作为最有价值的知识和财富进行充分的利用。对失败的恐惧也有积极的作用，它促使人们规避由于各种不当行为导致的失效，激发人们认知的动机，促使人们对环境和任务状况保持警醒，刺激团队培养出审时度势、精心谋划的认知能力。

对不确定性的应对还与人们的认知柔性有关。认知柔性是指人们根据环境的动态变化，主动扫描判断环境中的各类信息，使自身信念、认知和行为适应环境变化。认知柔性包括两个维度，一是根据时间变化，快速了解环境的发展演化；二是根据要素变化，对以往不知道的新事物进行理解和学习。认知柔性不仅反映在个人层面，也体现在团队和组织层面，团队和组织成员思考问题时考虑的信息越多元，就越善于在不同角度之间转换，也越容易产生原创性的想法。

发散性涌现与人际交互模式。 在社会互动方面，创新团队成员的人际交互与心理安全和认知柔性密切相关。发散性观点在心理安全感和认知柔性强的组织中相对容易涌现。新观点在人际交互中的涌现与团队的创造性摩擦密切相关。创造性摩擦是指团队成员为共同利益针对相反立场或观点展开讨论，大家可以直言不讳地表达不同的观点。辩论、争执正是新思路、新想法涌现的过程。创造性摩擦是团队和组织心理安全的重要标志，它使人们不必担心因不同想法和观点受到责难和惩罚，在整体上形成勇于沟通、突破和创造的共同信念。团队成员间的信任感增强、包容度增加、心理安全感增强，通过多元思考加强组织的整体认知柔性和对环境中突发事件的适应性和应对能力，是突破性创造力形成的关键社会要素。突破性想法对现有实践具有挑战性和破坏性。个别成员提出突破性想法后，其他成员可否通过相互交流去理解彼此的想法，接受并升华团队内涌现的突破性想法，决定了发散性思维和创意涌现的能力。

非连续性跨越与心理安全感。非连续性跨越意味着从事突破式创新的人需要从人们普遍接受和认可的科学原理、行为逻辑、路径规范中挣脱出来，另辟蹊径，寻求一条别人较少探索和理解的道路，这意味着对过去的背离、对权威的挑战和对现状的改变与突破。心理安全感是指人们在特定情境下愿意承担风险的共同信念和心理感受。心理安全感强的人普遍认为承担风险、做出重大改变是应当被鼓励和认可的、是安全有意义的，不该因此而陷入窘境或遭到为难及惩罚等。只有在心理安全感较强的地方，人们对失败的接纳度高、对不确定性耐受力强，突破式创新才会更容易产生和发展。

长周期探索与延迟满足感。创新成果（特别是重大成果）的产生具有偶然性和不确定性[①]，特别是从基础研发、应用开发到商业化运营的过程更是需要经历漫长的探索、无数次失败和大量质疑与困难。在创新

---

① 刘丽丹，王忠军. 延迟满足与突破性创新行为：绩效考核的激活与抑制效应 [J]. 中国人事科学，2022，8（56），81—92.

过程中，从事创新的人才需要有极其坚定的信念和理想，倾注大量认知及情感努力，甚至付出亲情、健康等巨大代价，为一个不知结果和预期的目标呕心沥血。因此，创新人才的特质引起人们广泛的关注，其中，"延迟满足感"的特质与创新活动密切相关。①延迟满足感是指一种人们甘愿为更有价值的长远结果而放弃即时满足（当前的、价值较小的结果）的抉择取向。它具体表现在人们能够控制冲动，抵制眼前诱惑，追求长远的、有价值的目标，是伴随人类终身发展的一种基本的、积极的人格变量。

五、实现突破式创新的障碍

高不确定性与认知偏见。一是对新技术的偏见。领袖企业之所以在面临突破式创新时容易失败，在于它缺乏迅速执行以下策略的能力，即扮演一个正迅速过时的旧技术的有力保护者，同时成为新技术的有力进攻者。二是对环境变化感知迟钝。对新知识、新技术及客户变化的获取与感知通常来自年轻的、层级较低的、处于组织边缘的、对市场敏锐的或高学历的人员。特别是在互联网时代，互联网原住民和数字原生企业与传统企业之间存在着一条无形的"数字鸿沟"。对于传统企业来说，专注主流业务、经验丰富、年龄较大且事业成功的员工通常容易形成持续强

---

① 延迟满足感展现了人们的自我控制能力和自我管理能力。20世纪60年代，美国斯坦福大学心理学教授沃尔特·米歇尔（Walter Mischel）设计了一个著名的关于延迟满足的实验：研究人员找来数十名儿童，让他们每个人单独待在只有一张桌子和一把椅子的小房间里，桌子上的托盘里有这些儿童爱吃的棉花糖。研究人员告诉他们，可以马上吃掉棉花糖，或者等研究人员回来时再吃就可以再得到一颗棉花糖作为奖励；他们还可以按响桌子上的铃，研究人员听到铃声会马上返回。对这些孩子来说，实验的过程颇为难熬。有的孩子为了不去看那诱惑人的棉花糖而捂住眼睛或是背转身体，还有一些孩子开始做一些小动作——踢桌子，拉自己的辫子，有的甚至用手去打棉花糖。结果，大多数的孩子坚持不到三分钟就放弃了。一些孩子甚至没有按铃就直接把糖吃掉了；另一些则盯着桌上的棉花糖，半分钟后按了铃；仅有约三分之一孩子成功延迟了自己对棉花糖的欲望，等到研究人员回来兑现奖励，这个过程持续了约15分钟。

化、根深蒂固和稳定可靠的知识体系，但是这套知识体系有可能成为过滤新知、过滤一线信息、过滤弱信号的防线。尤其对于大企业来说，庞杂的组织体系、层层设立的等级结构，以及众多信息孤岛，导致很多有价值的信息和真相被阻隔和过滤，进而导致决策层对环境异动的敏感度降低，大象难以跳舞。

发散性涌现与知识固化。当组织的知识体系保持长期稳定时，各级人员会陷入思维惯性和惰性，对新思维和新知识产生抗拒心理，大家按部就班、照章办事、因循守旧，不愿意突破舒适区，导致"大企业病"的形成，最终组织内部出现自动防御机制，即一旦有新思想、新技术产生，很快有一批人出来反对、质疑、否定，不能挑战现状、不能发表不同观点、不能质疑权威或与上级观点不一致，观点的多元化被阻碍，突破式创新被遏制在摇篮之中。

非连续性跨越与知识把门者障碍。原有组织结构中有主流业务和产品，负责主流业务和产品的管理者通常分享组织的主要利益。当新思想、新产品和新技术涌现时，组织中的主流利益集团通常会有三种恐惧：一是地位被削弱；二是与现有核心客户和渠道出现冲突；三是在分配资源和收益时，原有利益被稀释。

新技术团队的弱势地位。对于新技术团队来说，从事突破式创新困难重重。从知识体系上看，由于知识探索阶段的不确定性较高，很多对新事物的认识与理解也处于早期，创新团队无法提供强有力的知识体系来证明自身的价值，更拿不出数据与事实来证明项目的未来和价值。从商业上看，新技术团队的项目存在较多风险，如果企业过早地用财务指标衡量其价值，往往会使新技术团队难以获得探索所必需的时间、空间和资金，导致项目半路夭折。这样的结果是组织刚性越来越强，不连续的、发散的突破式创新项目获得的支持越来越少，有意愿进行新技术探索与创新的人才选择离开企业独立创业。

第4章
VUCA 环境与知识管理

一、什么是 VUCA

前文已经提到，我们目前所处的动荡环境可用四个字母来描述：VUCA（乌卡）——V 代表 volatility（易变性）、U 代表 uncertainty（不确定性）；C 代表 complexity（复杂性）；A 代表 ambiguity（模糊性）。这个概念组合首次使用于 1987 年，美国陆军战争学院（U. S. Army War College）最先引入了 VUCA 的概念，借鉴了沃伦·本尼斯（Warren Bennis）和伯特·纳努斯（Burt Nanus）教授的领导力理论[1]，用来描述冷战结束后易变的、不确定的、复杂和模糊的多边世界。这个概念在 2002 年引起更广泛的讨论和使用，总体上被用来形容地缘政治环境的千变万化和经济技术发展的不可预测性和突发性。在二十多年后的今天，VUCA 环境非但没有改善，反而随着国际科技竞争、地缘政治冲突与竞争、气候变化、新冠疫情、去全球化、局部战争和社交媒体上信息的快速传播，变得愈发突出。

易变性（V）指人们决策时关注的知识点变化速度快、频率高、范围广、程度深且影响力大。易变性是稳定性的对立面。人们习惯于在稳定的环境中生活和决策，稳定的环境可以让我们将已经积累的知识、经验和方法用于对未来的预判和规划，使我们对未来的选择处于可掌控范围内，因此人们感觉心理安全、知识够用和情绪稳定。而随着互联网与

---

[1] Bennis, W and Nanus, B. Leaders: The Strategies for Taking Charge [M]. Harper & Row, 1985.

社交媒体的发展、大众传播的数字化与全球化，我们每天都能接触海量的、新鲜的信息。我们不仅能以非常低的成本快速接收世界任何一个角落的突发事件和新闻，还可以通过自媒体平台发布信息。在这种信息环境下，人们的注意力被大量外部信息吸引，这些信息真假难辨、良莠不分，使人们的认知负担沉重，信息疲惫感频发。外部世界的快速变化打破了人们传统的稳定感、掌控性和平和心。就稳定感来说，人们发现很难预测未来并制定中长期规划，心理预期由于环境的易变性而不断被扰动或中断。就掌控性来说，似乎与我们不相干的突发事件会以难以预判的方式深刻影响我们的工作与生活。就平和心来说，环境的易变性常常给我们带来震惊和恐惧，这种情绪会通过社交媒体被放大和传染，引发更激烈和更大范围的恐慌。

不确定性（U）是指人们对未来变化掌握的信息有限，处于不知（有信息但不掌握）、无知（知识积累非常有限，难以解读信息）状态，难以根据已有的知识和经验预判、预测和把握未来。通常情况下，新事物或超过人们现有知识框架的事物会带来更多的不确定性。不确定性也与易变性密切相关，环境变化越快、越频繁，不确定性越大。不确定性与人们常常谈到的风险不同，风险损失是可以估算的，但不确定性造成的损失则难以估算。不确定性使我们无法预测和评估未来事件发生的可能性和将会产生的影响，也无法判定选择决策和未来的因果关系。应对不确定性，是当代决策者们需要面对的越来越重要的课题。

从主观上讲，导致不确定性的原因之一是人们的认知重点和注意力被限定在特定边界内。人们深陷认知舒适区时就难以发现新事件的出现。认知边界受心智、语言、文化、地理、专业等因素制约。认知惯性通常遵循便捷或最小成本原则，指人们按照经验和过去的路径搜集信息、做出决策。受认知惯性影响，人们在面对对全球产生巨大影响的事件（如新冠疫情的暴发等）时，一开始通常习惯于按照自己过去的主观经验去预判和解释，而不是对真相进行科学的研究。人们对不确定性的束手无策还体现在我们无法在短时间内了解事件发生的原因、逻辑、机理和因果关系，难以把握来龙去脉并提前准备。与多米诺骨牌效应不同，不确定性中不存在前因后果和内在关联，因此，如何通过多元探索、开放性学习和知识共享解决不确定性问题，尽快做到从未知到已知、降低信息的模糊性，是需要研究的问题。

复杂性（C）是指影响决策的信息环境中存在大量要素、结构和关系，这些要素相互作用和影响，形成复杂系统。在现实世界中，人们每时每刻都可以观察到复杂系统（如蚁群、蜂群、胚胎、神经网络、人体免疫系统、计算机网络和全球经济系统等）并身处其中。系统中独立的要素相互作用，形成了自发性的环境适应系统。根据复杂系统理论，复杂环境的形成与涌现现象有关。复杂环境并非出自复杂结构，而是简单要素不断涌现新的现象而呈现出的动态和多元的结构。涌现现象是一些新出现的要素由小到大、由弱到强、由简入繁，逐渐从边缘走向核心、逐渐改变原有系统的结构和关系，进而引发系统突变的过程。不断涌现的现象中，有些在预期和现行规则之内，有些则超出预期和现行规则。涌现现象也可能同时出现很多新要素彼此之间交互作用的情况，这会导致总体复杂性比个体复杂性更大。在新事物涌现的过程中，尽管事物发展的基本规律并未改变，但事物发展的态势和结构在不断变化，新的结构和模式呈现出动态性变化，并衍生出新的子结构和层次，从而使复杂系统的变化更加难以驾驭；小的、简单的涌现可能导致更高层次的涌现，形成复杂适应系统层级结构间的整体动荡和结构改变。因此，能在涌现现象出现的早期发现、了解、认知、跟踪、改变其发展结构和模式，是应对不确定性的重要能力。

模糊性（A）是指涌现现象出现的早期，展现其征兆、特征和趋势的信息有限，人们无法精准解析事物的要素、关系和结构，更难以测量和控制关键要素，从而难以理解和预判事件发展的因果关系和隐性逻辑。按照复杂系统理论，复杂适应性环境具有混沌的特征，即一个系统中的各种要素从来没有静止在某一个状态，但也没有动荡到导致系统解体的地步。如果有人在模糊的信号下成功预判未来发展的大趋势，就有可能开拓一个创新的空间。

模糊性也与人们掌握的信息质量密切相关。信息质量涉及真实性（准确、全面、一致、客观）、可得性（来源）、可解释性（针对性）、可靠性（及时）四个维度。在互联网和社交媒体快速发展的今天，信息的质量令人担忧。我们的生活中充斥着海量信息，其中包括虚假信息和劣质信息，以及大量相互矛盾、相互冲突且真假难辨的信息。获取的信息越多、越模糊，人与人之间产生的歧义越多；特别是深度伪造技术不断强化人们的认知偏差，使得人们对真相的了解越来越困难。从主观认知来看，与祖先相比，我们的智慧增加有限，接收的信息却增加了不知多少倍，信息超载和信息疲劳随处可见。要想在模糊的环境中获得高质量的信息，一方面是对人工智能技术有更多的期待；另一方面则需要更大的智慧，以及洞察、感知和学习能力来培养人的远见卓识和真知灼见。

二、VUCA环境下的知识管理解读

VUCA环境下的知识管理如图4-1所示，可从四个方面进行解读。

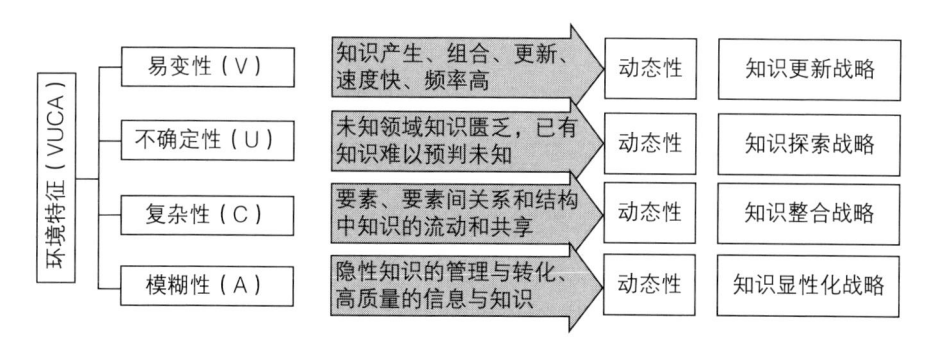

图4-1 VUCA环境下的知识管理

易变性与知识更新。易变性与环境要素的更新速度、频率和范围密切相关。数字时代下信息更新的速度可以秒计,传播到全球几乎可以瞬间完成,但是人们扫描、理解、应对环境的速度跟不上环境的变化,"计划赶不上变化"的情况越来越多。要应对易变的环境,企业需要打出"人—组织—知识—技术"的组合拳。在人的层面,企业高层管理者和决策团队需要保持开放的思维,不断突破战略决策中认知框架稳定、封闭和固化的情况,通过制度化的持续学习,动态扫描环境变化的弱信号,研讨、预判和评估新事物,对环境要素的变化进行快速学习和理解。在组织层面,企业在制定长期战略规划(如五年发展战略规划)的基础上,要对中短期战略规划进行修订和调整,在战略稳定性的基础上增加战略敏捷性和可塑性。在知识体系层面,企业以知识拓展更新战略为核心,动态扫描、跟踪、分析、预判涌现现象,并将新知识点与已有知识进行整合更新,加快知识点更新的速度和频率。在技术层面,企业充分利用大数据、人工智能、云计算等技术能力,将情报系统、知识管理系统、内部运营管理系统进行整合,打造360度知识平台,对企业进行全方位赋能。

不确定性与知识探索。不确定性源自人们对新事物有限的了解和认知,或者新事物出现在过去积累的知识和经验之外,导致原有知识难以复用。一方面,新事物来势汹汹,时间上具有紧迫性;另一方面,我们对新事物所知甚少,难以抉择。如新冠疫情暴发早期,人们对其来源、特性、传染范围、治疗方法所知甚少,因此产生了很多混乱和恐惧。不过新事物出现早期也会释放有限的信息,这些信息十分宝贵,有时还会带给人们似曾相识的感觉。因此,知识探索与积累战略非常重要。知识探索是发现和理解未知事物的过程,人们需要摸着石头过河。开放、多元、平等、试错、交互和迭代有助于新知识的发现。开放是指不急于下结论,在有限的时间里尽可能获得最大量的信息,不以对错来判断新知识或限制新知识的涌入。多元是指从不同的视角探索真相,理解新事物的复杂性，彼此包容接纳，认可不同知识的价值。平等是指在知识探索中不以职权、地位、年龄和权威论英雄，鼓励年轻人和一线人员贡献力量。试错是指意识到理解不确定性需要一个过程，不可能一步到位，需要逐步深化。交互是指鼓励不同意见相互争辩，发现对方的盲点，启发彼此的思维，在探索过程中快速积累知识；在组织层面接纳创造性思想的摩擦和差异，并意识到战略异见可能是战略储备。迭代是指随着不确定性的逐渐演化，人们对新事物的认识不断积累、深化和全面，知识积累的速度越快，不确定性就越低。

复杂性与知识整合。今天，人们应对复杂性时面临着三个方面的挑战：一是环境变化的速度加快，这对企业的环境适应性提出了更高的要求。对于决策者来说，在稳定的环境中，企业可以制定明确的目标，根据对未来的预测进行投入产出分析，通过量化指标专注于解决内部问题。但是环境变化导致复杂性增加，企业发展的外部环境越来越不稳定并难以预测，新事物的涌现以不可预测的方式演变，结果也变得更难以预测。二是网络空间的复杂性加重了实体空间的复杂性。以网络空间为主导的平台企业，依靠其在大数据和人工智能领域的领导地位，既可以操控实体空间（如工业物联网、电商网络），又可以操控人们的认知和情感空间，在虚拟与现实、物质与精神之间增添了更多的复杂性。三是系统复杂性给人们带来强烈的不安全感。复杂系统中的要素、关系和结构错综复杂，隐性关系与显性关系相互交织，变化难以预测。随着时间推移，突然涌现事件的影响及弱信号带来的风险才会逐渐显现。知识整合战略的核心目标是通过平台将与企业关联的数据、信息和知识都整合起来，利用人工智能技术加速知识的搜索和生成，在整合大量异构数据的基础上，发现内在关联、规律、逻辑与趋势，加速创新步伐，减少决策盲点。

有效应对复杂性的另一个思路是简化组织信息传播和分享的路径。组织的复杂性源自长期形成的盘根错节的暗系统，包括暗团体、暗关系、暗文化和暗箱操作，这会带来巨大的交易成本、信息传播与沟通成本。为了简化复杂性，很多企业通过信息化和数字化的手段，将要素、要素之间的关系精细化、规范化、量化、显性化和可视化，使领导人和管理者以最低的认知能量掌控组织的健康状态和潜在风险，并及时制定应对策略。因此，隐性知识的显性化是解决复杂性的重要途径。

模糊性与知识显性化。模糊性是易变性、不确定性和复杂性的直接结果。新生事物发展早期都具有模糊性。从客观上讲，事物发展的萌芽期通常是混沌、模糊和黑暗的，通常孕育着创新的空间和风险。与混沌和模糊共存是创新者最珍爱的环境，拥有超级隐性知识、勇气、胆量和激情的人，才能在混沌与黑暗中相信并洞悉远方的一丝曙光。知识显性化战略是将人们在黑暗中探索的每一份宝贵知识都尽可能地记录和分享，使涓涓细流汇聚成河。在这个过程中，我们要相信人类古老的知识和智慧，如感知、预知、洞察、直觉等。而只有显性化的知识才可能转化成可定义、可测量、可管控、可转移和可共享的知识，在更大范围内被传播和利用。

三、VUCA环境下的知识管理战略

根据信息加工理论[①]，不确定性是所需信息量与已有信息量之间的差。所需信息量越多，已有信息量越少，不确定性越大。在实践中，没有任何信息的不确定性是很少的，因此，对过往事件的知识管理非常重要，缺失知识管理会导致以下问题：

（1）缺乏对已有的确定性的有效管理会提高不确定性。人们对已有知识最大程度的管理是为了当不确定到来时，能以最低成本获取关联知

---

① Galbraith, J. R. Designing Complex Organizations [M]. Addison-Wesley, 1973; Van de Ven, A. H., Delbecq, A. L. and Koenig, R. Determinants of coordination modes within organizations [J]. American Sociological Review, 1976, 41(2): 322-338.

识，集中精力应对未知事件。

（2）主观确定性不足，客观不确定性带来的扰动更大。当我们对自身目标不清晰时，突发事件更容易打乱自身阵脚。企业制定战略的意义在于明晰未来3—5年所追寻的目标并配置关联资源，因此，在战略制定的过程中需要对可能遇到的情景进行预判并作出相关规划，减少"战略惊讶"，缩小战略不确定性的认知范围。当企业战略不清晰时，客观环境的不确定性对高管的认知扰动更大。不确定性会导致企业决策层对未来前途担忧、恐惧和疑惑。正如华为创始人任正非所言：我们虽然不能准确预测未来，但要大胆拥抱未来，在不确定性到来时抓主要矛盾。

（3）缺乏快速缩小信息差的阶梯模式。在地缘政治、技术创新、公共卫生、气候变化等领域事件频发的环境下，不确定事件会快速引起媒体、政府、学界、企业和大众的强烈关注，引发社交媒体的热点。对企业来说，在行业内技术产品研发与市场竞争愈演愈烈的情况下，需要通过小步快跑、阶段迭代的模式，加速推进创新并降低试错成本。通过知识共享降低重复犯错的频率，加快知识流动的速度，加大知识流动的密度。

（4）缺乏应对不确定性的系统方法。企业家在市场上拼搏多年，积累了大量隐性知识和实践智慧，能敏锐地捕捉关键信息并拥有很强的感知弱信号的能力（参见第5章、第6章）。但对于大企业来说，组织的复杂结构导致信息的传递速度放慢，弱信号被过滤的情况经常发生。因此，大企业需要打造"八爪鱼"型组织，使情报的"爪"触达各个领域，在不确定到来前就能获取和传递有价值的信息；一旦突发事件发生，就能快速集结最了解情况的人做出理解与预判，避免信息盲点和信息缺口。

目前，国际地缘政治冲突（如俄乌冲突、巴以冲突等）成为导致不确定性的主要原因，由此引发的科技竞争、供应链重组和贸易摩擦愈演愈烈。另外，一些重大事件（如气候变化、人口老龄化等）给已有的不确定性带来了更多的复杂性。与此同时，一些突发事件引发的预料之外的改变（如消费降级、经济萧条等）也使不确定性更难以预测。在这种背景下，企业需要制定有效的知识管理战略来应对不确定性。在此，笔者提出五点建议。

一是借助人工智能提升知识获取效率。 随着社会经济数字化进程的加快，生成式人工智能大模型技术逐渐成熟并被应用，它不仅能够像互联网搜索引擎那样在全球范围内快速检索关联信息，而且能够生成文本、图像、视频并处理分析数据，其处理知识的广度、速度和深度是人类历史上前所未有的。因此，对于不确定的环境和新的变化苗头，人们需要借助人工智能和大数据技术，快速感知、了解、洞察和分析蛛丝马迹，从中得到有意义的发现，根据其特征和规律寻求应对办法。对于领导者来说，理解和洞察新技术的价值并快速部署和应用，是在不确定的和缺少信息的情况下快速获取信息和知识的关键能力。

二是开放平台汇聚多元知识。 成熟稳定的大企业凭借多年的实践积累了丰富的经验和知识，像个大机器一样按部就班地运转，其中每个人的专业分工越来越细，知识深度增加，但知识广度缩小、知识体系固化，对外部变化的应对越来越迟钝；其知识管理体系也仅注重对内部的、历史知识的积累。而在VUCA环境下，对组织产生关键和致命影响的可能是外部信息，特别是早期弱信号通常容易被大企业的官僚体制所过滤，导致组织对环境变化产生误判，错失良机，外部弱信号转化成了巨大的风险（参见第5章、第6章）。因此，保持知识体系的开放性和动态性是知识管理特别需要关注和解决的问题。

三是在旧知识失效的同时提升组织知识更新的速度。 由于大量的问题和挑战都是未知的，所以已有的知识和经验不足以解决全新的问题。结构化的体系、预测性的工具和固定化的规则的使用范围和价值有限，已有数据和算法难以对未来的不确定性进行推断。从组织体系上看，不确定性的传播是非线性的、非逻辑性的、难以预判的，传统管理中的"命令—控制"式在这种环境下显得僵硬、脆弱、迟钝、适应性弱。同时，旧知识在新挑战面前的失效会带来很大的痛苦。旧的知识和经验甚至可能妨碍人们理解新的变化，因此，组织的知识更新能力显得愈发重要。

四是重视培育人才的超级隐性知识。人们的隐性知识是经过长期的学习、实践和知识积累所形成的。有些人甚至有一定的天赋，对外部环境出现的蛛丝马迹有高度敏锐的感知力和超强的洞察力。超级隐性知识在个人层面和组织层面都可以获得。在个人层面，禀赋卓越的人才、在一线摸爬滚打的员工、资历深厚的专家、学习能力超强的管理者、拥有实践智慧的企业家和领导人都拥有大量的隐性知识。通过开放式的交流分享、创造性的摩擦辩论、包容性的试错文化，这些人就会形成组织的超级隐性知识。在组织层面，企业的战略部门、情报部门、研发部门和市场部门如果都成为外部知识的吸收体和协同体，就能拓展企业的知识宽度、优化跨界能力，与个人的力量融合在一起，带来超级隐性知识。总而言之，超级隐性知识是由"超级人才"和"超级组织"共同创造的。

五是打造人机交互的超级大脑。在快速响应方面，企业对市场、客户需求、场景和风险的反应必须高效及时。数据规模大、类型多与挖掘精准、反应迅速就成为一对矛盾。数据不仅是对环境不确定性的一种反映，其真实性、可靠性和价值也对人机智能提出了很高的要求。大数据的广度、深度、速度、密度和细颗粒度使其可以揭示人的大脑无法接收和处理的变化，但对数据结果的预判和洞察又需要人们的设计、参与和辨析。因此，人机交互所创造的新知识形态成为今天竞争的关键。

四、VUCA 环境与组织能力建设

高度波动的不确定环境给我们的工作和生活带来了很多的影响。从管理学的角度看，环境的变化给领导力、战略决策、组织能力、创新体系和变革管理带来了巨大影响（如图 4-2 所示）。

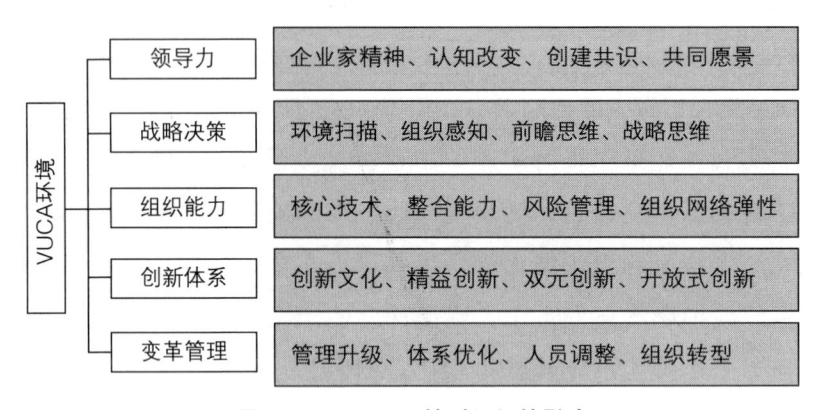

VUCA环境		
	领导力	企业家精神、认知改变、创建共识、共同愿景
	战略决策	环境扫描、组织感知、前瞻思维、战略思维
	组织能力	核心技术、整合能力、风险管理、组织网络弹性
	创新体系	创新文化、精益创新、双元创新、开放式创新
	变革管理	管理升级、体系优化、人员调整、组织转型

图 4-2 VUCA 环境对组织的影响

对领导力的影响。面对环境的突变，每个组织都需要特定的组织韧性和组织弹性进行动态适应和调整。要做到这一点，组织必须是一个开放系统、学习系统和自适应系统。领导者则需要对外部保持高度敏捷的判断并明确提出组织的战略愿景，这是领导者展望未来、让团队受到激励并保持一致的能力。同时，新的思想和知识要在组织内快速分享、传播和解读，让组织愿景有效达成共识。在快速变化且不确定的环境中，领导者在引领组织发展变革时需要承担更大的风险和压力，需要具备快速学习和调整认知的能力。一项调研结果表明，只有 18% 的领导者认为自己能够胜任在 VUCA 环境中的领导工作。[①] 领导者需要具备企业家精神，对环境变化保持敏捷性和动态感知能力，并愿意承担适度风险。在个人层面，领导者要保持持续学习的状态和开放的心态，使自己具备与时俱进的思维状态和接纳新事物的认知模式；像运动员一样，以积极的态度和坚韧持久的耐力承受挑战和压力，在面对挫折、困难和失败时能

---

① Rimita, K., Hoon, S. N. and Levasseur, R. Leader readiness in a volatile, uncertain, complex, and ambiguous business environment [J]. Journal of Social Change, 2019, 12(1): 10.

快速恢复常态。同时,领导者还要将自身的认知改变和学习心得有效地分享给员工,以建立组织共识和共同愿景,通过预判变化、解放思想、有效沟通带动组织变革与发展,在复杂模糊的环境中寻求新思路、创造新知识、创立新格局。

对战略决策的影响。在环境变化相对迟缓并具有可预测性时,组织的战略决策是相对稳定的,决策层有足够的时间反复论证与谋划战略。但在 VUCA 环境下,一些突如其来的、出乎意料的事件(如新冠疫情的暴发和俄乌冲突)会扰乱组织的战略规划和布局,迫使决策者不断应对突发事件,从而组织既有战略的稳定性也被打断。在社交媒体对舆情影响越来越大的情况下,如何在战略的稳定性与波动性之间保持动态平衡,是很多决策者面临的重要课题。在这个背景下,企业高层领导在制定战略决策时需要敏锐感知并预判环境变化;与此同时,战略情报支持体系也越来越重要。环境的变化需要在组织内部被快速分享、传播和研讨,使组织的战略预判、战略制定与战略执行团队均具备对未来发展的前瞻思维并了解组织的战略重点,以形成有效的快速行动机制。

对组织能力的影响。在今天,组织能力的构建仅靠几个精英是不够的。一方面,数字化技术与业务系统整合在一起形成了组织的核心技术体系,它在办公、管理、沟通、运营等方面不断塑造新的组织能力。数智化和平台化将不同的部门、不同的供应链环节,甚至不同的合作伙伴组合在一起进行高效协同,数字孪生、大数据和人工智能在个人知识经验的基础上聚合生成群体知识,具有强大的赋能能力。另一方面,人员快速流动,组织需要具备更好的整合知识的能力,甄别潜在的知识流失风险,并确保组织的信息安全。对于快速发展的组织,数字技术赋能的组织能力有助于组织网络弹性的发展。也就是说,在组织规模扩大时,借助数智化和平台化复制现有的组织能力,复用组织资产,在市场萎缩时可以对组织形态进行调整,如新冠疫情期间,很多企业将研发运营工作快速从线下转移到线上，就是组织网络弹性的最好体现。

对创新体系的影响。 创新是应对VUCA环境最有效的途径。创新文化的核心是将对未知领域的探索视为有价值的重要活动，也就是把试错或探索失败视为有意义的投资。很多中小企业缺乏足够的资源进行有较大不确定性的探索，它们需要借助精益创新的方法和流程，在降低成本的同时做有价值的探索。精益创新与精益生产的思想是一致的，是通过管理流程和方法的持续优化，发现更高效的创新探索的路径和模式。对于大企业来说，双元创新至关重要。多数大企业在推动突破式创新时遇到困难，因为要面对和经历大量的不确定性、模糊性，以及失败的风险，但通过突破性创新，企业才能创造出前所未有的新知识、新技术、新产品和新模式，高风险也意味着高回报。渐进式创新遵循已有的业务路径和框架，通过不断优化达到更高的品质。双元创新与开放式创新密切相关。开放式创新是指企业与生态伙伴、客户、供应链上下游等进行价值共创与业务协同。开放式创新不仅为企业带来突破式创新的机会，形成新的创新生态，也为渐进式创新的方向和价值提供闭环反馈。双元创新注重企业内在视角，开放式创新则是从生态视角思考问题。

对变革管理的影响。 外部环境动荡引发组织内部改变，这已经成为大多数组织的常态。正如彼得·德鲁克（Peter Drucker）所说，变革管理要解决的是用过去的逻辑管理陈旧的组织，动荡时期最大的危险不是动荡，而是按过去的逻辑行事。变革管理首先触达的是企业管理升级，特别是信息化、数字化和智能化时代的到来改变了组织管理决策体系和运营模式，组织需要自上而下地改变思维模式、行为方式、技能水平和文化氛围，这是一个痛苦的过程，也是一个体系优化的过程。变革管理最困难的环节是人员调整，这个过程涉及权利的重新分配、协作方式的改变、技能要求的提高、组织结构的变化和旧有经验的失效。人们要走出原有的舒适区，克服组织中的惰性，实现自我更新和迭代，将变革视为常态。在经历变革初期的痛苦和迷茫之后，组织就能在变革中发展新能力、创造新价值、更好地适应新环境，从而有效推进转型。

第 5 章
弱信号的战略价值

一、什么是弱信号

弱信号本质上是知识类型中的一种，是事件早期出现的苗头和征兆，具有信息量少、模糊、零星等特征，人们对其甄别、解读和预判的难度较大。客观信息量不足、主观认知有限，导致人们难以判断未来的发展趋势，决策的不确定性较大。弱信号既可能是国家或企业战略调整的转折点、突破式创新的触发器，也可能成为危机风险的"烽火台"。弱信号带来的战略意外很可能预示着旧战略的中断和新战略的开启[1]，对决策者具有极其重要的战略意义。与此同时，在互联网和数字时代，大量弱信号此起彼伏、交织混杂，信息噪音与信息迷雾铺天盖地。真正有价值的弱信号捕获难度大、解读复杂性强，导致了 VUCA 环境的形成。因此，弱信号也是决策与战略管理的难题。弱信号的概念不仅在管理学、情报学领域受到高度重视，电子、通信、军事、电信号和微波信号等领域也有相关研究。[2]

与主流信息相比，弱信号通常是异常的、特例的、离散的、零星的和非结构化的数据和信息，也就是人们常说的苗头、征兆，甚至是小道

---

[1] Ansoff, H. I. Managing strategic surprise by response to weak signals [J]. California Management Review, 1975, 18(2): 21–33.

[2] 董尹, 刘千里, 宋继伟, 赵小康. 弱信号研究综述：概念、方法和工具 [J]. 情报理论与实践, 2018, 41 (10): 147—154.

消息、流言蜚语，令人猝不及防。无论在自然界还是人类社会中，一些孕育着未来重要发展趋势的事件通常与其他噪音混杂在一起，令人们难以甄别。

与此同时，对弱信号的感知、理解和判断还与人们的认知能力有关，由于它通常出现在人们的战略视野、认知框架和情报搜集体系之外或边缘地带，再加上弱小且量少，很容易被人们忽视。但是，当其预示的风险真正到来时，弱信号通常以突发、紧急和快速演变的方式出现，引起人们的震惊和恐慌，人们必须在短时间内调集大量资源进行应对，如果应对延迟，丧失关键时间窗口，会引发巨大动荡，造成灾难性后果。

二、弱信号的核心特征

对弱信号的感知、理解和预判是人们对某一事件的各种迹象进行判断、解释、质疑、验证和评价后得出推论。由于弱信号承载的数据量少、传递的信息模糊、来源于一线或组织边缘、与人们过往认知不同，所以常常被决策者和管理者忽视，导致重大社会应急事件、突发危机或重大技术跃迁。我们之前探讨了VUCA环境及其与知识管理的关系，弱信号就是VUCA环境特征的典型代表。很多企业决策者遇到的困难是对环境中的变化和变量难以感知和理解，因此在进行战略选择和资源配置时常常难以抉择。一些弱信号会使企业发展产生重大偏移，忽略弱信号可能会使企业倒闭。弱信号虽然信号弱，但影响力强，且在知识管理体系中是最难以捕获和利用的知识类型，其核心特征主要包括以下几个方面：

第一，信息量少。弱信号以数据和信息的方式出现，其早期特征是出现频率和概率低，通常以零星碎片的形式出现。研究者发现，弱信号是隐藏在噪音中、具有争议的零星信息，看起来是随机的、不连续的，早期是微不足道的信息碎片，偶尔出现，[①] 难以被捕捉或解读。信号的稀疏性带来模糊性，引发主客观之间的信息不对称。一方面，反映事态发展趋势的信号不足以呈现事物的特征、趋势和规律；另一方面，人们的知识尚难以对信号所表征的内容进行理解和判断。弱信号是具有重大影响的、不确定的早期征兆，可能蕴含机会，也可能是威胁，其形式、演变过程和来源都不明确。[②] 例如，在"9·11"事件发生前的十年里，美国中央情报局内部就已经有人通过零星的情报发现"基地"组织活动的蛛丝马迹，但是在当时，这些零星的情报和信息是不系统的，真假难辨，很多人认为其不可信，仅有少数人意识到了问题的严重性并持续跟踪调查。

第二，噪音多。由于弱信号的信息量极其有限，并且是非结构化的、粗糙的和碎片化的，传递的信息通常是模糊的、混乱的和矛盾的，所以人们很难进行解读和预判，不同的视角和解读通常还会引发众多争议。最大的风险在于，有限的信息无法揭示弱信号的危险性、模式、影响力和趋势，这种未知性和模糊性，使人在早期无法做出快速决断，人们无从知晓一些看似无关紧要的小议题是否会引发巨大的社会风险和变化。

第三，难以量化。事件早期所呈现的若隐若现的弱信号苗头通常仅被极少数人感知、关注和重视。这些苗头很难用语言文字进行客观描述，更难以量化，因此，人们只能选择定性观察和对异常现象的留意，掌握现实世界描述的改变。[③] 也就是说，对弱信号的感知判断通常基于定性信息和逻辑推理，而非量化分析，因此这些声音常常被大多数人质疑，甚至被误解为疑神疑鬼、故意传播坏消息、奇谈怪论或造

---

① Schoemaker, P. J. H., Day, G.S. and Snyder, S. A. Integrating organizational networks, weak signals, strategic radars and scenario planning [J]. Technological Forecasting and Social Change, 2013, 80(4): 815-824.

② Ansoff, H. I. Strategic issue management [J]. Strategic Management Journal, 1980, 1(2): 131-148.

③ Saul, B. Defining Terrorism in International Law [M]. Oxford University Press, 2006.

谣诽谤。

能够感知弱信号的人通常具有丰富的专业知识和实践经验，对新事物的认知能力强，对外部变化非常敏锐，拥有大量的隐性知识和丰富的实践智慧；或者年轻胆大、信仰坚定、激情澎湃、勇于探索（如互联网领域的创业者）。但在弱信号出现的早期，由于这些人通常难以拿出有说服力的报告或财务数据，无法演算出相关规律，所以其看法常常被质疑科学性不足。例如，在2008年金融危机爆发之前，华尔街的金融机构中最先撤场的是嗅觉非常敏锐的交易员，他们已经意识到了潜在的风险和危机，而最终被套牢在危机中的是通过数据计算进行决策的人。量化计算虽然客观，但具有滞后性，当人们可以进行量化分析时，事态已经转化成强信号了。

第四，快速演化与变异。随着时间窗口的打开，弱信号像隐藏的火焰，当其悄然快速演变成强信号时，转折已经到来，同时还预示重大的趋势变化，这期间风险与机遇并存。弱信号与危机和风险密切相关，如果管理不当或响应迟缓，弱信号会演化为强信号，带来系统性风险，引发多米诺骨牌效应和蝴蝶效应，且其扩散呈现出速度快、范围广、无形化和突发性等特征。当弱信号演化为强信号，风险越来越大，留给人们的时间窗口越来越窄，可用的政策工具和应对手段也越来越少。弱信号的演变通常分为四个阶段：第一阶段是形成阶段。此阶段人们从信号中获得的信息非常有限，无法对其特征和形态做出准确的判断，人们解读纷繁、意见不一，因此处于混乱、迷茫和彷徨的状态。第二阶段是警示阶段。此阶段弱信号的基本特征已经显现，其风险和价值已经初露端倪。在这个阶段，一些管理者为了推卸责任或掩饰坏消息，极力否认弱信号的存在，此时就需要特别防范各级管理者为掩盖问题而控制信息真实、及时、全面地传播。而另一些敏锐有担当的领导人和专家在这个阶段已经能从信号中洞察出潜在的风险或价值，在主流意见和共识形成之前就开始采取果断行动。第三阶段是冲突阶段。为了应对由弱信号引发的风险和灾难，各级组织和领导需要采取果断行动，打破既往的思维惯性、运作惯性，调用各类资源应对风险或迎接新的挑战和机遇；而在这个时候，掌握既得利益、习惯于既有秩序和模式的人可能会或明或暗地抵制变革，因此领导人必须以强有力的举措推进变革。第四阶段是崩溃阶段。如果一个组织或国家无法在第二阶段和第三阶段形成对弱信号的真知灼见和协同行动，弱信号迅速转化为强信号，一场重大危机就会不可避免地发生，并引发社会各个层面巨大的震荡和冲击。[①]

三、弱信号产生的背景

弱信号的研究最早起源于法国，1958—1965年，法国未来研究学派开始了对"前瞻性"问题的探索。学者们提出了"展望未来事实"这一概念，这个概念与弱信号基本上是同义词，是未来学研究的关键课题。在法国学者看来，与未来关联的因素是从现有环境中的蛛丝马迹演化而来的，一些迹象是对未来产生巨大后果的信息。与此同时，法国学者还提出了环境扫描、集体学习等概念。与法国的研究相比，德国学者更注重对早期检测和早期预警的研究，目的是更好地识别风险。

人们对弱信号概念的重视与现实中遇到的重大问题和挑战有关。20世纪70年代早期，全球石油危机触发了人们对弱信号问题的关注，战略管理领域的重要学者伊戈尔·安索夫（Igor Ansoff）正是在1975年提出弱信号的概念。1973年10月，第四次中东战争爆发，阿拉伯产油国通过石油减产、禁运、提价和国有化等措施，打击以色列及其盟友，引发了第一次石油危机。1973年冬天，由于油价上涨，美国人也不得不出

---

① 赵小康.弱信号：识别、探测与应对[J].情报杂志，2010，29（1）：158—163.

门捡木柴，上班族只能步行上下班，家庭妇女们只能合伙坐车出行。这一年，美国人开车的速度普遍加快，导致公路死亡率急剧上升。第一次石油危机触发了第二次世界大战之后严重的全球经济危机。所有工业化国家的工业生产出现负增长。至此，美国在全球国民生产总值中所占比例开始减少，出现了贸易逆差，由世界上最大的债权国变为最大的债务国，其"经济霸主"地位出现动摇。

安索夫教授借助香农信息论首次提出了弱信号的概念并在战略管理领域受到广泛重视。安索夫教授认为弱信号是对外部或内部事件的早期预警，虽然人们一开始难以判断事态发展模式，但事后发现早期的事件会产生严重影响和后果，甚至导致战略中断或战略意外。面对突发事件带来的不确定性，企业高层管理者要么经历长时间等待让模糊信息变清晰，要么冒着风险在模糊信息中快速探索未来，这些令人困扰的模糊信息就是弱信号。

安索夫教授本科学习工程学，硕士学习现代物理学，又在布朗大学获得应用数学博士学位，严密的数理分析能力使其在情报和战略分析上表现突出。1950 年，安索夫进入兰德公司潜心研究北约空军的脆弱性，发现组织高层的短视（organizational myopia）会导致严重后果。1956 年，他进入洛克希德·马丁公司，成为一名策划师。1973 年，安索夫组织了跨学科战略管理国际会议，重点探讨了企业由于信息分析导致瘫痪（paralysis by analysis）的问题。[①] 1976 年，他出版了《从战略规划到战略管理》（From Strategic Planning to Strategic Management）。[②] 通用公司就

[①] 分析导致瘫痪是指个人或组织在决策时，对某一情况过度分析或思虑导致决策与行动陷入"瘫痪"境地，无法形成决策方案并采取行动。分析导致瘫痪可能由以下原因造成：担心出现更大的问题；问题太复杂，无法决断；担心做出错误的决策，永远在追求更好的解决方案，在这个过程中不考虑时间窗口和有限理性。分析导致瘫痪的另一个极端是"本能灭绝"（extinction by instinct），指基于仓促判断或直觉所做的致命决定。

[②] 目前，安索夫教授的书籍中只有《战略管理》（Strategic Management）被翻译成中文，由机械工业出版社于 2010 年出版．

是在安索夫战略规划主张的影响下设立了战略经理职位,并因此创造过辉煌的业绩。

四、弱信号的演化阶段

对弱信号演化阶段的划分,学者们有不同的看法。

安索夫认为竞争环境按其严峻程度分为平稳安定、略有扩展、更迭变化、重大转折和出乎意料五个层次;与此对应,弱信号的演化也会经历五个阶段,分别为弱信号感知、信号来源明确、信号表现形式具体化、可作为战略反应依据、根据信号和应对措施可预见结果。

而另外一些学者则根据弱信号对企业的影响,将弱信号演化分为四个阶段[①]:第一阶段是形成阶段。该阶段信号应用性较差,无法明确支持或否定某个决断。第二阶段是警示阶段。此时组织处于亚健康状态,应警惕各层管理者为掩盖问题而控制信息传递的数量、时间和种类。第三阶段是冲突阶段。该阶段信号通常表现为激烈的官僚政治斗争,并伴以明显的外部警示和业绩警示。第四阶段是崩溃阶段。该阶段危机迫在眉睫,信号表现为管理者反常地扩大权限或萎靡不振。在第一阶段,弱信号产生于某种迹象的暗示,人们会对这种迹象产生的一种本能反应和直觉感知。就企业运营而言,此时弱信号可能源于微小过失,很难被察觉、辨识和解释。该阶段弱信号的来源已经明确,问题所在、影响大小和时限也能基本判明。但因为各项信息还不准确,该阶段弱信号仍具有一定的模糊性。在第二阶段,弱信号的确定性不断增加。弱信号的确定性与其包含的信息量并无关联。早期阶段弱信号的来源可能是丰富的、广泛的,可能包含巨大的信息量,但大多比较模糊或相关度不高。随着

---

① Mellahi, K., Frynas, J. G., Sun, P. and Siegel, D. A Review of the Nonmarket Strategy Literature: Toward a Multi-Theoretical Integration [J]. Journal of Management, 2016, 42(1): 143-173.

弱信号的生长，支持弱信号的各条信息会被逐步证实、证伪或补充，因此，弱信号的实用性、明确性也逐步增强。在第三阶段，弱信号包含的有效信息逐渐丰富，开始向强信号转变。明晰、准确、关联度高的有效信息开始得到高层或专家的确认。在第四阶段，弱信号演变为强信号，受到社会的广泛关注。

五、在弱信号环境下进行战略规划

与迈克尔·波特等学者重视在强信号环境下进行战略规划和战略管理（如五力分析模型）不同，安索夫教授把研究重点放在不确定环境下的弱信号有可能引发战略中断和战略意外，导致企业出现战略变更。这些突然出现、始料不及和难以防备的弱信号有可能带来一个企业快速的发展或消亡。因此，企业不仅要关注可感知的战略趋势，也要重视一些突发的小事件所带来的影响，特别需要注意的是以下三点：

第一，关注弱信号引发的战略偏离。弱信号引发的突发事件对社会政治、经济活动的一个重要影响是过去发展的战略思路和路径出现偏离，突发事件导致的"关键时刻"成为影响未来发展的战略转折点。1975年，安索夫在两篇文章中将研究的重点放在与弱信号有关的环境不确定性、非连续性和战略意外问题上。例如，新冠疫情的暴发使公共卫生、政府风险预判、生物医药、供应链安全、应急处理等问题的优先度大大提升，成为全球决策者需要考虑和解决的最重要的问题。在企业层面，以往全球供应链的布局通常以成本优先和效率优先为原则，但疫情使企业突然深刻地意识到，供应链安全可控才是最重要的。因此，新冠疫情成为改变全球供应链体系布局的"触发点"。

在安索夫教授看来，过去的经验并不总是通向未来的快车道，由弱信号导致的突发事件有可能打断渐进和持续的发展路径及模式，从而引发新一轮的大变革。因此，企业必须在信号变得过于强烈之前学会捕捉和充分利用弱信号，要获得这种能力，企业必须在处理外部关系上构建敏锐洞察、动态学习、快速适应和有效复盘的动力机制和结构系统。通过事前预判、事中应对和事后筹划的组织体系，有效应对各种战略意外，将战略意外带来的损失降到最低，减弱战略中断的突发性、紧迫性和陌生性。就像消防队员一样，在无法预测或控制火灾发生的情况下，可以通过反复演练和实践经验的积累来提高对各种突发灾害的高效反应和快速应对能力。

第二，战略情报系统的时效性和全面性。 安索夫教授在石油危机中意识到战略规划的局限性，以及突发战略意外对企业决策的重要性。从战略规划的机制和方法来看，有效的战略规划需要两个条件：一是信息的时效性。企业进行战略、技术和产品布局的时间必须足够早，以便提前准备充分。二是信息内容的充分性。企业掌握的规划与预测信息不仅包含计划和目标，还包括方法、路径、措施和潜在影响。在现实世界中，这两个条件往往难以同时满足。如果根据最新获得的信息进行决策，因为这些信息是模糊和零散的，人们很难以此制定周全的方案，在面对风险和试错时需要不断应对新的不确定和意外。例如，2008年的金融危机引发了很多恐慌，人们纷纷在问危机何时结束，经济发展趋势是呈L形、V形还是U形……却很难获得清晰和准确的答案。而若人们等到掌握了完整的信息再决策，采取行动的最佳时机可能已经过去。这种模糊矛盾的状况变得越来越常见，这意味着人们通常要在弱信号环境中进行选择和决策。安索夫指出，解决这一矛盾的方法是在制定战略规划的同时关注强信号和弱信号。通常来说，企业总体是依据强信号进行战略规划，获取的都是明确的、显性的信息，缺乏对弱信号、动态变化和未来趋势的把握。尤其是大企业为了确保稳健性和可靠性，通常坐等强信号来制定战略规划，且在战略规划制定后缺乏动态调整机制，导致企业在不确定的和变化频繁的环境中响应迟钝、变革缓慢、错失发展机遇。比如，很多大企业在做战略规划时对环境的预判通常依据经济预测、销售预测和竞争行为分析。这种决策方式是依据已有信息进行外推判断，是沿着原有的思维路径进行拓展；这些信息和分析过程并没有给弱信号的产生和战略不连续性留有空间。

第三，弱信号与创新和新技术预判。与安索夫同时代的学者格雷厄姆·莫利托（Graham Molitor）重视从创新思维、新兴问题分析和解决问题的角度研究弱信号。莫利托是一位著名的未来学家，关注弱信号问题与公共政策的变化。莫利托将弱信号的演化与应对分为三个阶段：第一阶段是看问题的创新视角。专家或创新者提出新颖独特的观点，引发创新性实践，形成新的公共政策并产生重要的社会影响。第二阶段是创新推进。创新者和变革者的实践点燃星星之火并引起主流媒体的关注，激发公众讨论和社会实践的热情，从而加速变革步伐。这一阶段是不可逆转的，多种解决方案脱颖而出。第三阶段是解决问题。此时离问题解决已经非常接近且多种探索模式并存。莫利托认为，公共政策的变化需要时间，很少是突如其来的，因此需要提前数年进行预测。他用 S 曲线描述了公共政策问题的变化，在 S 曲线早期，政策的变化可能很缓慢，然后产生突变，最后逐渐减弱。在这个过程中，变化总是从异常和独特的小事件开始。起初，新奇的事情都很少被人注意到，随着时间的推移，全新的形态逐渐展现，新的技术应用和社会发展模式渐成主流。

第6章
弱信号失灵与过滤

一、弱信号失灵

在组织中，早期弱信号都是有征兆的，但是为什么很多弱信号未被重视而最终导致了灾害与危机呢？这主要有三个原因：一是噪音太多。噪音是指所有来自内部和外部环境的各类信息和刺激。我们从外部听到和看到的信息与内在的记忆、念头等混杂在一起，使人很难集中注意力来监测和评价各种外部刺激。对组织的高层管理者来说，有清晰的目标和方向、有安静专注的时间用于思考和判断，对于甄别噪音、规避干扰是非常重要的。① 二是组织缺乏弱信号探测系统。弱信号探测系统通过专业人员或大数据监测系统发现偶发事件或与组织有关联的新信息，并敏锐地探索这些信号的走向和价值。这些信号通常不在决策者的视野范围之内，或不是领导重点关心的问题，在决策框架中容易被忽视。② 三是传导系统出了问题。虽然人们对危机事件已经有了感觉和知觉，但是在向组织上级报告的过程中，传导系统出了问题，重要情报被中层管理者忽视或拦截，组织的中枢神经系统出现阻滞。中层管理者担心受到处罚，把坏消息和负面消息都过滤掉了，这是组织文化出现了严重问题。

---

① 丹尼尔·夏克特，丹尼尔·吉尔伯特，丹尼尔·韦格纳，马修·诺克. 心理学（第三版）[M]. 傅小兰 等，译. 华东师范大学出版社，2016.

② 同上。

感知系统失灵。人们对弱信号的识别与判断的基础首先是感觉和知觉。感觉是人类觉察环境变化最古老、最成熟的方式，是对外部刺激的感知，通过"传导"将其编码并发送到中枢神经系统。大脑皮层与其他信息融合形成综合判断，通常触发的是大脑对环境感知中最敏锐的部分。[①] 知觉是在中枢神经记录下感觉后，在大脑水平上产生的。知觉是对感觉的组织、识别和解释，以此形成心理表征，实际上是对感觉的编码与概念化。感觉是知觉和认知功能的起点。根据认知神经科学的研究，人类的感觉包括视觉、听觉、味觉、嗅觉和躯体知觉。视觉是人类获取信息最重要的途径；听觉是第二重要的信息获取途径；人们通过嗅觉感知气味和环境，它和味觉是化学感觉，两者相互影响；躯体知觉包括时间知觉、空间知觉、平衡知觉和自身器官知觉等，是人类自身认知的重要组成部分。

已有感知但难以言表。尽管有些人能够敏锐洞察捕捉到弱信号，但难以用语言表述，如中医可以通过望闻问切来观察病人的面色表征等判断其身体状况，但难以用精准的语言描述这种诊断过程。只有在实践中积累了大量经验和隐性知识的人，才具有敏锐的感知能力。也就是说，能够感知、洞察并解读弱信号的人是极少数。例如，气象专家早期可能从极小的冰川溶化、海洋生态变化就观察到气候变化带来的影响并发出警告，但绝大多数人当时并未有所觉察，只有当灾难性气候事件发生、卫星照片显示出大量的冰川融化时，人们才真正意识到问题的严重性。

弱信号与谣言和噪音的混淆。在现实生活中，人们常常将弱信号与谣言和噪音混为一谈，误把弱信号当成谣言，结果导致判断失误。与谣言和噪音相比，首先，弱信号是事件真实性的反映，是以事实和客观现象为基础的，它不是主观臆断、人为捏造的，更不是一种情绪宣

---

① 杨学山. 智能原理 [M]. 电子工业出版社，2018.

泄；而噪音是似是而非的、妨碍信号感知的随机数据波动；谣言则是不真实的、有明确不良目的的信息。其次，弱信号具有专业性，特别是在公共卫生、军事、安全质量、社会管理等相关领域内，需要具有丰富经验和专业知识背景的局内人，凭借洞察细微的能力、强烈的责任感和担当，以及敢于揭示真相、直面现实和困境的勇气，才能发现、甄别和揭示弱信号可能导致的风险和危害。局内人的意见非常重要，所以在风险管理领域，弱信号的价值和可能造成的危险必须依靠专业人士来判断，特别是在医疗、科技、法律、商业、金融等领域。最后，弱信号并不会随着时间的流逝而消失。谣言和噪音在真相被揭示后会自然消失，但弱信号是客观存在的，尽管它有一定的隐蔽性和模糊性。对于企业来说，有价值的弱信号往往隐藏在高层的即兴讲话、不经意的交流、非正式的对话、客户的抱怨、员工的吐槽、合作伙伴和供应商的不满中。弱信号的外衣通常都是坏消息，但对企业来说，坏消息有可能是好消息，好消息也有可能是坏消息。

二、认知框架狭窄

我们在很多情况下会忽视弱信号，不一定是不用心，而是"一心不能二用"，因为我们的注意力都集中在已有的认知框架内。对于同样的信号，不同的人会有不同的感知。人们从不同的通道获取不同的信息，同时受到教育、岗位、职业、文化、专业、偏好等因素影响而形成不同的认知专线和心智地图。认知专线一方面帮助人们提高信号判断、传递、整合和处理的效率；另一方面也造成一道屏障，将心智地图之外的信息过滤掉，从而形成个人感知外部环境变化的独特信息基础设施。每个人都有自己的认知专线，每个组织也有相对稳定的认知专线。个人或组织的认知专线随着时间和实践的检验被不断强化，逐步趋向稳定和固化。一方面，它有利于人们提高甄别和判断专线内弱信号的效率；另一方面，它也会限制人们感知、搜集信息的视角、范围和类型，使人们过于"理性"地强调搜集信息的可量化性、可解读性和可靠性，忽视通过感知系统扫描到的弱信号，排斥弱信号产生的领域和所在范围，进而丧失捕获弱信号的最佳时间窗口。

认知框架的广度和深度与认知控制有关。认知控制分为认知促进和认知抑制，认知促进是增强对刺激信号的关注，认知抑制是把无关信息对认知的影响降到最低。认知控制直接反映在组织和人的注意力上，目标越明确，认知控制越强，注意力越集中，对特定领域信号的关注力越敏锐。

在稳定、明确、可预测的环境里，认知框架有助于我们聚焦战略目标、深耕主业、排除杂念、持续改善，形成系统化的"压强"能力，打造宅院高墙，让有经验、有阅历的专业人员在感知弱信号方面发挥核心作用。但是，在高度不确定、变化莫测、充满颠覆性创新的环境里，认知框架有可能成为我们甄别危机的障碍。那些新涌现的、未知的、无法解读的信号通常在我们的扫描框架之外，即使被获取了也可能被我们嗤之以鼻或弃之不理。因此企业需要扩大对新信号的扫描广度，形成分布式的注意力管理，防止突发事件被过滤、被屏蔽、被忽视和被误判。[1]

旧经验的局限性。弱信号的"新"与知识经验的"旧"给人们的解读和判断带来了很大困难。一方面，在信息量极其有限的情况下，人们对事物的认识几乎是空白的；另一方面，对于新事物，人们过去的经验和知识难以发挥作用，因此很难掌握其真相、趋势和影响，特别是在互联网和社交媒体时代，信息泛滥、噪音频出、假消息快速传播，人们在判断弱信号时面临更大的困难。

---

[1] Ansoff, H. I. Strategic issue management [J]. Strategic Management Journal, 1980, 1(2): 131-148.

三、组织对弱信号的过滤

国内情报界将安索夫等人提出的"filter"概念翻译为"筛选器",并分为监视层、心智层和推进层。在监视层,企业从所处的商业环境中选择和收集数据,形成许多企业发展的观点和想法,弱信号在这一层被捕获,之后得到不断加强。在心智层,企业运用所获得的弱信号进行迭代学习从而修正心智模式,调整认知专线。在推进层,企业将所形成的信息和知识带到决策层面。①

这三层活动与战略管理和情报学中的环境扫描密切相关。环境扫描是企业战略制定和战略调整的重要基础。根据动态能力理论,当环境的不确定性增加,个人决策的有限理性效应显著时,企业能力的独特性和稀缺性会逐渐丧失。因此,企业在决策过程中需要不断地搜集环境信息,以实现对环境变化的快速响应,这是确保企业成长和维系竞争优势的基础。②为了在环境中寻找稀缺资源,企业高管需要具备对外部环境变化的高感知能力,通过关注、解析和内化稀缺资源构建差异化的竞争优势。环境扫描的一个子概念是地平线扫描,它指情报搜集工作需面向未来,探寻在更广阔的空间、更长的时间内产生重大影响的新现象和新动力。地平线扫描分两个阶段:第一阶段是探索式广度扫描,指对所有信息进行广泛搜索评估、选择和聚类;第二阶段是聚焦式深度扫描,指对发现的弱信号进行评估、分析和识别子集。③

---

① 董尹,刘千里,宋继伟,赵小康.弱信号研究综述:概念、方法和工具 [J].情报理论与实践,2018,41(10):147—154.

② 董小英,鄢凡,刘倩倩,张俊妮.不确定环境中我国企业高管信息扫描行为的实证研究 [J].管理世界,2008,(6):127—147.

③ Amanatidou, E., Butter, M., Carabias, V., Könnölä, T., Leis, M., Saritas, O., Schaper-Rinkel, P. and Rij, V. On concepts and methods in horizon scanning: Lessons from initiating policy dialogues on emerging issues [J]. Science and Public Policy, 2012, 39(2): 208-221; Miles, I. and Saritas, O. The depth of the horizon: searching, scanning and widening horizons [J]. Foresight, 2012, 14(6): 530-545.

第 6 章 弱信号失灵与过滤

在笔者看来，基于已有的理论和案例研究，filter 概念可以从筛选和过滤两个维度展开，反映组织战略决策中两种不同的行为。筛选是一种积极主动行为，组织通过构建完整高效的信息情报系统，不断扫描、甄别、判断可能对组织未来产生重要影响的弱信号并采取前摄性的（proactive）积极行动，主动应对突发危机的挑战，抓住新兴发展机会，提升组织的适应能力。过滤是一种消极被动行为，即弱信号在传递过程中被人为地忽视、掩盖、遗漏、隐瞒和扭曲，拖延了组织响应时间，导致弱信号转化为强信号，造成重大危机事件或错失重要发展机遇。弱信号的过滤与战略领导力、战略制定方法、组织文化、激励机制等密切相关。

与安索夫教授所处的 20 世纪 70 年代相比，我们当今所处的时代更是各种真假信息泛滥，大数据无所不在，环境的不确定性大大增加。因此我们接下来将重点讨论弱信号在组织中的过滤问题，主要包括观察过滤、信息过滤、认知过滤和权力过滤（见图 6-1）。

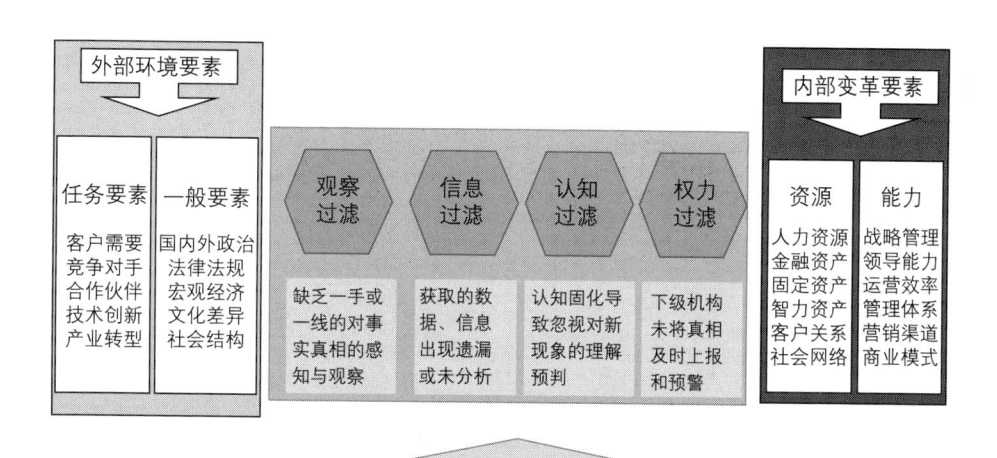

图 6-1 弱信号的过滤机制

观察过滤。观察过滤是对外部环境微小变化的感知与洞察。长期积累的经验、对外部环境细节的敏感性和快速学习的能力影响着人们对外部变化的感知和预判。当大数据分析系统和人工智能所设定的监察指标未能揭示出"灰犀牛"与"黑天鹅"出现的早期痕迹,或者一线员工及领域专家未能对风险和机遇进行敏锐捕捉和预判,就会导致漏察。对弱信号的观察感知需要大量隐性知识、实践阅历和责任担当,大多数人通常对弱信号视若无睹或心怀疑虑。最敏感的观察通常来自企业的战略规划人员、一线人员、领域专家和风险防范人员。忽略了对未来产生重大影响的新兴或未知领域,导致战略盲点出现和意外事件发生,是组织情报雷达失效的典型特征。

信息过滤。在观察的基础上,信息的传播与共享对于弱信号是否能引起必要的关注非常重要。信息传播主要有四种途径:一是非正式的人际传播(如通过日常人际交流、社交媒体等);二是正式途径及网络传播(如通过行政途径、专业途径、正式的媒体途径等);三是通过信息系统进行数据的采集、处理、整合、分析和决策支持;四是通过信息共享快速形成判断和反馈。信息传播和共享既有纵向的,如自上而下或自下而上;也有横向的,如跨专业、跨机构、跨地区进行共享。

随着数字技术的快速发展与应用,数据量的增加也达到了前所未有的程度,并还在以很快的速度继续增加。数字技术一方面提升了数据的获取、采集、整合、分析和使用效率,另一方面也给弱信号的甄别带来了更大的困难和挑战。因此,人们开发了各种各样的信息系统来助力数据的采集与分析。与数据相比,信息是经过加工处理和统计分析的数据,是更有价值的资源,经过分析的信息能够揭示海量数据中蕴含或隐藏的模式、特征和规律。但是,信息系统的应用并不自然而然地解决弱信号的问题,因为信息系统的应用除了与数字技术有关,也与人的理念、文化、能力有关,而这些因素通常是导致很多数据被过滤和误读的关键原因。

认知过滤。认知过滤是指弱信号已经传导到组织内部，被内部人员在解读分析的过程中屏蔽、忽略、质疑、错误解读和战略误判。根据认知心理学理论，人们习惯于接受熟悉的，或与已有认知框架一致的信息和看法，对于框架之外的信息本能地产生否定、怀疑和排斥的心理，形成认知偏差。观察过滤决定组织的情报雷达是否能捕捉到弱信号，认知过滤则影响组织判断和评价弱信号。因此，认知过滤是风险管控极其关键的环节。

在组织中，认知过滤会以战略过滤的形态表现出来。组织一般都有自己的战略聚焦和战略优先度，为了保持战略的有效性和执行力，通常会排斥与战略聚焦无关的事件的干扰，并形成以既定战略为中心的自我强化的机制。战略过滤指人们将情报搜集和关注的重点集中在战略框架内，或聚焦于既定战略目标，对战略框架之外的新生事物反应迟钝或忽略。当意外和突发事件降临时，战略聚焦成为战略转换的障碍，迟钝的反应和滞后的应对会导致组织错过时间窗口，危机蔓延爆发。因此，组织需要打造战略聚焦与战略灵活的动态平衡体系，特别是最高领导团队不应陷入战略过度聚焦的陷阱，而应在扫描组织内外的未知变化和风险时眼观六路，统领全局。

权力过滤。权力过滤与权利过滤是两个不同的概念。权力过滤是在管理岗位上、具有决策权和能够调配资源的人过滤弱信号；权利过滤是指过滤弱信号的人不一定拥有关键权力，但掌握关键信息，或有渠道向有权力的人传递关键信息并影响其决策。权力过滤与组织文化密切相关，组织文化直接影响各个层级的管理者对于弱信号所传递的真相的态度——直面问题，还是规避与禁忌。报喜不报忧的文化是导致坏消息在萌芽状态未能得到及时处置的主要原因之一。企业对待弱信号的态度与文化氛围和激励机制密切相关，如日本企业大力奖赏能够提供坏消息的情报人员，认为坏消息难以获得、价值很大，可以提供坏消息的人才是对组织最忠诚的人。

组织文化在三个方面对权力过滤产生影响：一是真相文化，即真实的情况可否自下而上快速传递，也就是说，一线人员了解的信息能否直达最高层。二是共享文化，即组织内部是否有情报整合机制来获取各种弱信号。三是文化距离，即最了解真相的人与具有决策权的人的距离，这中间环节越多，掩盖问题的可能性越大。

权力过滤包括主动过滤和被动过滤。主动过滤与个人意图有关，具体表现为有忽视和掩盖弱信号的倾向、习惯性地过滤坏消息、根据领导偏好传递信息、不能客观展示现实和真相，因为担心新的变化有可能使自己的权力弱化或丧失，所以有意识地忽略或掩盖弱信号以显示个人所在岗位或地位的重要性。[①] 被动过滤则与个人能力有关，表现为战略视野狭窄陈旧、误判弱信号的重要性、潜在影响和未来价值，或执着于过度聚焦的战略框架，忽视了新情况的出现。

权力过滤中还存在跨领域的问题，具体指跨体系、跨专业、跨层级地对弱信号进行评价，用非专业人员和机制来过滤专业人员对弱信号的洞察。非专业人员没有能力判断所谓"谣言"的重要价值或隐患，会误读误判，拖延整个风险识别与响应进程，导致极其不良的后果。

弱信号的过滤反映出其感知与传导实际是组织管理中主客观的交互过程，涉及诸多因素。组织文化决定了弱信号是否会被过滤。在很多企业中，发现问题并及时报告叫"立功"、发现了问题却没报告叫"漏报"、没有发现问题却报告叫"谎报"、报告了不准的问题叫"虚报"；报告的问题太多，组织高层应接不暇，组织的注意力被分散；报告的问题太少，组织高层惶恐不安，唯恐出现决策盲点和风险。因此，如何打造低成本和高效率的弱信号预警系统，是每一个组织，特别是政府和大企业，都希望解决的现实问题。

[①] Ansoff, H. I. The emerging paradigm of strategic behavior [J]. Strategic management Journal, 1987, 8: 501-515.

四、如何避免弱信号过滤

避免观察过滤。在组织中，最能敏锐感知、洞察到异常情况和弱信号的是一线人员或非常有经验的专家，他们离客户和企业实践最近，最能觉察到环境和客户的变化。导致观察过滤的原因分为主观原因和客观原因：主观原因是一线人员缺乏责任心和专业精神，未能精准地捕捉到细微的变化；客观原因是组织制度不鼓励一线人员将感知到的变化向上报告，有些组织甚至惩罚那些发现了问题的人，导致一些风险或有价值的信息在刚刚出现苗头时就被屏蔽了。观察依赖于大量经验、隐性知识、责任心和对细节的关注，在新事物产生的苗头刚刚出现时，人们的认识通常是感性的、难以言表和量化的，过于理性和自信有可能会妨碍观察。避免观察过滤需要人们深入一线把握最真实的情况，重视专业人才的经验、洞察力及直觉判断，在新事物产生之初不宜过早下结论，要开放探索、广开言路、实事求是，在短时间内获得最大的信息量和多元视角。

避免信息过滤。信息过滤既是认知过滤和权力过滤的原因，又是其他过滤导致的直接结果。无论哪种信息传播途径，都应以真实可信、基层直达、系统易用、用户知晓、操作简单、信息共享和决策支持等为原则。避免人为干扰、弄虚作假、质量失控、过度把关和信息失效等问题。

避免认知过滤。避免认知过滤需要感知洞察、开放交流、探究真相、动态修正和包容模糊等。根据过去的经验过早下结论，或者凭借资历或地位武断决策，往往妨碍人们对新事物的认识。因此，防范认知过滤需要建设性的争议、多种假设和多情景分析，过早判断、主观武断、经验主义和"专家至上"有可能导致认知过滤。避免认知过滤还有助于防范战略过滤。避免战略过滤的重要方法是不断反思战略边界、动态调整战略聚焦，并将情报获取的眼光放在战略框架之外的信息和信息来源上，及时对其进行判断和解读。大数据技术和人工智能技术所带来的知识图谱和互联网数据分析工具可以辅助人们解决此类问题。要避免战略过滤，组织需要关注异类、包容模糊、动态扫描、拓宽框架。为了有效防范战略风险，组织需要克服战略固化、过度聚焦、故步自封等问题。

避免权力过滤。避免权力过滤需要从建设性的角度看待弱信号的正向价值及其对战略管理和风险防范的意义，在权力体系内构建分布式的风险管控机制和责权利体系。特别是在文化建设中，组织要高度重视目标协同、信息真实、高透明度、共享共担、包容多元和责任担当。决策者要通过走访一线、调查事实、广泛听取多方面意见等方式获得一手信息，克服权力至上、层层设障、偏听偏信和明哲保身等问题。

第 7 章
创新思维与创新文化

一、什么是创新思维

创新思维是创造力的起点,指以新颖独创的方法解决问题的思维过程。创新思维意味着突破常规思维的界限,以超常规甚至反常规的方法和视角去思考问题,提出与众不同的解决方案,从而产生新颖、独到、有社会意义的思维成果。从狭义上看,在微观层面具有新颖、独特意义的想法、主意和观点,都可被称为创新思维。由于创新思维的复杂性和内隐性,学术界尚没有对其类型一致公认的划分。

从人类文明史的宏观层面看,创新思维是人类文明的结晶。正如英国著名小说家、新闻记者、政治家、社会学家和历史学家赫伯特·乔治·威尔斯(Herbert George Wells)所言,人类的历史本质上是思想史;法国作家维克多·雨果(Victor Hugo)则说,世界上有一种东西比所有军队都更强大,那就是思想。创新思维触达人类文明发展历程的各个维度,如社会、政治、经济、科学、哲学、数学、艺术等,构成了人类文明演化的动力、基础和财富,是一个国家和民族软实力的核心,也是文化吸引力和魅力所在。

从创新思维产生的微观层面看,来自个人、团队和组织的创新思维层出不穷。特别是在个人层面,创新思维又以系统思考、顿悟、灵感、奇思妙想和突发奇想等方式呈现,特别是人们对某一问题百思不得其解时,它会在某种特定机遇和场合下浮现出来,使问题一下子迎刃而解。

创新思维既可能产生在不同思想的激烈交锋中，也可能出现在不经意的对话、思考或放松状态中，甚至还可能在睡梦中出现。

正是由于创新思维的独特性和奇妙性，人们会认为创新思维是少数天才或杰出人物才具备的。对天才人物的特质有很多说法，如哲学家叔本华曾描述天才人物能够击中别人看不见的目标；哲学家康德认为天才有能力独立获取别人通过教育才能获得的概念；哲学家休谟则提出，人们用看待白痴的眼光看待天才，具有天才潜质的人看上去是远离社会的。在某一领域有天赋的人通常会全身心投入其所热爱的领域，并展现出超常的才华和能力、强烈的自驱力、热情和探索精神。[①] 因此，天才会展现出卓越非凡的智力和创意，而这种创意通常表现为对某一领域具有前所未有的洞察力。

二、对创新思维的研究

创新思维与人们的创造力密切相关，人们从19世纪开始关注天才与创新思维的问题。最早研究创造力的著作是1869年弗朗西斯·高尔顿（Francis Galton）的《遗传的天才》（*Hereditary Genius*），作者调查了1863—1868年英国的首相、将军、文学家和科学家等977人的家谱后发现，大多数名人出身望族，因此作者提出天才是遗传的这一观点，甚至断言遗传的力量对天才的影响超过环境的影响。这是国际上最早研究创造性的系统资料，也是研究创新思维的第一部文献。之后，哈佛大学的笛尔本（Dearbern）教授则采用测量的方式来探究创新思维的本质。

研究者通常把创造力当作创新思维的一个部分，试图从三个途径探索和发现人们创造力的来源，即个性特质研究、认知心理学研究和社

---

① 丹尼尔·夏克特, 丹尼尔·吉尔伯特, 丹尼尔·韦格纳, 马修·诺克. 心理学（第三版）[M]. 傅小兰 等, 译. 华东师范大学出版社, 2016.

会心理学研究。个性特质研究指通过对思想家、科学家、艺术家长期追踪调查，发现其在童年、青年时展现的创造力潜质，识别出创造性人才的核心特质。例如，积极心理学奠基人之一米哈里·希斯赞特米哈伊（Mihaly Csikszentmihalyi）曾对两百多位杰出人才进行长期跟踪研究，发现这些人的思维和行为具有双元性，可以根据场景和需要进行转换，如既可以独自研究阅读，又可以在众人聚集的场合谈笑风生；既可以对一个领域专心致志，又可以跨界对不相关的领域保持高度兴趣。认知心理学研究是以普通人为研究对象，通过实验或量化指标测量人的认知差异。[1]社会心理学研究的目的是发现历史、社会、文化、族群、社会网络等外部因素对创造力和创新思维产生的积极或消极影响，特别是在不同社会文化背景下，人们对创新思维的接纳度与包容度。

近年来，随着认知神经科学的兴起和发展，脑功能成像的研究技术为人们直接观察人脑在处理复杂信息时的活动状况提供了有效的研究手段，从而为探索创新思维的脑机制提供了较为直接的方法。随着神经生理学和脑科学的发展，研究人员发现，许多较高级的认知功能都集中于大脑右半球，其在创新思维中占有更重要的地位。

三、与创新思维关联的方法

创新思维并非凭空产生的，而是在原有知识经验的基础上产生的。丰富的知识积累是创造力的源泉，也为新异观念的产生和评价提供基础。过去的知识和经验一方面为创新思维提供了支持和基本建构；另一方面也会给创新思维带来阻碍，束缚创造力。

有创新思维的人才具有以下特征：一是感知敏锐，学习能力强，善

---

[1] 米哈里·希斯赞特米哈伊.创造力：心流与创新心理学[M].黄珏苹,译.浙江人民出版社，2015.

于质疑并愿意提出问题，对外部事物有很强的好奇心和观察力，对于重要的事物可以长时间集中注意力。二是对事物感知全面、客观、理性，实事求是，对事物有系统的认识，关注细节，独立性强。三是思维流畅，记忆准确，表达能力强，善于把握事物的内在联系和本质，对不确定性包容度高，不追求唯一正确答案。四是思维灵活、开放，不受旧事物的束缚，能够适时转移注意力。五是宽容对待各种设想，具有浪漫精神和超现实感。六是敢于冒险探索，不怕失败，大胆创新，勇于尝试。七是富有想象力和幽默感，视觉表象丰富，能把两类相距很远的事物联系在一起。

研究者们从不同的角度对创新思维的脑机制进行了有益的探索，发现创新思维与顿悟、批判性思维、发散性思维等密切相关。

对**顿悟**（insight）的研究始于格式塔心理学家沃尔夫冈·柯勒（Wolfgang Kohler），其挑战了当时占主导地位的爱德华·李·桑代克（Edward Lee Thorndike）的"尝试—错误"学习理论，证明问题解决的过程可以是突变而不是渐变的。顿悟式的问题解决模式具有突发性、直指性和持续性。突发性是指问题往往在一瞬间突然解决；直指性是指有效解决问题的方案在顿悟状态中直接呈现在眼前，而非经过反复尝试错误或复杂手段后得到；持续性是指顿悟一旦获得便很少出现行为上的反复，它很像一种"一点就明、一学即会"的学习过程。[①] 伟大的思想家会预兆性地在一瞬间窥见事物之间的全部关系，整个过程发生的速度快到无法言表。爱因斯坦曾说他思考问题时不是用语言进行思考，而是用活动的、跳跃的方式思考，当这种思考完成以后，要再花很大力气把它们转换成语言。

但是，顿悟也不是凭空产生的，它与过去的思考、知识积累和经验有着密切的关系，并非与过去经验毫无关系的灵光一现。通常人们在解决问题时会遇到思维障碍，只有当这种障碍被有效地克服时，问题才会

[①] 罗劲. 顿悟的大脑机制 [J]. 心理学报，2004，36（2）：219—234.

迎刃而解，这种障碍就是人们通常所谈到的思维定式。思维定式是创新思维的反义词，是指人们不断强化已有思维路径，降低了通过其他路径解决问题的可能性。打破思维定式并非易事，顿悟通常在认知框架控制范围之外涌现，英文称之为"跳出盒子"（jump out of box）。

法国科学家路易斯·巴斯德（Louis Pasteur）曾经说过机会只偏爱有准备的头脑。心理学研究表明，在问题通过顿悟得到解决之前的时刻，大脑额叶深处被称为前扣带回的一个脑区会得到强有力的激活；这个区域控制着认知过程，而积极放松的情绪有助于激活这个区域。也就是说，放松思维控制和增强不关联事物的连接，都有助于顿悟的产生。① 人们还发现，有些顿悟是在梦境中产生的。

顿悟还与人们的注意力密切相关，注意力的高度集中会把瞬息万变的"意识之流"固化在一个点上，形成对问题认知的突破和顿悟，透过个例瞬间窥见事物本质，并逐步将这种领悟推广于其他事物。这个一蹴而就的意识突破，在瞬间完成解决问题视角的新旧交替，既包括新思路的涌现，也包括对旧思路的抛弃，呈现思维定式被打破后的豁然开朗。

批判性思维是指在辩证理性和开放精神指导下的认知思维活动，它以认知理性为目标，以建设性讨论为客观认知事物的有效途径。② 英文的"批判"（critical）一词源自希腊文 kriticos 和 kriterion，原意是指基于标准的辨识能力。美国哲学家约翰·杜威（John Dewey）提出要大胆质疑、谨慎断言，在对科学假说进行主动、持续和细致的理性探究之前，不急于接受或反对，而是延迟判断，中立地理解。③ 批判性思维的核心是不盲目接受现成的观点，不墨守成规，要理性冷静地判断，尽可能增加决策中的知识量和合理性。其特征是：（1）发现他人论证的陷阱和漏洞；

---

① 丹尼尔·夏克特，丹尼尔·吉尔伯特，丹尼尔·韦格纳，马修·诺克. 心理学（第三版）[M]. 傅小兰 等，译. 华东师范大学出版社，2016.
② 董毓. 批判性思维三大误解辨析 [J]. 高等教育研究，2012，33（11）：64—70.
③ 同上。

（2）考虑所有相关利益群体的核心关切；（3）基于事实数据而不仅仅是观点做出判断；（4）善于处理模糊和矛盾的信息并探寻多种方案；（5）避免无关因素影响决策。批判性思维与创新思维犹如孪生姐妹，在批判、质疑、辩论、探索、论证、理性思维的过程中，创新思维会持续涌现，偏执的思维得到矫正，被忽视的观点得到重视，认知盲点得到补充，潜在的风险浮出水面。

在实践中，人们对批判性思维是有误解的，简单认为批判性思维就是对现有观点的反对、否定和对抗，带有更多感性、情绪化的色彩，给批判性思维的培养和推广起了反作用。对于企业领导者来说，发展组织的批判性思维和文化对确保企业健康发展、避免决策盲点、把潜在的风险和错误扼杀在企业内部是极其重要的。华为等企业的"红军蓝军"制度、联想的系统性"复盘"方法等都是批判性思维及文化的制度建设，为企业可持续发展做出了重要贡献。

打造具有批判性思维的文化难度很大，因为这涉及对已有知识体系和决策体系的反思和质疑，还涉及许多情感因素，是对人性的考验。反面论据的出现通常会引发人们强烈的情绪与心理反应。组织需要构建一套理性、客观、建设性和制度化的批判性思维表述模式和方法，把论事与人际关系分离开来，才能以理服人，并且以事实及数据为基础来实现有效的沟通，六项思考帽等方法会有所帮助。①

发散性思维具有创新思维的主要特征，强调从多元的、差异的视角看问题，从不同的方向思考、重组信息和构建解决方案，重视过去较少关注的视角。它克服了常规思维中单向思维的缺陷，是一种不依常规、寻求变异、多维度探寻答案的思维形式。发散性思维还与远距离联想相

---

① 爱德华·德博诺. 六项思考帽：如何简单而高效地思考 [M]. 马睿，译. 中信出版社，2016. 德博诺的其他相关书籍还有《水平思考：如何开启创造力》（中国人民大学出版社）和《平行思考：一种化解矛盾与解决问题的思考技巧》（化学工业出版社）。

关，具有发散性思维的人可以将表面上看似不相关的事物建立新的联结和组合。形成发散性思维的核心是要突破思维定式。

四、创新思维与组织文化

在知识经济和数字经济快速发展的今天，创新思维渗透到社会生活的方方面面，成为推动科技、经济和文化发展的重要力量。创新思维与创新实践不仅是少数天才和精英的专利，随着越来越多的企业和组织将创新作为生存与发展的核心、越来越多的人受到良好的教育、社会对创新思维文化的包容度越来越高、知识创造的环境越来越好，如何打造创新思维产生的沃土和文化，成为很多管理者关注的课题。

新思想和新概念的产生是一个主客观交互的过程，既涉及个人心智，也与社会环境密切相关。组织文化对创新思维的产生起到重要作用。根据已有的研究模型，与创新关联的组织文化是在灵活性与自由、授权与稳定性控制、外部聚焦和内部聚焦整合三个维度下形成的，包括民主式文化、氏族式文化、市场式文化和等级式文化。[①] 民主式文化强调灵活性、平等和接纳变化，由外部市场导向，强调企业在变化的环境中动态发展核心能力和竞争优势，寻求商业模式上的创新，力争成为市场领导者。因此，民主式文化的核心价值观是创造力、创业精神和冒险精神。它包容失败，鼓励探索，寻求拓展，根据外部环境的快速变化鼓励创新思维的涌现、流动和共享。氏族式文化也强调灵活性，以内部为核心，重视团队合作、员工参与和企业对员工的承诺，注重广泛搜集员工的创意想法、自下而上的信息流动和平等的分享，推进渐进的、系统化的改善。市场式文化以外部为核心，注重打造企业在竞争中的比较优

---

① Cameron, K.S. and Quinn, R.E. Diagnosing and Changing Organizational Culture: Based on the Competing Values Framework [M]. Addison-Wesley, 1999.

势，但以内部控制为导向，企业的核心价值观是重视运营卓越，强调劳动生产力和竞争力。等级式文化受到社会结构中等级制度的影响，区分出高下、贵贱、亲疏等关系，与传统文化密切相关。在创新活动中，等级式文化不仅体现在创新活动集中的层级（高层、中层还是基层），更体现在不同层级之间协同关系的创新。日本企业大多采用分布式的等级式创新，即高层提出愿景、中层是承上启下的核心、基层是创新活动的实施者，充分调动不同层级的优势并将其有效组合。

以市场为导向的创新与突破式创新密切相关，其创新思维的特征是无中生有、探索未知、有效应对环境的不确定性和模糊性，鼓励创新性想法的发散性涌现和非连续性跨越，企业关注新想法与已有体系的创造性整合，通过对新旧知识的融合推动企业的发展。

面向组织内部的创新与渐进式创新密切相关，与突破式创新不同的是，它注重在已有知识体系内实现从有到优、系统总结和整体整合；通过积累大量员工创造性的小建议，实现设计研发、产品生产、运营管理体系的迭代改善；从粗到精，去伪存真，实现持续改善与多样化整合。

在思维创新中，如何平衡突破式创新与渐进式创新？英国心理学家爱德华·德·博诺（Edward de Bono）的著作《横向思维》（*Lateral Thinking*）给出了具有一定参考价值的回答。书中指出，水平思考法对于人们了解环境变化与新思维产生有一定价值，一旦新思维产生，人们会发现新的发展空间并产生强劲动力，以问题为核心搜集组合各种信息，并学会从不同角度看问题。与水平思考法相比，垂直思考法有助于渐进式创新，它的特点是以认定的架构作为思考的起点，强制性地对头脑中的思维进行控制，以静态的方式对事物进行分类，过滤和排斥不熟悉的事物，对每一件事情加以逻辑分析，追求过分的精确，强调细节和过程，却离初始问题越来越远。

影响创新思维产生的一个因素是人的心理安全。心理安全是指人们在萌生创意、表达看法、提出质疑时不会担心受到惩罚和排斥。在一个有心理安全感的环境下，人们会更容易放松身心，尽自己最大的才能，从事既有冒险性、又有创新性的首创性活动。不同国家产生创新思维的文化氛围和传统是不同的。以色列为了鼓励创新，在文化上积极看待失败的价值，坦诚交流，直截了当地提问，重视非正式交流，对未来发展充满忧患意识，快速落实好的想法。美国硅谷为了营造良好的创新环境，同样对创新思维和创新想法非常包容，特别是对鹤立鸡群的创新人才。其文化倾向于向"疯狂"的人们致敬，包容那些与社会常态格格不入、离经叛道、"惹是生非"的人才——这些人不喜欢墨守成规，也不愿安于现状，他们愿意做出改变和挑战。

第三篇

渐进式创新与知识利用体系

PART THREE

第8章
知识转移

一、知识转移的类型

知识转移是指将在一种场景下获得的知识应用到另一种场景中的过程。[①] 知识转移范围涉及个人、团队内部、跨团队、跨部门、跨企业甚至跨产业。知识转移中提供方与接收方之间通常存在知识差距，如集团总部与地区总部之间、高层与基层之间、领先区域与相对落后区域之间、高绩效部门与低绩效部门之间、技术熟练人员与新技术人员之间、能力体系要求与现有能力水平之间，等等。知识转移的提供方与接收方需要有动力推动知识流动和分享。知识转移不仅在于知识流动和分享的过程及方法，人们更重视知识转移的效果，也就是真正实现人与人之间的知识传递，缩小彼此之间的知识差距。

知识转移的对象主要有五种类型：（1）个人的知识，包括显性知识和隐性知识，其中隐性知识是最难以转移的，特别是在认知（如决策过程、思维模式、分析能力、经验积累等）和操作（如外科医生、技术工人等）层面，有些隐性知识几乎是无法转移或需要很长时间才能转移的。（2）嵌入组织结构的知识。组织结构中的知识也可以划分为显性知识和隐性知识两个部分。显性部分是可以在文件中表述的，如流程、架

[①] Szulanski, G., Ringov, D. and Jensen, R.J. Overcoming Stickiness: How the Timing of Knowledge Transfer Methods Affects Transfer Difficulty [J]. Organization Science, 2016, 27(2): 304-322.

构、实体资产等;隐性部分则包括历史记忆、人际关系、隐性规则和灰色行为等。(3)组织标准操作程序和实践,如信息系统、工具、数据库、网络平台、供应链协同等。(4)文化氛围中隐含的知识,既包括可用文字表述的愿景、使命、品牌、口号、目标等,也包括难以言表的行为规则、操作方式和默认的模式等。(5)工作场所的环境和结构,如建筑、装饰等。

二、难以转移的知识体系

在组织中,知识含量集中在四个要素上:人、任务、工具和系统。人力资源被看作知识转移中最核心的资源,但完全依赖人力资源的知识转移难度很大。因为人力资源中最有价值的决策能力、知识积累、经验和方法都是以隐性知识的形式存在;同时,能够承担关键复杂任务的领导人背后还有潜在的人际网络做支持,当知识转移过程涉及开发和使用高精尖工具和系统时,整体的知识转移才会有效。任务体现了组织战略、目标和意图,能够集中体现组织核心战略意图的任务具有关键价值。工具是人完成任务所需要的助手,既有硬件工具(如制造企业需要的机床、操作工具等),也有软件工具(如设计工程师和管理人员所需要的软件等)。系统则连接整合了企业资源、流程、路径和方法,在数字经济时代被称为平台。工具和系统是显性化的知识体系,是知识转移中可以快速规模化和复制的。

当被转移的知识存在子网络时,知识转移的难度就加大了。在衡量组织知识资产时,知识资产通常由五种要素组成:(1)人与人之间的社会网络;(2)任务与任务之间衔接的流程、惯例和路径;(3)工具设备间组合而成的设备或硬件群;(4)数据之间的流动和共享体系;(5)系统间共同构成的平台。这五种要素相互组合嵌入,形成组织最关键、最难外溢和被模仿的知识。当企业在系统平台的支持下,给最合适的人分配到最适合的任务，并配备最佳工具，利用数据精确提供任务和测量结果时，企业的绩效最佳。当五种要素组合在一起时，组织的知识体系最有价值，也最难以被模仿和转移。当合适的人拥有大量知识却缺乏合适的工具、任务和系统时，人员的流失会给企业带来很大的损失。例如麦当劳、肯德基这样的快餐特许经营企业，其知识嵌入个人、工具、任务和系统的组合网络中，就可以将生产更高质量食品的知识和方法融入遍布全球的员工的日常操作中。

相互嵌入的知识会带来更高的竞争壁垒。对于组织来说，嵌入任务、工具和系统的数据和知识有助于隐性知识的显性化，以及企业最佳实践在内部的复制和转移。跨国公司之所以能在全世界布局发展，首先与它们具有全球网络平台和信息系统有关，它们可以通过平台和系统将人员、任务和工具的相关知识应用到世界各国。从竞争视角看，嵌入在产品中的技术知识更容易"泄露"给竞争对手，竞争对手可以通过反求工程（reengineering）破解产品的结构和诀窍（know-how）；而嵌入组织流程和惯例中的知识则难以被破解。所以，在数字化时代，通过平台整合的各类知识可以缓解企业被竞争对手超越的压力，同时加快知识体系在企业内部的应用和扩散速度。

相互融合的隐性知识体系最具价值。要素组合会产生组织的交互记忆和集成化的隐性知识。交互记忆（transactive memory）是指组织在人际网络中，通过彼此分享小组、团队、跨部门和跨组织成员都擅长哪些任务，使用哪些工具来提高分配任务的效率和精准度，增强彼此之间的协同性。在这个过程中，知识分享和知识可视化具有重要价值。研究结果表明，当小组成员在彼此分享如何承担任务、如何使用工具的知识和经验时，交互记忆系统会更加牢固并令人印象深刻。同时，不同企业在人与人、人与任务、工具和系统之间组合而成的交互记忆有助于形成集成化的隐性知识，这是一个企业区别于另一个企业的关键。

平台化有助于知识多向转移。在数字经济时代，知识转移既要通过人际网络，也要通过系统平台同步进行。基于人际网络的知识转移可以同时分享隐性知识和显性知识，对环境适应力强、学习吸收速度快，有助于促进知识创新。系统平台虽然缺乏人的敏感性、灵活性和鲜活性，但它提供了一致性、稳定性和标准化的知识体系，有助于组织进行大范围的知识转移，以及知识共享和知识重用。通过平台，企业可以记录业务过程和经验，并将这些过程知识和经验教训进行整合与分享，形成基于数字化技术的交互记忆系统，从而提升组织知识转移和知识创造的效率，助力新员工用尽可能短的时间掌握岗位所需的知识、技能和工具。

大企业知识转移的利与弊。对于大企业来说，以人为核心的现有交互记忆系统一旦建立起来并保持稳定状态，构建基于数字技术的新系统的难度就比较大，它会与现存系统形成冲突和竞争。对于中小企业来说，现有系统影响有限，如果缺乏由五个要素共同组成的交互记忆系统，企业的发展空间会受到限制，因为有效的知识难以被转移和复制。

大企业内部已经积累了大量知识，如何将有价值的知识在组织内部快速转移是一个关键问题。大企业通常关注拥有知识优势的部门向其他部门转移、集团知识向分/子公司转移，但边缘知识、基层知识的逆向转移通常得不到足够的重视，很多来自一线的关键洞察和最佳实践被浪费了。对于中小企业来说，将外部知识内部化、将已有的有效知识在组织内部快速转移，都对企业持续创新十分重要。知识的转移和共享帮助中小企业成员持续产生新颖的想法，使其知识创新的速度超出大企业。

场景差异越大，知识转移难度越大。具有任务和战略相似性的企业（如连锁店、各地分公司）内部的知识转移比较容易；高度差异化的分/子公司间只有部分共性知识可以转移，共性的部分越少，规模化转移的难度越大。对于知识门槛高、进入壁垒高的企业，知识转移的内循环会持续强化其竞争优势。任务相似性越高，知识转移的效率也越高，在制定知识转移战略时，企业应尽可能关注共性任务来捕获知识，这对提升知识转移效率更有帮助。

如果地区和场景差异很大，知识体系以人际网络为主，缺乏工具、数据和系统网络的话，提供方和接收方的知识兼容性差，知识转移就会很困难。例如，我国东部经济发达省市的领导干部被调到欠发达地区任职后，很难把最佳实践转移过去。当地已有的盘根错节的人际网络、错综复杂的利益集团和隐性文化等，会使调过去的领导人一下子成为少数派，其固然有丰富的工作经验，但与当地的氛围格格不入、难以融合，从而知识转移也难以发生。所以，要缩小地区之间的文化和知识差距，需要借助工具、数据和系统，利用数字化平台缩小地区之间的差距，在全国范围内形成各地区共享的平台、模式和规范，增强地区之间的共性部分，才能确保最佳实践的有效转移。

三、组织内部的知识转移

轮岗、职位互换、培训、师傅带徒弟，甚至跳槽挖人等都被视为知识转移和知识传承的重要方法，目的是有效加速最佳实践和宝贵经验的扩散、转移和复制。在这个过程中，个人需要不断适应新的环境、文化和知识体系。

轮岗。从本质上说，轮岗就是知识拥有者的流动。轮岗有助于隐性知识显性化，有利于组织知识管理和技术更新，有利于组织长期持续经营。具体来说，组织内部广泛的人员轮换，可以促进隐性知识在企业的研发、生产、销售和采购等不同部门之间的共享和转移，最终形成企业层次的群体隐性知识，即人们在不同岗位交流中形成的共同记忆、信任关系等。

干中学（learning by doing）就是在实践中学，在工作的过程中发现学习差距与解决问题的钥匙。干中学原本是一个经济学概念，指工人通过不断地重复同一类行动来提高生产率。"实践出真知"是对干中学最好的总结,因为在实践中才能获得真正的 know-how。know-how 对于解决问题(特别是复杂度高、不确定性强的问题)至关重要,且这类知识(如手术、制造工艺、乐器演奏等)很难通过书本或人工智能获得,只能通过干中学来积累。

师傅带徒弟是一种非常古老且有效的知识转移模式,沿用至今仍然无法被替代。在我国,师傅带徒弟的方式盛行于需要大量隐性知识传承和基于 know-how 的领域(如中医、京剧、武术、相声、手工艺等传统文化领域)。在如今的工业、教育、科技、政治等领域内,师傅带徒弟的方式也依然有效。师傅带徒弟的模式有几个特点:(1)知识转移路径最短。师傅将知识技能传承给徒弟,不经过中间环节,知识保真度高,被误解和扭曲的概率低。(2)隐性知识直接转移。在师傅与徒弟之间,大量知识是隐性的,如老中医对病人的态度、诊治的方法等,如果不亲临现场是很难感受到的。师傅的言传身教、为人师表很多时候是以"此处无声胜有声"的方式传递,徒弟只有在师傅身边才能深切感知和体验隐性知识中蕴含的文化和价值观。(3)知识转移双向交互,快速调整。师傅与徒弟之间的知识传承与转移是双向的,指导、实践、反馈、修正是一个闭环,名师出高徒是知识转移的最佳实践。(4)师傅带徒弟有局限性。尽管这种方法很有成效,但师傅带徒弟需要大量隐性知识,而隐性知识显性化的难度大,因此,知识转移只能在有限范围内展开。师傅带徒弟容易形成相对封闭的小圈子,久而久之会形成壁垒,对其他"门派"产生排斥,从而给更大范围的知识融合带来困难。

实践社区是成员在共享经验、兴趣和目标的过程中形成的非正式组织。实践社区可以使参与其中的每个个体获得满足感,通过相互了解,个体能够在社区中找到理解自己观点的伙伴并与其交流共同的兴趣等。组织中存在的实践社区是跨越组织部门边界的,并且是对组织实践、技能、学习、经验及反馈信息进行有效传递的最佳方式。现在，越来越多的组织正在着手创建网络实践社区，使志趣相投的人能够有更多的机会，以更低的成本和更高的效率共享信息，交流探讨，提升认知。

行动后反思（after action reflection，AAR）。行动后反思是一种由行动参与者在事件发生后进行的结构化回顾，用于分析事件发生的原因及如何做得更好。这种方法最初由美国陆军于20世纪70年代提出，后来被广泛地推广和使用。行动后反思的目的是从已经完成的任务中获得更好的学习方法和效果，让人们在行动的过程中学习，触发组织团队内部与团队之间的沟通。我国的联想、华为等大企业将此发展成系统化的"复盘"方法论，在企业的知识收割、经验总结和能力更新等方面发挥了重要作用。

讲故事是在描述复杂事物、解释事件及沟通经验时所使用的知识管理工具。讲故事的效果不是稍纵即逝的，也不是模糊不清的，讲故事的人往往能够利用隐喻来传递关于价值观的重要信息。讲故事的效果也不在于能否传递大量的信息，而在于能否激发听众的理解力，让听众感受到故事在更广范围内产生的影响及其前景。[1]

隐喻就是用比喻和象征性的语言来表达直觉和灵感等隐性知识的一种方法。[2] 野中郁次郎提出了采用隐喻、类比和模型的方法将隐性知识显性化：首先，用隐喻把相互矛盾的事情或想法联系在一起；其次，通过类比化解这些矛盾；最后，把创造出的新概念具体化，并建立模型以体现这些概念，使企业中的员工能利用这些知识。

---

[1] European Guide to Good Practice in Knowledge Management: SN-CWA 14924-2: 2004 [S/OL]. [2023-03-24]. https://www.mendeley.com/catalogue/2dd55fd9-c264-3afb-8a8d-6059329dade4/

[2] Nonaka, I. A Dynamic Theory of Organizational Knowledge Creation [J]. Organization Science, 1994, 5(1): 14-37.

四、组织间的知识转移

跨国公司的知识转移。跨国公司在世界很多地方都有自己的分／子公司，如何将发达国家和地区的知识和经验转移到欠发达国家或地区是跨国公司全球化经营中的重大挑战。通常情况下，跨国公司通过总部人员派驻、管理和技术人员跨国轮岗、当地人员培训等方式，在人际网络层面促进知识转移。如何提升当地人员的吸收能力和学习积极性，以及如何将总部文化与当地文化融合起来，是很多跨国公司需要进一步探索的问题。另外，跨国公司需要通过企业网络平台和信息系统的应用，确保全球经营的一致化和标准化，使得各分／子公司的业务流程、数据和绩效在显性层面得到统一管理。

战略联盟与知识转移。战略联盟是由两个或两个以上实力对等或者资源互补的企业，出于对整个市场的预期和企业总体经营目标的考虑，为达到共同拥有市场、合作研究与开发、共享资源和增强竞争力等目的，而采取的任何股权或非股权形式的共担风险、共享收益的长期联合与合作协议组织。[①] 战略联盟成员通常势均力敌，具有互补性，通过共同目标形成短期或中长期利益共同体，因此具有推动知识转移的动机，彼此利益的关联度越深，知识转移的层次越高。战略联盟中的知识转移分为以下三个层次：层次一，通过数字化平台进行交互操作，共享数据和信息；层次二，互派技术人员在对方单位工作；层次三，共同研发新产品和服务，共享收益和知识产权，这是高层次的知识转移，各方的目标、利益和知识共创深度绑定。

并购与知识转移。并购是获取外部技术知识的重要手段，但并购活动的完成并不代表技术知识转移的实现。著名管理学家彼得·德鲁克曾

---

① 奚雷，彭灿. 战略联盟中组织间知识转移的影响因素与对策建议 [J]. 科技管理研究，2006, 26 (3): 166-169.

针对 20 世纪 80 年代美国的"并购热"指出，公司兼并不仅仅是一种财务活动，公司在兼并后能进行整合发展，在业务上取得成功，才是一个成功的兼并。对技术知识的有效整合对于并购的成功更为重要。

供应链协同与知识转移。供应链协同的知识转移是指供应链成员向合作伙伴学习，获得有价值的新知识，同时把这些知识同自己的经营实践有效融合。由于供应链是由众多企业组成的复杂网络体系，其上下游企业是不同的利益主体，因此供应链成员间的知识转移会受到多种错综复杂因素的影响。

通过外部咨询促进知识转移可以成为研究人员和决策者之间转移知识的一种战略，并可有效促进知识使用的"启蒙"和"互动"模式。咨询被广义地定义为将专业知识和/或技能从一方（顾问）转移到另一方（客户）的过程，目的是解决问题或对解决问题提供帮助。[1] 在以下三类情境中，客户倾向于利用顾问的知识：一是问题具有紧迫性。当客户确定迫切需要并愿意付钱给顾问帮助他们解决问题时，他们很可能会有动力使用顾问产生的知识。二是当顾问被认为是来自专业的、可信的机构时，其知识更有可能被客户采用。三是当客户与顾问之间通过深度交流产生新知识时，顾问的知识会更好地被采用。

五、知识转移中的障碍

缺乏知识转移战略。知识转移必须由一把手工程才有可能推进，只有在将组织所有参与者视为利益共同体或攸关方的情况下，知识转移才有可能发生。当参与者之间出现竞争关系或缺乏信任时，知识转移就会大幅减少甚至终止，还可能出现"小院高墙"之类的知识保密和封锁情

---

[1] Jacobson, N., Butterill, D. and Goering, P. Consulting as a strategy for knowledge transfer [J]. The Milbank Quarterly, 2005, 83 (2): 299-321.

况（详见第10章）。对高科技企业来说，保持竞争力离不开知识转移，只有将其最佳实践动态搜集并快速分享，避免重复犯错与试错，才能获得以最低成本、最高效率发展的机会。因此，高科技企业应该将知识转移作为制度和文化加以建设。

未能精准甄别转移的知识内容。在高度竞争和动态变化的环境下，企业战略、人力资源、知识管理部门与企业大学需要仔细甄别那些真正给企业带来长久的核心竞争力的知识内容，特别是在资源有限、人员和时间稀缺的情况下，需要参照精益管理的思想，探索发现学习的最佳途径。所谓精益，就是指学习的流程路径最短、学习的效果最佳。例如，京东采用短视频的方式让快递员分享工作经验；腾讯通过电梯和部门屏幕播放授课内容等方式，让员工可以利用碎片化时间来学习和吸收信息。

知识提供方缺乏动力。在知识转移中，除了足够的压力（被动，如组织要求），知识提供方还需要有足够的动力（主动，如自主意愿），通过组织的激励机制、价值认可、工作安全、人才保护、信任机制、文化氛围、制度安排（如专门的时间和场所）等，才会愿意转移知识，特别是那些能够增加声望、影响竞争力、避免失败和产生绩效的知识。如果上述条件不具备，知识提供方就会非常谨慎、克制地选择要转移的知识，以避免自己丧失知识竞争力。只有在团队合作、安全信任和利益捆绑的氛围中，知识提供方才愿意转移隐性知识。另外，知识提供方的态度也很重要，如果其表现出居高临下的优越感，也会给知识管理带来障碍。

知识接收方缺乏吸收能力。知识接收方的知识积累、吸收能力与学习意愿对知识转移的效果至关重要。知识提供方转移的知识应该与接收方的知识积累相衔接，实现阶梯式的知识转移，如果双方差距太大，相当于对牛弹琴，接收方无法将新的知识有效整合到已有的体系中。同时，知识提供方应尽可能缩小与接收方的经验和文化差异，特别是在初始阶段，双方应形成共鸣，知识提供方采用的话术和词汇尽量与接收方的吸收能力相关联。例如，为管理者提供技术培训时，培训方如果采用的都是技术术语，而不能从管理视角说明技术的价值，管理者就会难以消化吸收，从而影响知识转移的效果。也就是说，知识提供方和知识接收方的知识体系之间应该有部分重叠和融合，这样才能达到更好的知识转移效果。知识提供方与接收方之间的信任关系、沟通方式和交流氛围，也都会影响知识转移的效果。

第 9 章
知识共享

一、知识共享的概念

知识共享是指人们之间互动交流、分享知识和信息的过程。知识共享不是单方面的,而是多方面的交流和贡献。在企业管理实践中,知识共享包括员工之间、上下级之间、内外部人员之间的经验分享和技能互助,具有非竞争性、利他性和互惠性。同时,知识共享也是将认知框架、实践经验、信息和专家见解转化为实践能力和创新能力的重要途径和手段。[1] 在知识共享的参与方中,既有组织成员愿意将自己拥有的知识与他人分享,共享方也有能力吸收并将他人的知识转化为自身决策和行动,参与各方处于平等地位。从组织层面看,知识共享是将个体经验和知识通过沟通机制、集体会议、组织学习和交流平台等分享到组织业务流程各个环节的过程。

知识共享与知识转移不同。知识转移是为了弥补知识提供方和接收方之间的知识差距,具有明确的内容、方向性和目的性,将企业的最佳实践和有价值的知识由一群人转移给另一群人。与知识转移相比,知识共享的方向、目的和内容都相对模糊,主要是通过团队和组织成员以正式或非正式的方式分享信息和知识,达成多维度、多元的认知,在过程

---

[1] Krizman, A. Involvement, Knowledge Sharing and Proactive Improvement as Antecedents of Logistics Outsourcing Performance [J]. Economic and Business Review, 2009, 11(3): 233-256.

中产生创意或达成共识。从决策视角看，知识共享有利于从多元视角分享信息，增加决策团队对复杂性的认识，避免决策中出现盲点，构建群体智慧。从创新视角看，知识共享有利于团队成员贡献个人的隐性知识，从而构建群体创造力和创意群。从文化视角看，知识共享有利于增强组织成员的参与感和认同感，增强团队和组织的凝聚力和协同能力。

二、知识共享与解决问题

知识共享对解决非结构化问题具有价值。创新活动本质上是一种高度不确定的活动，其中的技术风险、管理挑战、变革痛苦与商业价值通常很难预先知道，只有经历了具体过程才能感受和发现。特别是面对不确定性决策，人们不但难以预知不同替代方案的成本和风险，甚至很难预知还有什么替代方案，即使有了替代方案，也难以预判不同方案的不同结果，只能在推断大致方向的情况下，在黑暗中匍匐前行，摸着石头过河。

在数字化时代，人们在应对不确定性和复杂性时面临着更大的挑战，瞬息万变的环境和瞬间传播的信息通常会打破人们对未来的预想和规划、扰乱既定的方案和步伐。因此，如何在快速变化的环境中、在有限的时间内解决复杂的非结构化问题，成为领导人和决策者需要面对的课题。参照已有研究中从时间和结构化维度对问题复杂性的分析，图9-1将人们需要解决的问题划分为四种类型。[1]

---

[1] Augier, M., Shariq, S.Z. and Thanning Vendelø, M. Understanding context: its emergence, transformation and the role in tacit knowledge sharing [J]. Journal of Knowledge Management, 2001, 5(2): 125-137.

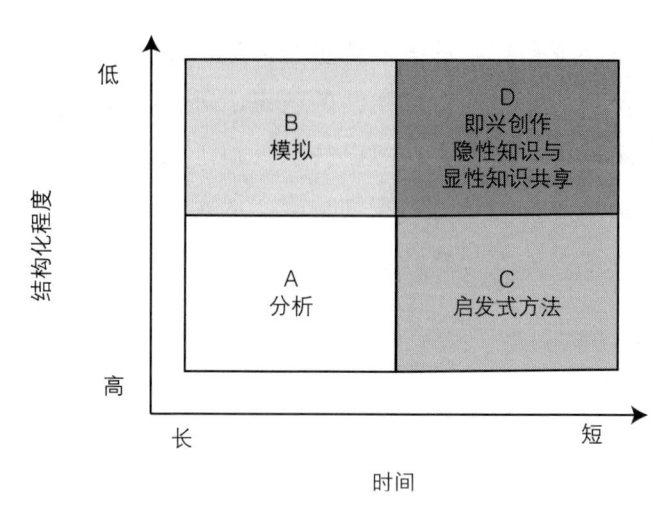

图9-1 问题及其解决方法框架

象限 A 的问题结构化程度高，且人们有较长的解决时间。此类问题的复杂度是清晰的，人们可以充分利用已有的知识，通过分析（如数据分析、系统分析、结构分析等）寻找解决问题的方法与思路。

象限 B 的问题结构化程度低，但有充裕的解决时间。在这种情景下，人们通过模拟（如仿真试验、样板试点、摸着石头过河等）尝试探索不同路径和模式解决问题，有时间试错和迭代，鼓励团队探索创新。分享发现成为降低风险解决问题的主要思路。

象限 C 的问题结构化程度高，但解决时间紧迫。由于问题结构化程度高，问题边界清晰、不确定性相对较低，很多问题是以前遇到过的，人们已有相关的经验和知识积累，通过细化分解问题并寻找已有的知识，利用启发式方法（如专家支持、案例分析、知识库检索等）寻找解决问题的思路。在这种情景下，如何在最短时间内找到所需知识，成为解决问题的关键。

象限 D 的问题是四种问题类型中解决难度最大的。这类问题结构化程度低、解决时间紧迫，且问题边界模糊不清，人们难以判断问题中隐含的关系和对未来的预示，因此很难在已有的知识中找到现成的答案或解决方案，需要最大程度地调用群体智慧和决策者的隐性知识。即兴创作和隐性知识与显性知识共享成为创造性地应对突发事件和急迫问题的重要模式。

象限 D 的问题与 VUCA 环境密切相关。一方面，外部信息铺天盖地、良莠难分；另一方面，技术发展带来的突破式创新时有发生，已有的知识和技能可能在一夜之间过时，主要矛盾快速转化，战略优先度需要迅速调整。突发风险必须在高度受限的时间框架内解决，解决方案也是开放式的，需要高效的决策者即兴创作。针对象限 D 问题的决策场景，即兴创作需要团队做到最大程度的知识共享，此时的知识共享有四个特征。

一是快速理解非结构化问题。为了在有限的时间里理解非结构化问题，企业需要通过知识共享快速搭建认知地图。企业可以借鉴 Concept Draw 和 Mind Manager 等工具，通过六顶思考帽、水平思考法等方法，从不同的视角各自表述和贡献想法，然后将这些碎片式的想法进行概念聚类和组合，构成对非结构化问题相对完整的认知地图。团队知识共享者的背景越多元，个体表述越独立、差异性越大，对复杂性的覆盖面可能越大。在认知地图构建早期，团队成员的看法和视角可能比较发散，对成员观点进行概念化的聚类分析有助于观点的收敛。通过认知地图，每个人都可以突破自身的单一视角和认知局限，跳出思维窠臼，形成对事物更广阔和更多元的认识。随着时间的推移，认知地图有可能逐渐演化为群体地图和战略地图。在此基础上，通过对认知地图概念要素关系的分析，可以形成对问题内在复杂性的认识。

二是在知识共享中善用隐性知识。作为有目的、有意图和有战略的企业，面对突发情况，在信息和知识有限的情况下，需要充分调用人的直觉、洞察、判断、既往决策和解决问题的能力等隐性知识[1]，根据问

---

[1] Ciborra, C.U. Notes on Improvisation and Time in Organizations [J]. Accounting, Management and Information Technologies, 1999, 9(2): 77-94.

题涉及的范围，协同内部与外部、上级与下级、综合与专业、保守与激进等多种力量进行多元碰撞与交流，以形成对非结构化问题的解读与分析，并以最直接的沟通方式形成对特定问题的解构。

三是利用知识共享进行即兴创作。即兴创作是指在特殊表演环境中，对预先组合好的材料和设计进行再加工，使其转化为未曾预料的构思和创意，为每一个创造带来独特的色彩和篇章。在战略管理中，即兴创作是根据突发事件对已有资源、知识、战略和选择的重新编排、组织和转化。即兴创作并不意味着与过去断绝，因为过去应对突发事件的方法可能会影响下一轮解决突发危机的思路。即兴创作中调用成员的知识既受到参与方主观意志、价值观和战略意图等隐性知识的影响，又受到个人在既往解决问题中的直接和间接经验、专业背景和知识能力的影响，是应对突发事件时调用所有记忆、资源、能力、知识和物品的综合。成员在知识共享的过程中相互冲突碰撞、相互启发、相互交融，形成新的想法和创意，是即兴创作的主要模式。

四是成员之间需要共同理解与价值共创。知识共享意味着所有成员在共同时间和空间中直接感受和理解对方的理想、诉求、目标、专业、激情和创意，是彼此认知价值共创的过程。在这种体验关系中，人们不断获取并积累他人的看法、视角和知识，同时也审视和修正自身的想法和知识，这种彼此补充、支持和修正的过程是逐渐达成组织共识和集体记忆的过程。遵循"君子和而不同"的理念，知识共享需要尊重、包容的氛围，在有限的时间内，成员需要直言不讳、直指真相。知识共享中的多元化视角、创造性摩擦都是有益的，尤其在问题出现的早期，过度强调一致性会形成思维舒适区（指团队成员长期合作，背景相似、思维模式相似，导致知识共享的舒适度增加、摩擦性减少，即兴发挥中的创造力和创新性降低），导致人们无法很好地对问题的复杂性进行解读。

三、知识共享与创新

知识共享是激励创新的重要途径和手段。20世纪90年代,知识共享与创新的理论和实践获得了巨大的发展,在今天看来仍然很有参考意义。野中郁次郎教授通过知识创造模型发现很多新产品的创新创意是从团队成员的大量对话交流和隐性知识共享中产生的,而共享的过程需要平等对话、弱化等级、给年轻人更多的表述机会。有学者认为,企业的核心竞争力取决于整合各个成员专业知识的能力,专业人员在不同场景和层面的知识共享与组合可以创造持续的竞争优势。[1]该思想为企业构建综合性知识共享平台提供了理论基础。还有学者认为,企业的竞争优势在于组织内部的知识共享和创新效率高于外部,因此企业需要设立特定的机制加速组织内部的知识共享和转移。[2]这一观点为企业大学的办学模式和方法提供了指南,衍生出案例学习、对标学习、行动学习、训战结合、创意竞赛、领导人带头知识共享等系列机制。企业内部如能定期分享宝贵的最佳实践经验和失败教训,并将知识共享和轮岗制度化,将会更快速、更高质量地构建知识优势。[3]有学者提出个人之间的友谊和人际网络关系重叠有助于增强知识共享意愿。[4]这一理论促进了组织内部人际交互、团队合作、业务活动和文化氛围的建设和设计。詹姆斯G. 马奇(James G. March)考虑了构建双元组织学习的问题,在探索新知识和利用旧知识之间建立动态平衡关系,相互组合、补充和整合,借

---

[1] Grant, R.M. Toward a knowledge-based theory of the firm [J]. Strategic Management Journal, 1996, 17(2): 109-122.

[2] Kogut, B. and Zander, U. Knowledge of the firm, combinative capabilities and the replication of technology [J]. Organization Science, 1992, 3(3): 383-397.

[3] Szulanski, G. Exploring internal stickiness: Impediments to the transfer of best practice within the firm [J]. Strategic Management Journal, 1996, 17(S2): 27-43.

[4] Granovetter, M. The strength of weak ties [J]. American Journal of Sociology, 1973, 78(6): 1360-1380.

助旧知识降低探索新知识的成本和风险，利用新知识更新旧知识。[①] 这对企业利用已有知识推进渐进式创新，通过探索试错构建突破式创新能力，在旧知识和新知识之间打造分离与整合机制等都很有指导意义。

有学者从学术论文的计量研究中发现，对知识共享与创新关系的学术探索始于1973年，知识共享的主要目的是促进创新；在分析了1973—2017年与创新和知识共享相关的7991篇论文后发现，对于知识共享与创新关系的研究经历了四个阶段：萌芽期、涌现期、快速成长期和成熟期。[②] 在萌芽期（1973—1985年），出现频率最高的关键词是"合作"和"连接"，企业通过构建和参与知识网络来提高创新能力。在涌现期（1986—1995年），企业不同部门和不同行业都开始推进知识共享和创新，特别是卫生、教育等领域。在快速成长期（1996—2006年），知识共享与新产品研发、企业吸收能力和知识网络密切相关。在成熟期（2007—2017年），知识共享与创新之间的聚类分析集中在吸收能力、知识获取过程、创新管理中的技术转移等领域。吸收能力是指企业从外部环境和竞争对手那里识别、内化和学习有助于促进自身创新的外部知识。通过H指数分析，与知识共享关联度最高的主题是知识转移、知识管理和创新，以及协作，具体应用在服务创新、产品创新、商业模式设计、流程设计等领域。部分学者通过对关键主题词的分析发现，开放创新、知识转移、吸收能力、创业学习、创新供应商、知识合作生产、知识隐藏、工业4.0、人工智能等是研究重点，如将物联网、人工智能技术的应用与知识共享机制组合，就会涌现出很多创新机会。[③]

[①] March, J. G. Exploration and exploitation in organizational learning [J]. Organization Science, 1991, 2: 71-87.

[②] Castaneda, D.I. and Cuellar, S. Knowledge Sharing and innovation: A systematic review [J]. Knowledge and Process Management, 2020, 27(3): 159-173.

[③] Connelly, C.E., Zweig, D., Webster, J. and Trougakos, J. P. Knowledge hiding in organizations [J]. Journal of Organizational Behavior, 2012, 33(1), 64-88.

今天，竞争压力迫使企业通过知识共享来降低创新的成本和风险，将知识共享的范围扩大到整个供应链，使其具有更强的竞争力。特别是龙头企业率先突破企业边界，借助数字化平台和人工智能推进跨企业的知识共享，对提升整个供应链的竞争优势更加重要。尤其是在全球供应链脱钩风险进一步加大的情况下，供应链知识共享有助于锁定客户、提高合作伙伴的转换成本、以知识共享促进价值共创和多赢局面。为此，供应链龙头企业需要做的三件事情是：

第一，整合知识，将独立企业的专有知识变成整个供应链的专有知识。在企业的生产运行中，如果知识是生产过程中的核心要素，企业的运作效率就取决于它对专业化知识的获取和存储。当生产过程需要应用各种知识时，企业的主要工作之一就是整合知识。整合知识的能力是企业的核心能力之一，知识整合的效率、范围和灵活性是衡量这种能力的重要标准。[1]

第二，共享知识，建立动态的知识共享机制。成员企业的学习成长是供应链整体效益最优的基础，如何将供应链内的领先知识快速转移到网络成员中，将隐含在生产过程中的技术和经验进行有效的共享和转移，是形成群体竞争力的关键。与共享有形资产相比，共享知识的难度要大得多。[2]

第三，创新知识，将供应链内企业的合作关系深化为知识共同体关系。知识的重要性在于它是产品和服务附加值的核心来源，同时，通过参与方价值共创形成的合作伙伴之间的相互理解、深度交流、创意共享和协同创新，有助于供应链利益相关方形成独特的竞争优势。企业的创新源泉可能来自外部知识，也可能来自内部知识。外部知识的公共特性

---

[1] Grant, R. M. Prospering in Dynamically-Competitive Environments: Organizational Capability as Knowledge Integration [J]. Organization Science, 1996, 7(4): 375-387.

[2] Dyer, J. H. and Nobeoka, K. Creating and Managing a High-Performance Knowledge-Sharing Network: The Toyota Case [J]. Strategic Management Journal, 2000, 21(3): 345-367.

使其不能给企业带来持久的竞争优势，因此，建立一个动态的内部知识创新体系是供应链中的龙头企业应该关注的核心问题。

四、组织知识共享条件

在知识共享活动中，拥有共同的目标、愿景、理念和信仰是产生共同语言和交流愿望的基础，也是使各方通过交流彼此受益的条件。因此，组织对知识共享价值的认可是最重要的。企业越大、专业分工越细、人员流动性越高，知识搜寻和共享的成本就越高。当知识共享成为一项有意识、有价值的组织活动时，知识社区和网络建设就为知识共享创造了机会。

数字化技术和社交媒体平台为显性知识的传播创造了低成本、便捷的渠道和途径，但隐性知识的传播仍然依靠多层面的人际交流网络。人际交流网络与企业文化、组织架构、激励机制、沟通渠道等密切相关，沉淀了大量组织专有知识。因此，隐性知识的传播是知识共享最关键的活动。

知识共享得益于信任关系的建立。供应链中成员知识共享的动力来自对彼此合作关系的基本理解和判断。有长期合作和利益关系的企业会更愿意与合作伙伴建立一种稳定的共享知识的机制，彼此的关系中有更多信任的成分；着眼于短期利益的企业则可能不断更换合作伙伴，彼此的忠诚度不高，缺乏强烈的知识共享意愿。

知识共享的根基是利益共同体。不同层次的知识主体，特别是员工个体所拥有的隐性知识来之不易，因此人们在共享知识时需要考虑回报和知识市场交易规则的合理性。在下述三种情况下，人们可能会愿意共享知识：一是通过共享知识获得更高的声望，且组织和社会公认声望的价值。二是共享知识的各方拥有平等的责任和权利，大家都做贡献并共同受益。三是知识共享者得到必要的物质激励和补偿。在很多情况下，单一的激励机制不足以激发人们共享知识的热情，有效的组合激励机制才能奏效。

五、知识共享的难点

人们对知识共享的认识障碍通常既受个人因素影响，也受组织和环境因素影响。从个人角度来看，人们往往认为知识就是力量，担心与他人共享知识会导致自身的知识失去专有性和稀缺性，从而丧失个人竞争力，因此缺乏知识共享的动力。在知识经济时代，知识是国家、企业和个人的核心资源和竞争力的来源，是非常宝贵的稀缺力量，因此，如果没有良好的制度设计、战略牵引、文化氛围和激励机制做支撑，知识共享会遇到非常多的困难和障碍。企业知识管理活动中不乏对知识共享或明或暗的担忧和抵制，出现知识囤积、抵触知识探索和试错、掩盖失败、知识搭便车和对丧失知识产生恐惧等行为。

知识囤积是指抗拒分享已有知识，利用自身已有知识为自己牟利的行为。从企业的角度来看，知识囤积具有破坏性，影响了团队协作和整体的创造力；而从个人的角度来看，知识囤积反映了人性，是理性和正当的选择。当然，员工选择共享还是囤积知识，与组织的机制、氛围和激励有关。在对知识共享友好的环境中，员工的知识和能力得到尊重、认可和保护，员工在知识共享的大环境中不断学习和成长，了解并欣赏他人的优点和长处，在共享知识的脑力激荡中获得认知上的成长。同时，乐于共享知识会为个人带来声望和品牌，有助于获得群体的信任，对个人职业生涯的发展带来价值。而在对知识共享不友好的环境中，知识成为个人获利的工具，员工把囤积知识、刻意低调、守口如瓶作为应对不确定性、不安全感和不友好环境的策略，尤其是在等级结构森严、权力游戏激烈、枪打出头鸟、小圈子文化和一言堂的环境下，囤积知识、沉默寡言可能成为员工的行为准则和最安全的生活方式。

抵触知识探索和试错是指个人、团队或部门拒绝成为创新实践、探索试错的试验地，对于企业的改革、转型和变化采取"别在这里发生"的态度，甚至对其他地方创新探索知识的实践也采取冷嘲热讽和抵制的态度。产生抵触的主要原因是沉迷在现有舒适区中，偏好保守与稳定，对新知识的有效性、可靠性和价值持怀疑的态度。比如在企业数字化转型实践中，日子最好过、利益最丰厚、在过去最成功或最受重视的部门，往往愿意维持现状，变革意愿较低。

掩盖失败。有价值的失败通常是洞察力的重要来源，能够分享失败的经历并及时复盘的组织，是学习能力最强、行动效率最高、信任程度最高、创新代价最小的组织。对失败经历的共享可以大大降低重复犯错的概率，为组织节约大量不必要的成本。在知识共享友好型组织中，犯错被认为是探索创新过程的一部分，是不可避免的，是一项宝贵的组织资产，通过共享犯错经历可以大幅降低风险。对失败持积极看法的组织将失败视为其创新发展中的知识资产和不得不付出的成本，因此认为失败有共享和被讨论的价值；而持消极看法的组织认为试错和失败是禁忌，共享相关知识会受到惩罚和羞辱，因此要尽可能地掩盖。

知识搭便车。知识搭便车是指在组织知识共享活动中仅倾听和接收他人的信息和知识，但不愿意分享自己的知识，同时，将从他人那里获得的知识据为己有或为自身牟利。在创意生成、思想交流阶段，搭便车的情况很普遍。由于隐性知识很难受到保护，所以防止搭便车的最好方法是让每个参与者都能分享有价值的信息和知识。例如，日本丰田公司为三千多家合作伙伴设置了相对正式的知识共享渠道，并为防止供应链成员在共享知识的过程中出现搭便车的现象专门制定了相关规则。其中最重要的创新是将供应商企业的专有知识升级为供应链的专有知识，即每个企业的创新知识不仅属于自己，还属于整个供应商共同体，企业在共享和使用其他供应商的经验教训时，必须将自身的生产线和工厂实践也开放给大家，以此作为享受丰田大量免费知识的先决条件；与此同时，丰田还明确了对不遵守规则的企业的处罚措施。共享关系、共享利益和共享理念是供应链成员间共享知识的重要基础和先决条件，为成员间的相互信任和相互支持提供了物质和精神基础,是供应链成员之间实现知识共享的最大动力。

对丧失知识的恐惧。 克服知识共享的阻碍需要系统性地解决问题。我们应该意识到,知识共享反映了人性的两个方面。从积极的方面来说,人们是有分享意愿的,共享知识有利于建立个人品牌和声望、与他人建立信任和友谊,在共享中还能获得更多的信息、修正自身的认知偏差和心智模式、更好地融入群体和团队等。良好的组织环境和氛围有助于创新思维的产生和认知水平的提升,以及增加人们对环境复杂性的理解和认识。从消极的方面来说,人们担心知识共享会使自身丧失优势和机会,好的想法被他人抄袭会给自身造成名利上的损失。过度正式的决策模式、严格的等级关系和隶属关系、高度聚焦特定问题、过于严肃的文化氛围、对于表达方式的严苛要求等均不利于知识共享。因此,知识共享的关键取决于组织对知识和想法的重视。领导人应在知识共享上起到示范作用,组织形成制度化的机制,鼓励所有参与者共享有价值的知识和经验,对知识共享者给予激励、保护、认可和尊重。

六、知识共享空间

为了扩大知识共享的有效性,野中郁次郎等教授提出了"Ba"(中文翻译为"场",意为地点)的概念。场被定义为有助于人们知识共享和互动的场所和情境,是人与人之间、人与环境之间互动的新兴关系[1]。野中教授认为,在知识创造中,亲密的、身体上的互动是参与者之间共享语境、形成共同语言的重要因素,它让参与者共享时间和空间;而在精神和心灵层面,这种共享又会增强彼此的理解和信任,超越时间和空间。

---

[1] 野中郁次郎,竹内弘高. 创造知识的企业:日美企业持续创新的动力 [M]. 李萌,高飞,译. 知识产权出版社,2006;Nonaka, I., Toyama, R. and Konno, N. SECI, Ba and leadership: a unified model of dynamic knowledge creation [J]. Long Range Planning, 2000, 33(1): 5-34.

在这里，场的概念并不仅仅指人们的交往环境和硬件设施，而是一个动态的知识流动过程，每个人的知识与群体成员的知识交流碰撞，不断形成新的认知和思想。

知识共享的场有三个层面：一是物理空间（如会议室、教室、实验室、咖啡馆等）。会议室和教室的设计安排有利于人们交流互动，为人们提供面对面交流和眼神互动的机会。在有效的人际交流和知识共享中，口头语言仅占一部分，身体语言和语音语调占更大比重。咖啡馆受到欢迎是因为它在家和办公地点之间创造了第三空间，有利于人们在非正式的、放松的环境中进行交流。二是虚拟空间（如各类网络社交平台）。人们主要通过网络进行知识共享与交流。虚拟空间为很多弱关联的人进行知识共享创造了条件，人们可以很低的成本快速扩大信息分享范围（尽管这个过程中信息的质量难以保证）。三是心灵空间。人与人之间的关系、了解程度和信任程度、共同理念和共同目标，决定了知识共享的水平、程度和质量。尤其在解决需要即兴创作类的问题时，心灵空间有助于大幅降低知识共享成本、提高效率。[1]

---

[1] Nonaka, I. and Konno, N. The concept of Ba: Building a foundation for knowledge creation [J]. California Management Review, 1998, 40(3): 40-54.

第10章
知识保护

一、知识保护的概念

知识保护与知识共享是一组矛盾的概念，知识保护是企业为保护其创新不被竞争对手模仿的机制，总体上可以分为两类：一是知识产权（如版权、专利、商标）制度所提供的法律保护措施；二是通过设立安全护栏保护核心知识的安全，如将各类知识进行软硬件复杂集成使其拆解无效，将知识离散化使其难以整合，将组织知识隐性化使其难以复制、传播和扩散，或将创新过程动态化使其难以追赶等。在今天信息高速传播、人员快速流动的年代，任何知识优势都是短暂的，只有持续积累知识、保持知识创新，才有可能降低知识流失或失效的风险。那么，应该如何在知识保护与知识共享之间保持动态平衡以确保企业效益最大化呢？

制定知识共享与知识保护的政策与机制需要以结果为导向进行权衡，评估两者对企业价值和利益的影响。领先者会因为知识资产带来的超额回报而极力完善知识保护机制，以确保知识资产给企业带来尽可能长时间和大规模的回报；追赶者则尽可能采取知识共享策略获取知识资产，以共享知识资产带来的收益。社会的知识保护机制倾向于保护知识资产的研发者和投入者，如果没有相关的激励机制，也就没有企业愿意为知识资产投入大量的人力物力。

在许多行业中，模仿者快速甚至合法地复制产品和服务，山寨企业以搭便车的方式在未经许可的情况下盗用企业的知识产权，给知识保护带来了很多困难。因此，在确定哪些知识可以共享、哪些知识需要保护之前，企业必须将知识资产进行审计和分类，以明确哪些知识是企业的核心资产，在知识保护的范畴之内，其竞争优势和商业价值如何，以及如何通过风险评估确定损失的可能性和代价。

那么，哪些知识资产应该被纳入知识保护的范围呢？根据《"十四五"国家知识产权保护和运用规划》，我国统筹推进专利法、商标法、著作权法、反垄断法、科学技术进步法、电子商务法等相关法律法规的修改完善；加强地理标志、商业秘密等领域立法，出台商业秘密保护规定；完善集成电路布图设计法规；推进修订植物新品种保护条例；制定中医药传统知识保护条例；完善与国防建设相衔接的知识产权法律制度。同时，健全大数据、人工智能、基因技术等新领域新业态知识产权保护制度；研究构建数据知识产权保护规则；完善开源知识产权和法律体系；完善电子商务领域知识产权保护机制；健全遗传资源获取和惠益分享制度，建立跨部门生物遗传资源获取和惠益分享信息共享制度；制定传统文化、民间文艺、传统知识等领域保护办法等。

与企业密切相关的受保护的知识包括专利、商业秘密等。商业秘密是指所有形式和类型的金融、商业、科学、经济或工程信息，包括模式、计划、汇编、程序装置、公式、设计、原型、方法、技术、过程、程序或代码等。无论是有形的还是无形的，是否以物理、电子、图形、摄影或书面的方式存储、编译或记忆，这些信息能够产生独立的、实际或潜在的经济和竞争价值。与商业秘密不同，商业诀窍（know-how）是指采取合理的措施保护上述机密性信息的方法、流程与工艺。

对于技术知识密集型的高科技企业来说，知识保护的难度越来越大，保护措施有一定的局限性，具体表现在：（1）尽管已经申请了专利技术保护，但很难找到模仿者已经侵权的可靠证据（如复杂的电子系统）；（2）有些创新很难申请专利（如复杂、成熟的技术），因为证明它们的新颖性非常昂贵；（3）某些技术领域（如微电子技术）的发展进步太快，以至于申请专利毫无意义；（4）专利中包含的信息限制了其效力，而所采用的保护手段往往是工业秘密（如石化工艺）；（5）有些创新几乎不受法律保护，因为技术的复杂性使得其复制成本高昂，复制所需投入的大量资金和时间几乎与最初开发该技术的成本一样高。

二、知识保护的难度

尽管国家设立了完整的知识产权保护机构和制度，但在数智时代，知识传播和扩散的速度加快，知识保护的难度也相应加大，企业在制定知识保护政策和措施时面临很多新的挑战，需要根据知识的特征对其保护难度进行解析，具体可以从以下五个维度展开。[①]

知识的显性化程度。知识的显性化是指知识资产可以通过图形、公式、数字或文字等方式简化为信息。信息是可以被快速传播、复制和解读的。在数字化时代，传播和复制信息的成本越来越低，显性知识（如显性化的文献资料、数据、代码等）的价值快速贬损。为了有效保护关键知识（如生产过程中的复杂工艺、核心技术的关键 know-how 和创新方法、关键决策的制定方法、对具有超级隐性知识人才的使用等），一些企业会刻意降低其显性化程度。

知识的可传授程度。与显性知识不同，可传授的知识除了显性化知识（如教材、指南、手册等），还包括大量人际交流、言传身教、实践指导等（如师傅带徒弟、老师带学生）。可传授的知识中有大量隐性知识，需要反复实践练习才能获得。知识的可传授程度越高，其被转移和模仿的速度就越快；而难以传授的知识也就难以被转移复制。这说明越是容易传授的知识，越难以被保护。

---

① Nieto, M. and Pérez-Cano, C. The Influence of Knowledge Attributes on Innovation Protection Mechanism [J]. Knowledge and Process Management, 2004, 11(2): 117-126.

知识的可观察程度。知识的可观察程度反映了技术知识被潜在模仿者观察和发现的程度。知识可被观察的程度与有形的创新和无形的创新有关，越是无形的创新，越难以被观察和模仿。如金融服务和酒店服务领域的创新通常比较容易被感知和观察；融入产品的技术或工艺创新，被观察和解读的难度则较大，只有通过逆向工程才有可能获知一二；扩散到流程和软件中的创新更难以被观察，通过拆解硬件也不易获得；融入文化、品牌和声望中的创新则只可意会不可言传。越是无形、复杂、全面的创新，越难以被观察到。可观察到的知识的传播速度很快，很难构筑竞争壁垒。越容易被观察到的知识，越难以被保护。

知识的复杂度。知识的复杂度可定义为企业掌握、应用新知识所需独特技能的数量。[1] 据此，产品或服务中使用技术的复杂度可根据生产该产品或服务所需的能力数量来估计。知识复杂度构建过程漫长，需要多种能力叠加组合嵌入，因此，企业通过增加知识复杂度可以保护自身优势，也能在短期内阻止竞争对手的模仿和复制。复杂度越高的知识，越容易被保护。

对其他知识的依赖度。对其他知识的依赖度反映了新知识在多大程度上依赖于企业内外不同个人或群体所拥有的知识。新知识的开发取决于其他专业知识人员的参与和配合。依赖度和复杂度之间有内在关联，依赖度是指新知识产生的过程需要依托其他相关技术、资源和能力，复杂度则代表了新知识成果是由多元技术能力共同构成的。因此，知识复杂度的形成取决于研发过程中知识的依赖度。新知识对其他知识的依赖度越高，分离的难度越大，转移的门槛越高，模仿难度也越大，越容易被保护。

---

[1] Kogut, B. and Zander, U. Knowledge of the firm, combinative capabilities and the replication of technology [J]. Organization Science, 1992, 3(3): 383-397.

三、知识保护战略

显性知识本质上比隐性知识更容易扩散，显性知识有助于企业增加知识的效用，实现规模效应和商业价值。但是，一旦知识显性化，知识的稀缺性就消失了，知识的隐性化是确保其稀缺性的主要方法。法国经济学家里昂·瓦尔拉斯（Leon Walras）曾指出，经济价值需要效用、稀缺性和独特性结合。[①] 有效的知识保护机制能够最大程度地从技术资产中提取长期价值，同时又保有其稀缺性和独特性。将显性知识嵌入隐性的茧中，尽管减少了其相对效用，但也限制了它的扩散速度和规模。

需要注意的是，过度隐性化的知识因为知识效用丧失，知识转移难度大，很难扩大规模，容易在可以显性化的知识的快速转移和复用中，丧失原有的领先地位，如高度依赖隐性知识的传统行业很容易在可快速显性化的知识浪潮中被边缘化。因此，隐性知识与显性知识相组合，对兼顾知识效用和稀缺性极其重要。

降低知识显性化的稀缺化战略。在当今数字化信息快速分享和传播的时代，保守商业秘密变得越来越困难。知识一旦显性化，无论是在媒体上发布消息，还是申请专利，就会广而告之，商业秘密快速曝光。竞争对手、投资机构，以及各种投机或搭便车的人或机构，会想尽办法从蛛丝马迹中获取情报，或从各种渠道偷取知识并从中获利，导致原创企业利益受损。特别是一些中小企业在羽毛尚未丰满时容易成为大企业的并购对象或竞争对手的模仿对象，从而遭遇危机。

对一些企业来说，降低知识显性化是更安全的生存战略，还需要培养员工的情报意识，采取各种反竞争情报的手段，降低企业的曝光度。例如，某小型制药公司有一项明确的长期战略，即将专利申请数量降至

---

① Koppl, R. The Walras Paradox [J]. Eastern Economic Journal, 1995, 21(1): 43.

最低，以降低维权成本和知识流失的代价。企业倾向于将知识分散在几个关键人才的头脑中，通过中长期股权激励或合伙人制度确保关键人才与企业长期共同成长，并以各种方法来维持其忠诚度，这比试图防止有价值的技术泄露要容易得多。

隐性知识的价值是非常大的。在个人层面，隐性知识是区分专家与非专家、新手与资深人士的重要因素。专家与资深人士需要多年的干中学、试错和失败、积累和历练才能具备独特的隐性知识。长期实践和探索总结是积累隐性知识的唯一途径，边做边学的模式会不断丰富隐性知识的内涵。这种知识可以让象棋大师在棋盘上读出大量模式、可能性和前景，而刚刚掌握规则的新手只能感知棋子的走法。隐性知识具有很大的黏性，难以与人分离，显性化的难度很大。组织的价值理念、交流模式、文化氛围和知识传承，在历久弥香的岁月浸染中，形成了各种无形的力量场，以及各具特色的格式塔。[①]

增强知识可传授性的蜘蛛网战略。当企业难以将核心知识隐性化时，可以将其传播给客户、分销商、供应商，甚至是竞争对手，从而打造多元主体共享核心知识的生态体系，通过形成知识特区来防范模仿者和其他竞争者的超越。同时，核心企业还可以与生态合作伙伴通过动态创新和价值共创来不断发展新的知识，通过增加知识产生和流动的动态性、复杂性和多元性来提高竞争壁垒。企业内部分享会加速知识积累，知识积累越多，产生新知识的效率越高。知识积累丰富的企业多居于产业主导地位，给模仿者制造较高的竞争壁垒。

增加知识复杂度的护城河战略。企业可以通过在生产制造、市场营销等关联领域的能力构建，确保产品和技术的领先；或者投资于声誉、品质、可靠性和体验等有形和无形资产，确保知识资产组合的差异化、无

---

① Miller, D. The correlates of entrepreneurship in three types of firms [J]. Management Science, 1983, 29(7): 770-792.

形化和难以模仿性，占领消费者的认知空间和心理情感空间。知识资产的组合及其复杂度可以构成强有力的护城河，使竞争对手难以在短时间内达到这种综合能力和水平。领先企业就可以通过组合的时间优势和综合优势，加快对新一代产品的研发与投入。

增加知识依赖度的产业化战略。在关键知识领域设立标准、专利群和其他安全护栏，建造壁垒，建成"小院高墙"，将技术财富堆放在壁垒后面，并使其足够坚固，能够抵御对手的攻击（类似于军队的阵地战）。这一战略可使领先企业巩固其有利地位，积极布局，同时鼓励客户、供应商和竞争对手采用公司标准，将其锁定在核心关联领域。在这个过程中，领先企业最大程度地从垄断性持有的技术资产中提取当前租金，直到垄断要素在市场竞争过程中消失；或着眼于投资这些资产可能产生的未来租金，通过现有技术，选择性地将其垄断地位转移给在其控制下的关联公司。

图 10-1 展示了知识保护的四种战略。

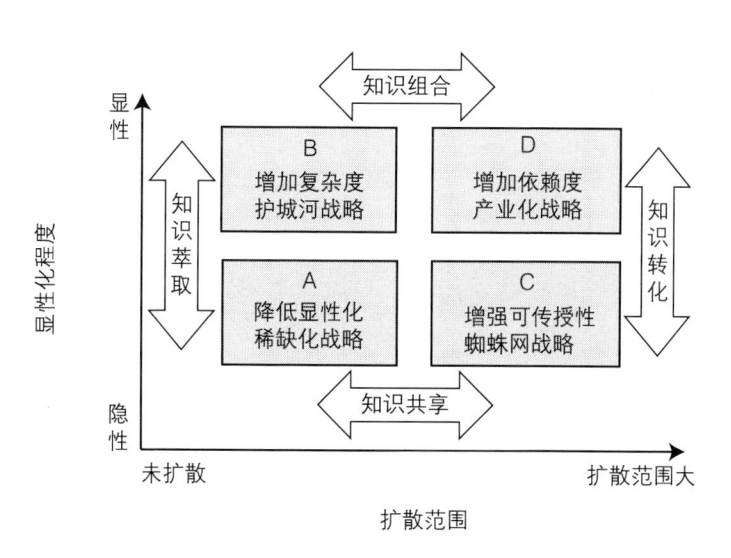

图 10-1 知识保护的四种战略

四、知识保护的关联因素

知识保护战略组合。 知识保护战略的选择不仅受环境、行业、地域竞争强度和速度等因素影响，也与技术产品的特性密切相关。面对如今竞争激烈的国内外环境，企业需要采取多种战略保护知识，避免单一战略的局限性。

在竞争激烈、技术主导的行业中，企业需要采取稀缺化战略和护城河战略，通过增加知识的复杂度和隐性化程度来增加知识被破解和被超越的难度，将知识萃取与知识共享关联起来同步推进，既促进组织的知识创新活动，又增强知识的产权化和资产化，构建整体知识的动态复杂度。

在竞争速度快的行业和地区，企业应优先采用产业化战略，将隐性知识和知识产权快速应用到供应链和市场中，通过打造可依赖性资产形成整体价值链红利，并将市场收益用到新一轮技术能力升级和迭代之中。

开放知识。 企业可通过共享标准、系统、平台和数据等方式，在合作伙伴、供应链上下游和客户中加大知识扩散和应用，加速知识的积累并扩大市场影响力和占有率。开放这些知识资源是让知识成为事实上标准的途径，让更多的利益相关者和使用者接收和使用知识，从而帮助企业积累数据资源、提高转换成本、形成规模经济。在尚未形成主导性、权威性的标准和体系时，开放知识有可能是更安全的方法。

知识体系化。 打造一种产品或工艺的技术很少是相互独立的，它们之间通常有着密切的依赖关系，将知识资产整合并构成一个体系，企业通过投资组合不断将该体系差异化。例如，高速铁路可通过轨道技术创新，一方面吸引大量投资在轨道建设上，另一方面整合车辆制造企业、牵引设备企业和运维企业加盟，形成系列化的综合竞争优势。

知识软件化、系统化和平台化。随着信息技术和数字技术的快速发展和应用，大量操作流程、工业机理和行业经验以代码的形式被软件化、系统化和平台化，将企业积累的大量经验和行业诀窍无形化、体系化和组合化。特别是软件公司，可以通过了解不同行业客户的需求和实践特征，与对方充分交流实现价值共创，令这种独特的专有知识形成外人难以掌握的商业秘密。另外，软件的扩散和使用可以让企业在追求规模经济的同时保有原来的竞争优势，被编码的知识越复杂、专业性越强，竞争对手就越难破解。软件化、系统化和平台化的知识可以同时兼顾规模性和稀缺性，企业需要不断迭代开发新知识以适应客户发展变化的需求。

大量企业的知识资产被数字化后存储在云上，因此变得无形化，这就给网络安全和信息安全提出了更高的要求。网络安全更多地涉及物理措施，如防火墙、安全网关、密钥管理等，重点防范黑客、恶意攻击等风险；信息安全更多地涉及数据和内容，主要关注点在员工离职，竞争对手获取竞业禁止协议、保密协议和禁止使用协议，敏感信息访问权限管理等。

五、知识保护的国际视角

知识保护问题近年来在国际科技竞争中同样存在，并且愈演愈烈。"小院高墙"就是一个引人关注的概念。2018年10月，"新美国"（New America）智库高级研究员萨姆·萨克斯（Samm Sacks）率先提出了"小院高墙"的对华科技防御策略，为了确保美国在高科技领域的全球领先地位（特别是领先于中国）。

"小院高墙"的核心目标是精准保护美国的领先科技领域。以萨姆·萨克斯和洛兰德·拉斯凯（Lorand Laskai）为代表的一批美国学者认为，特朗普的对华全面科技封锁犹如在整个高科技领域建立了一堵巨大的围墙，切断了中美高科技领域的一切联系，效果并不理想，以美国监管机构的现有人力和物力很难有效地进行筛查和阻隔。另外，对华全面科技封锁也对美国造成了附带损害。因此，萨克斯认为，在"小院"修建高围墙有助于监管机构更有效地筛查"小院"范围内的"有害"活动，同时减轻对相邻高科技领域的附带损害。

经过两年多的学术研讨和国会辩论，"小院高墙"逐渐成为美国国会推崇的对华科技防御策略。"小院"是指与美国国家安全直接相关的特定技术和研究领域，"高墙"是指战略边界。美国对"小院"内的核心技术应更大力度地对华封锁，而"小院"外的高科技领域可对华开放。萨克斯提出，符合以下三大标准的高科技和新兴技术应纳入"小院"的管制范围：（1）对军事至关重要的技术；（2）中国拥有相对匮乏知识的技术；（3）美国处于发展前沿的技术。对于具体技术内容，根据2020年美国国家安全委员会公布的《关键技术和新兴技术清单》来看，其中包括二十大类，如先进计算、先进的常规武器技术、人机交互、医疗与公共卫生、量子计算、芯片、太空技术等。其中，芯片、航空航天、量子计算、人工智能、数据分析存储、生物这六个领域与2018年美国商务部工业安全局公布的出口管制类新兴技术列表中的类别重叠，很可能是美国对华科技防御的重点。"高墙"是知识保护与防御的具体措施，主要包括三个手段：多边出口管制、限制中国投资美国技术领域、限制中国人进入敏感的实验室。与此同时，美国还要通过扩大信息不对称和知识差距、扩大新技术应用范围、不断提升技术的新颖性、不断提升技术的催化能力等手段，打造知识护城河，确保在关键技术领域的长期领先优势。

在制定"小院高墙"策略的过程中，美国通过不断研判区分战略能力技术、关键新兴技术、"卡脖子"技术、颠覆式技术、加速器技术和护城河技术，精准定位未来科技竞争中至关重要的技术领域，聚焦优势资源重点发力，在关键技术上保持领先。同时，美国政府还通过在关键技术领域加强领导，加大研究投资，促进与私营部门的伙伴关系，加强政策创新，减少监管障碍，吸引关键人才，打造价值观同盟，创新研发生态体系，激发创新精神，强化突破式创新文化等方式，试图给竞争对手构筑难以逾越的高墙和护城河。

第 11 章
知识平台

一、平台的概念

平台并不是一个全新的概念，它本质上是指一组各方交互的聚合。在线平台为互动活动提供了一个开放的、参与性的数字基础设施，通过生产者和消费者的交易互动创造价值，并通过有效的治理善用数据资源。根据联合国贸易与发展会议发布的《2019 年数字经济报告》，数字平台被划分为两类：交易平台和创新平台。① 交易平台是一个两方或多方平台，它提供了数字基础设施，通常是一种在线资源，支持多方交易和交换。② 交易平台与全球数字经济转型密切相关，其已成为亚马逊、阿里巴巴、京东等主要互联网企业的核心商业模式，也成为提供数字化服务的企业（如滴滴出行、爱彼迎等）的核心商业模式。创新平台也被称为工程或技术平台，它强调企业、行业或部门使用系列产品中共享的组件和子系统资产。③ 在行业层面，创新平台企业提供了共享公共资源和跨部门的交互方式，相关的例子包括操作系统（如 Android、Linux 等）

---

① Gawer, A. Bridging differing perspectives on technological platforms: toward an integrative framework [J]. Research Policy, 2014, 43(7): 1239-1249.

② Fu, W., Wang, Q. and Zhao, X. Platform-based service innovation and system design: a literature review [J]. Industrial Management & Data Systems, 2018, 118(5): 946-974.

③ Parker, G. and Van Alstyne, M.W. Six challenges in platform licensing and open innovation [J]. Communications & Strategies, 2009, 74(2): 17-36.

和技术标准（如 MPEG 视频）。创新平台通过使用共享的核心组件和一组互补模块来定义商品或服务，从而实现更加一致和灵活的技术构建。虽然交易平台是数字经济发展关注的中心，但其与创新平台之间存在相似之处，平台提供者和贡献者之间的互补性促进了创新及价值链整合，平台的开放性推动了产业链和生态的增长，因此，交易平台和创新平台已经出现融合的趋势。

总之，数字平台是一种快速发展的商业模式，对其类型的划分可以有多种视角，如价值链过程、企业类型、平台规模、平台商业模式等。[①]企业有外部平台和内部平台。平台既可以是中介，也可以是基础设施。作为中介，内部平台可以将所有部门、供应链所有环节和所有人员连接起来，将所有的活动以数据和信息的方式记录下来；外部平台则可以将不同群体和多边市场连接整合，通过快速的信息检索、分享和传播，降低所有参与方的交易成本。平台的开放性决定了它整合资源的类型和规模。作为基础设施，平台参与各方可以在此基础上共享技术服务或进行建设。

平台能力建设与企业掌握的资源和能力有关。平台通过创造外部生产者和消费者交互的捷径来创造价值。平台能力是指企业将孤立的业务单元通过数字化、参数化、模块化的方式，利用平台即插即用的开放性特征动态整合各类资源，突破传统工业经济连接外部与内部资源、通用与专用资源、同构与异构资源的边界和局限性，利用数字产品（如手机和其他智能终端）的可编程、可访问、可通信、可记忆、可感知、可追溯、可协作的特性发展规模经济，促进不同资源在平台上的连接、融合和重构，使得生产者在应对市场不确定性、需求波动性时可以随需调用

---

① United Nations Conference on Trade and Development. Digital Economy Report 2019: Value Creation and Capture: Implications for Developing Countries [R/OL]. (2019-09-04) [2024-06-24]. https://www.un-ilibrary.org/content/books/9789210042161.

各类资源,而不必受企业定位的限制。

平台为知识整合提供了高效的手段和工具,使得知识分享可以随时随地触达每个人。越来越数字化、模块化的系统、工具和知识库通过应用程序编程接口(api)和web服务与平台连接,嵌入价值链的不同环节实现重组,万物互联逐渐成为现实。数字平台即插即用的特征使平台与客户之间可以高频、高效和定制化地交互,这为平台企业聚合了海量数据资源。平台企业对数据资源的开发与利用使其对市场、客户、供应商等形成全景式认知,并通过提取他们的特征来推进精细化服务。一方面,数字平台拥有的海量数据为企业发展范围经济提供了良好的基础。它所拥有的全景式数据可以为企业提供产业洞察和客户洞察,从而使企业在不确定和变化的环境中持续发现新的价值空间。同时,数字资产的复用性有助于企业快速且低成本地进入新的产业,同时拥有更高效的平台化的经营。另一方面,平台企业兼具通用性和个性化的双重特征,它既提供共性和通用性服务,又让平台用户保有原来的个性和独立身份,兼顾通用性与复杂性、低成本与差异化等传统企业难以平衡的矛盾,在价值链和供应链的组合上形成多种可能性,确保可持续的竞争优势。①

二、组织平台化

随着企业信息化、数字化技术与业务的融合不断深化,组织运营管理体系逐渐迁移到企业平台上,这为知识整合提供了良好的条件。知识整合的范围包括:(1)企业外部知识和竞争情报。系统动态地获取、整理并分析与企业环境扫描和战略管理有关的政策法规、竞争对手、国内外市场、新技术变化、客户等要素,以及与企业有合作关系的大学、

---

① Keen, P. and Williams, R. Value architectures for digital business: Beyond the business model [J]. MIS Quarterly, 2013, 37(2): 643-647.

研究机构和咨询公司等。(2)企业内部知识。企业内部知识是大量可以显性化的组织知识，涉及与企业价值链有关的所有实践流程、指南、方法、经验教训等，还有与企业业务有关的合同、方案等关联资料，以及与组织发展有关的政策、战略和历史。(3)实践社区。企业实践社区是由各方人员参与的汇集大量隐性知识的动态交流平台。尤其是在面临突发事件和困难时，企业通过实践社区征集意见、调动团队、整合资源、激发群体智慧，可实现跨部门协同应对。(4)供应链、价值链伙伴知识。企业的供应链和价值链伙伴在价值获得的不同阶段（如设计阶段、制造阶段、销售阶段）、不同状态（如原材料、粗加工、组装）中掌握不同的专业知识，只有有效分享这些知识，才能在上下游的协同中更好地配合。

组织的平台化并不意味着整个组织知识体系的整合。在企业实践中，很多企业（尤其是大企业）分别设立战略情报部门、知识管理部门、IT及数据部门、销售与分析部门等，这些部门通常各司其职，分别附属和服务于不同的领导，每个部门都有自己的专属资源和职能，并未真正意义上通过平台整合做到组织整合、决策整合和数据共享，因此影响了企业的整体效率。组织平台化需将管理思维从线性管道型交互模式转向平台并行共享模式。在管道型模式中，商品和服务是沿着业务流程和价值链逻辑一步步产生和推进的，通过阶梯式的增加值推送至下游客户，这个过程中存在时间和决策延迟现象。平台模式意味着价值创造围绕平台本身，通过平台降低所有参与者获取数据和信息的成本，通过对共享资源和工具的并行使用，以更快的速度、更低的成本，为客户提供更多样化的产品和服务。客户也从被动接受的"推"模式向需求驱动的"拉"模式转变。

组织平台化会为业务创新带来很多新的价值：(1)交易范围迅速扩大。交易活动触达的人群和范围代表平台企业对社会渗透的深度和国际化水平。(2)交易成本大幅降低。平台通过信息和知识集成，在一定程度上解决了传统商业模式中信息不对称、信息搜索成本高昂、无法获取评价信息等问题。(3)获取交易活动数据并将其转化为资产。平台所有者会获取客户定位及行为记录，提取平台与用户之间发生事件的所有数据。随着平台数据的增加，平台能力也会不断增强。当交易活动的所有环节都能以数据的形式留存下来并用于分析时，企业就能以此了解交易活动的轨迹、过程和问题；沉淀下来的数据也能作为数据资产的重要组成部分，用来提供用户画像、信用监测与管理、交易效率、需求预测和动态定价等增值服务。（4）基于数据挖掘推动创新和研发。在平台环境下，企业能以前所未有的效率搜集客户评价，并反馈给相关部门进行改善和迭代优化，从而比竞争对手更快更好地适应客户需求的变化。（5）客户锁定效应。一旦客户习惯于长期在固定平台上消费，其转换平台的成本就会增加，锁定效应也更明显，甚至出现平台垄断现象。（6）基于数据持续创造价值。平台的有效运作依赖于数据分析，价值创造的主要来源是对数据智能化的利用。（7）直接网络效应和间接网络效应。市场中一方的扩张会增加另一方的价值。[1]客户数量越多，愿意加盟平台的商家数量就越多，平台增长速度就越快，吸引力就更强。

三、价值链平台及生态建设

供应链与价值链是两个不同的概念，供应链强调企业制造过程中资源的流动增值过程，以及企业内外、上下游伙伴的交互与交易，是围绕数字、服务、产品，由供应链群落的各类主体关联互动而形成的生态系统。[2]价值链则涉及从客户下订单到完成交付过程中的各方。

数字化和平台化加速了价值链各环节的模块化治理，也就是说，价值链中的企业越来越多地生产相对标准化的组件与上游对接。这改变了价

---

[1] Rochet, J. C. and Tirole, J. Two-sided markets: a progress report [J]. The RAND Journal of Economics, 2006, 37(3): 645—667.

[2] 陈剑，刘运辉. 数智化使能运营管理变革：从供应链到供应链生态系统 [J]. 管理世界，2021, 37（11）：227—240.

值链的形态与结构。因为模块化的商品和服务的价值低于上游企业生产的商品和服务的价值,所以上游企业通过引入消费者洞察、新奇的设计和创新,将不同商品和服务模块组合在一起,以更动态的方式适应客户需求的变化。在价值链平台中,中小企业的加入有利于价值链差异化、敏捷化和个性化特征的形成。这些中小企业通过共享平台资源和其他数字基础设施,将数字化技术能力外包给平台企业,而自身可利用的有限资源则专注于"专精特新"的技术能力,为价值链合作伙伴提供高附加值的产品和活动。但与此同时,我们也应该看到,随着价值链平台企业的快速发展,商品和服务模块化和数据化生产的控制权局部转让到供应链中的领先企业和平台企业手中,它们通过资格控制、订单控制、品质管理和追溯管理,决定中小企业的生存与发展,这导致生产者更容易被替换,其生存状态变得更脆弱,从而给进入价值链平台的企业带来风险。一些平台企业通过知识共享、供应链金融等方式助力中小企业的生存与发展,通过平台提升中小企业的数字化水平,为其带来积极的影响。价值链平台构造和发展的模块化可以使领先企业更加专注于核心技术的创新,将价值较低的生产活动外包给其他行为体,同时通过组合差异化的成员,增强价值链管理者对竞争态势的全面感知和对复杂环境的应对能力。

依据知识重用成本可忽略不计的原理,价值链平台提供的数字化的工具和服务化的系统有助于企业提高知识复用能力。通过工具与系统复用,价值链中的领先企业可以实现对平台合作伙伴的治理与协同,有针对性地开发赋能这些伙伴的工具和系统,同时借助这些工具增强对平台伙伴的评估、标准落地和质量绩效管理,提升整个价值链的质量和效率;另外,借助区块链等新技术,还能增强对价值链平台伙伴的信用管理和自动化交易,为工业互联网创造良好环境。

价值链平台除了连接直接客户和合作伙伴,还会连接银行、物流、海关、税务、政府等间接成员,形成数字生态系统。这些成员对数字资源的使用会提升整个园区、地区和国家的综合运行效率,在更大范围内为数字经济发展提供空间和机会。价值链平台的发展对产业的带动还与网络效应有关，即更多用户加入平台会给平台用户带来更多好处。[①] 网络效应对平台的快速发展起到激励作用，因为更多的用户会让平台更具吸引力。网络效应还会带来锁定效应，使平台用户更有可能留在该平台上，不会轻易转移到其他竞争平台上。平台拥有者应持开放的心态，通过共享知识、共享资源、共享利益，吸纳更多用户加入平台并产生黏性，从而实现平台价值最大化。

四、平台与数据智能化

在数据驱动型经济中，平台企业的核心优势是记录并提取平台用户发生交易的所有数据。平台企业的增长与其收集和分析数据的能力密切相关。虽然平台企业参与不同的经济活动，但数据的收集（甚至在用户不知情或不同意的情况下进行）是其商业模式的关键要素。平台企业的有效运作依赖于数据，而其价值创造的主要方式是智能化地利用这些数据。平台企业的数据库和数据处理能力是其关键竞争优势，因此，知道如何从这些数据中创造价值，是理解数字经济中价值创造的关键。

价值链平台建设初级目标是以模块化方式聚合资源，整合知识，加速差异化资源的协同效率，提高供应链对VUCA环境的适应性；高级目标是将数据（平台内的数据或平台整合的外部数据）进行处理和分析，从而形成数据智能（data intelligence）。数据智能是指通过应用模型、方法和工具，对数据进行处理和分析，发现数据呈现的特征、关系、规律和影响，以获取对决策有用的信息。在商业领域，数据智能有时又被称为商务智能（business intelligence）。商务智能的概念出现得较早，主要

[①] Van Alstyne, M.W., Parker, G.G. and Choudary, S.P. Pipelines, platforms, and the new rules of strategy [J]. Harvard Business Review, 2016, 94(4): 54-62.

用在信息化时代（20世纪70—90年代），通常指对结构化数据的分析处理。数据智能的概念更多用在数字化时代（21世纪至今），通常指对多模态数据（如结构化数据、文本、音频、视频等）的分析处理。根据已有的研究，我们将数据智能划分为四类[1]：

描述性分析。描述性分析是最容易被理解和广泛应用的数据智能类型，相对容易实现，因为它提供了对数据原样的描述，不需要任何复杂的计算。与其他方法相比，描述性分析受数据驱动，多数企业利用描述性分析，通过数据来理解过去和当前的业务状况，并做出基于事实的决策。描述性分析通过对数据的分类、表征、聚合，将数据转化为对业务的分析和有助于决策的有用信息。汇总的信息既可以显示为报告/图表，也可以显示为使用SQL查询后的响应，并以可视化方式展示。描述性分析可以向下钻取数据进行定制分析，通过数据查询来更好地理解趋势和模式。

预测分析。预测分析是一种更高级的分析类型，强调信息而不仅仅是数据的使用。它通过统计建模、数据挖掘和其他先进技术，识别大量数据中隐藏的关系或模式，这对于将数据分组或分割成有意义的集合以检测趋势或预测行为非常重要。预测企业未来的表现可以通过检查业务历史数据或检测数据中的关系或模式来预测（如财务主管可以预测不同投资客户群体对不同金融产品和定价的反应）。预测分析可用来预测风险、识别描述性分析中未能显现的内在关系。

规范分析。除了利用数据或信息，规范分析还利用了业务知识。规范分析旨在回答的关键问题是：结果应该是怎样的？一旦预测到结果，规范分析就会跟进推荐行动方案。规范分析常被部署在商业领域，如金融、营销、供应链管理、客户关系管理等。

发现分析。发现分析是指利用人们的经验、洞察和预判，或利用元

---

[1] Raghupathi, W. and Raghupathi, V. Contemporary Business Analytics: An Overview [J]. Data, 2021, 6(86): 2-11.

知识，识别发现新产品和新服务。元知识是关于知识的知识，它关注知识的属性、结构、层次、来源、验证方法等，涉及学科知识体系的组织和内在逻辑；此处是指利用数据智能技术加速发现分析过程。如在新药研发过程中，通过分析大量生物学数据（如基因序列、蛋白质结构、疾病相关的基因表达数据），利用数据挖掘和机器学习算法，可以更快地发现潜在药物作用靶点，并对靶点的有效性和安全性进行验证，从而提高研发的成功率。在新药研发与临床试验设计中，借助大数据分析患者的电子病历、医疗影像、基因检测等数据，可以更精准地选择适合临床试验的患者群体，提高试验的成功率，还可以对临床试验的结果进行预测和评估，从而优化试验方案，加快药物上市的进程。

大多数应用通常都会涉及以上四种类型的分析，在这四类分析中我们又会用到不同的工具和模型。另外，为业务建模提供支持的方法还包括可视化、统计建模和机器学习。可视化适合描述性分析，包括各种变量、维度、相关性等，不同类型的图表可以展现不同特征的数据、揭示被分析的问题、洞察政策的潜在影响。统计建模涉及数学建模和表示，该方法在假设下工作，对总体数据集的推论是从对数据样本子集的检查中得出的。统计建模适合预测分析。机器学习与统计建模一样，涉及对数据进行数学建模应用。机器学习更多是由数据驱动的，也就是说，问题的解决和模式的识别是在数据中完成的。机器学习克服了统计建模的一些局限性，没有严格的假设需要遵守，可以处理有噪音的数据和缺失数据。统计建模通常涉及数据训练、验证和测试；机器学习通常适用于非结构化数据，如文本、音频和视频。此外，机器学习还为大数据分析提供了优势。作为人工智能的一个子集，机器学习也可以扩展到深度学习。不同的问题有不同的适用方法，选择正确的建模方法是数据智能的重要一步。

平台企业在发展数据智能时需要解决的关键管理问题包括数据所有权、数据治理、数据标准、数据隐私和安全，以及持续的数据清理和数据采集策略及方法。中小企业在选择平台时需要考虑该平台的连续性、可靠性、可用性、易用性、可扩展性、隐私保护、安全支持、质量保证及对不同颗粒度数据的操作能力。对于中小企业来说，业务分析应用程序应该模型精炼、用户友好和透明，可以实时分析业务数据，下拉菜单功能易用，可以选择方法、模型和算法。此外，还需考虑本地处理、软件即服务（SaaS）、云计算、面向服务的架构（SOA）和DevOps工程的不同替代方案。因为编码差异和机器学习尚属于"黑箱"状态，在人工智能和深度学习的高级应用设计中，防止算法偏差和歧视成为迫切需要解决的问题。

针对国内企业数据中台的概念，我们基于知识管理的理论，提出了知识中台的架构（见图11-1），在知识中台上呈现了企业供应链的数字孪生。知识中台与数据中台的不同在于，数据中台是实体供应链的数字映射；知识中台则包括根据用户需求定制的工具、应用和微服务，以及对数据的分析和描述。在知识中台，通过数据价值链所涵盖的数据采集、数据清洗、数据整合、数据分析、数据看板、数据驱动和数据资产，利用描述性分析、预测分析、规范分析和发现分析及更多的数据分析方法和智能工具，企业可以将数据转化为知识，并与服务前台利益相关者的需求紧密关联。

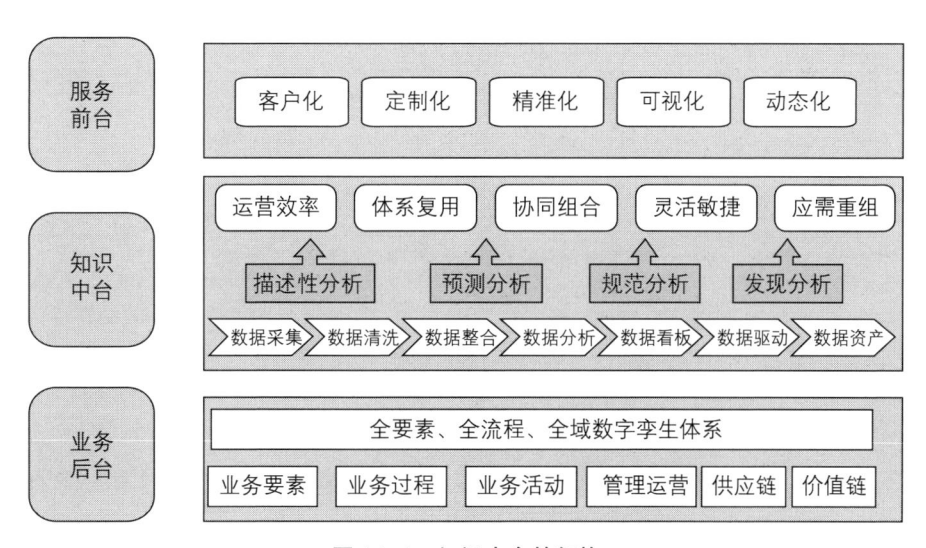

图 11-1 知识中台的架构

第四篇

双元创新与知识集成

PART FOUR

第 12 章
知识集成

一、知识集成的重要性

知识集成的演变。在历史上，人们使用过各种方法和手段来实现对知识的集中管理。图书馆员很早就通过分类、标注和索引的方法对已有文献和知识体系进行组织和管理。在汉代，我们的祖先就开始用目录学的方法进行记录管理，这个传统绵延千年，形成了完整的目录学体系和分类方法。清代的《四库全书总目》是中国古典目录学方法的集大成者。其他国家的图书馆也通过索引指南，以分类法和主题词法对汇集的文献进行系统组织与管理，方便用户查询和使用。但当这些工具和方法只能依靠人类手工操作时，覆盖文献的范围就会受限，查找资料的效率也很低。

20世纪80年代以后，随着计算机通信技术的快速发展和普及，对已有知识的搜集、管理、检索和使用成为知识产业的重要组成部分。20世纪70—90年代，美国在全球范围内利用大量补贴发展数据库产业，把欧洲的很多论文收纳到美国的数据库中，将大量印刷版的索引、主题词表转换为电子数据库并可在线检索，建设了上万种涵盖各学科和领域的国际性数据库。这些数据库包罗万象，覆盖了几乎所有期刊、会议录、专利和图书，出售给世界各国的图书馆后，人们只需数秒就可以检索大量主题文献。此举大大提高了知识集成、检索和使用的效率，也使美国成为全球知识产业的领先者。紧接着，随着互联网信息的快速增加,搜索引擎技术快速发展。美国早期有众多搜索引擎创业公司,最终谷歌公司以其独特的 Page Ranking 技术脱颖而出,成为互联网信息检索领域的佼佼者,并通过 Google Scholar 挤占学术期刊数据库的市场空间。在我国,百度承担着中文信息检索的重任。在今天科技创新快速发展和国际竞争日趋激烈的环境下,知识集成不再只是一个专业能力,更是对知识掌控力的集中体现。

企业的知识集成。最早的知识集成概念是在战略学领域产生的,美国的大学教授罗伯特·M.格兰特(Robert M. Grant)的论文发挥了重要作用。[①]20世纪90年代,随着知识经济的快速发展,战略学领域的学者们一直在关注和探索能够给企业带来持久竞争优势的资源和能力,格兰特教授的论文系统阐述了知识集成对持久竞争优势的价值。彼时,信息化和数字化技术尚未充分应用,知识集成的焦点是组织的专业人才和专业知识。知识集成对企业竞争优势的影响主要集中在三个方面:(1)知识集成是组织的核心竞争优势和核心能力。一个企业整合知识的范围越宽、程度越深、速度越快、应用越便捷,企业适应环境的能力就越强。(2)突破式创新与渐进式创新的知识管理模式和特征存在着较大的差异性和竞争性,如果不能很好地集成,就会出现大量的知识孤岛,以及知识流失和知识贬值的现象,导致企业投资于知识创造的资源严重浪费,重复建设和重复犯错的情况严重。(3)数字化技术为知识集成创造了前所未有的良好条件,特别是平台技术、大数据和人工智能技术的发展与应用,不仅提升了知识利用的效率,还促进了新知识的产生。但是,多数企业的知识管理、信息管理和数字化管理是分散的体系,未能通过知识集成形成系统的力量和组织能力。

知识集成的目标。知识集成的目标是探索有助于企业获得连续竞争

---

① Grant, R. M. Prospering in Dynamically-Competitive Environments: Organizational Capability as Knowledge Integration [J]. Organization Science, 1996, 7(4): 375-387.

优势的知识系统能力，使企业具备足够的专业知识储备和可调用的知识资源，根据环境和技术的快速变化，构建动态、综合和高效的知识保障体系。根据战略学者的观点，组织能力的本质是专业知识的集成，每个企业知识资源的独特性与知识传承的文化特质使得其知识集成的模式、规模和方法各不相同。有些企业非常重视知识的积累和整合，在组织层面为员工提供了高效的知识平台为其赋能；有些企业则忽略知识资产的价值，大量知识掌握在个人和部门手中，没有转化成组织的资产，导致员工获取和分享知识的成本巨大，很难快速响应客户和市场的需求。这些差异导致企业利用知识资源创造竞争优势的能力各不相同，对环境的适应性也受到影响。

知识集成度越高，竞争对手的模仿壁垒越高。知识集成服务于企业业务和创新活动，当各种类型的知识相互融合、相互嵌套、相互支持，特别是隐性知识与显性知识融合在一起时，知识的复杂度增加，企业能力护城河加固。企业能力护城河是指从多个维度支持企业效率、质量、灵活性、创新性、客户服务等知识体系的构建和升级。知识体系一旦构建和整合，复用的成本可以忽略不计，这有助于企业的产品和服务产生溢价。这些综合性的竞争优势是竞争对手短期内无法超越的。

VUCA 环境下的知识集成。知识集成的能力直接影响企业的开放性和动态性，企业的开放性和动态性决定了企业的内外交流能力和对环境的适应力。知识集成度高的企业可以有效传播和共享环境变化动态及新知识的发展，在企业成员中获得适当响应。在相对稳定的社会环境中，企业集成的知识是基于熟悉的、稳定的、相关的、邻近的社会网络所连接的知识；但在互联网环境下，知识的边界被大大拓展了，许多未知的、陌生的、变化的、不相关的知识也在互联网平台上聚集，形成了巨大的知识网络。知识网络的广度拓宽、深度增加、更新速度也大大提升，但是其中很多知识信息未经加工、处理、验证和审核，存在大量假的、劣质的信息，令人难辨真伪。

二、知识集成效率

知识的进步往往与专业化程度和技术发展密切相关。在资源有限的情况下，企业的知识集成必须在知识广度与知识深度之间进行权衡和选择。重视知识广度意味着需要将资源配置适度跨界到企业所知尚少的领域，如果广度不够，企业可能会存在战略盲点；重视知识深度意味着企业要采取针尖战略和压强原则，在特定的关键领域持续投入并构建不同于或优于竞争对手的技术、产品和能力，走到专业的更前沿和更精细化的领域。对于中小企业来说，在资金和专业人才有限的情况下，增加知识深度意味着缩小知识广度，反之亦然。而企业竞争优势的构建需要将知识的研发投入转化为价值创造，这个过程需要广泛的知识。因此，如何有效整合企业内外、个人与组织、隐性与显性知识，是企业在知识集成过程中要解决的关键问题。

知识集成的广度。知识集成的广度与知识的多样性、多元化与多维度有关，保持知识集成广度对企业进行态势感知、环境探测和弱信号捕捉具有重要意义，使企业尽可能在早期感知到创新机遇、环境变化和潜在风险，特别是在创新空间通常由跨界的弱连接带来的情况下。在突破式创新和渐进式创新框架下，知识广度的范围可以划分为不同的类型：外部知识与内部知识、全局知识与局部知识、战略知识与战术知识、组织知识与个人知识、显性知识与隐性知识、通用知识与专用知识、管理知识与业务知识、以人为核心的知识与以设备为核心的知识等。知识集成的广度与企业搜集信息情报触达的边界有关。

一是认知边界。认知边界不受企业业务边界和时空限制，人员获取和整合知识的范围可以很广泛。管理者的视野可以超越企业现有供应链和业务边界，适度拓展认知框架，特别是在制定国际化战略和进入新领域时对相关情报进行获取与分析，形成政治、经济、社会、人口、技术、文化等相互关联的知识图谱。尽管这些知识与企业现有业务和知识体系仅存在弱关联的关系，但是广阔的视野和认知边界有助于企业管理者从更长远、更广阔的视角认知潜在技术价值和市场空间，并为未来的战略拓展进行环境扫描和知识储备。高层领导人触达的知识资源及人际网络也会深刻影响其认知边界，这是隐性但价值最大的知识体系。在野中郁次郎教授看来，领导人要通过构建不同层级的人际网络，倾听各种类型的声音，拓展认知边界。领导人也需要在通过人际网络拓展认知边界时把握广度与深度的动态平衡——广度太大，交际成本太高，与企业业务的整合度不高，对企业内部的深度关注不够；广度不够，注意力更多局限在企业和区域边界内，对世界变化不敏感，变成井底之蛙，视野受限就有可能出现知识盲点和风险。

二是业务边界。业务边界以企业的供应链为核心，触角延伸到上下游企业、供应商、合作伙伴和客户等。知识整合聚集企业核心部门，如战略、研发、生产、市场营销、管理等。这些部门通常对知识管理有强烈的需求，通过知识管理能减少重复劳动和重复犯错，增强彼此之间的协作。

三是组织边界。组织边界通常由组织核心人员能够触达的业务、人际网络和认知构成。与业务边界相比，组织边界触达的范围更广，通常以人际网络为核心。组织边界决定了思想汲取、流动和整合的广度，通常来自组织内外。一些企业虽然业务边界有限，但组织边界较广，企业的发展拓展了视野和空间。

边界拓展策略。随着环境的不确定性增加和数字化技术的应用，创新的速度变得越来越重要，这要求企业不断扩大知识集成的对象和范围。知识集成从新产品开发部门拓展到整个价值链的各个环节，从点、线、面、体多维展开；从以人的知识（如在线办公平台）为核心，逐渐向管理过程知识（如管理信息系统）、设备生产知识（如物联网）、供应链知识（如工业互联网）、全要素知识（如大数据）拓展。大数据、平台和人工智能技术对知识集成至关重要。近年来，成为业内标准配置的数据中台就是知识集成的重要载体。数据的汇集仅仅是知识管理的初始环节，从数据中提炼出用于决策和行动的知识，才是知识集成的真正价值。

知识集成的深度。知识集成的深度最大程度地代表了企业的专业化水平和关键的技术诀窍。知识集成的深度一方面是企业在大量实践中通过探索和试错所积累的教训和经验；另一方面代表了企业研发生产过程中所触达的最前沿的技术和工程能力，这些技术和能力属于独门绝技和稀缺资源，通常是最具价值的核心知识。对于知识密集型组织来说，知识集成的深度知识有三种类型。

一是组织的隐性知识，即在发展历史中的组织记忆和知识体系中最深层的知识，如组织发展历程中历经至暗时刻的集体记忆、领导人与群众患难与共的经历、艰难时期的关键决策和选择等。

二是核心高管和关键人才的集体隐性知识。组织中关键性人才和专家经过长期实践试错积累的经验教训，通常以隐性知识的形态存在，可以转化为感知、洞察、预判等解决问题的能力，这些能力使他们成为复杂环境和行业中非常稀缺的高手。

三是细分领域的专业人员所掌握的技巧（know-how）。这些专业人员通常不为人们所了解和重视，却是对客户、市场和技术最了解的人才。例如，日本车企在开发新车型时通常会邀请司机参加产品开发会议以分享其驾驶行为和体验，在为不同国家设计汽车时，更会把司机派到这些国家去了解其驾驶规则、路况和客户行为。源自一线的知识通常不为人所重视，却是最鲜活、最敏锐的知识。

知识集成的效率。知识集成的效率与文化和数字化技术应用能力有关。在文化层面，知识集成的效率重点关注以人为核心的知识在组织中的传播能力和效率，其中涉及三个关键指标。

一是知识集成的灵活性。知识集成的灵活性是指获取新知识并重构现有知识的能力。[①] 特别是在超大型组织解决复杂问题时，涉及专业跨度大，且每个专家各司其职，并不了解其他人的专长，但工作又需要高度协同，此时为了增强协调性和协同性，团队成员及时收到内外部相关信息并进行分享就变得非常重要。解决复杂问题的团队所处的环境变化越剧烈，组织路径的稳定性越差，组织共享知识的能力就越重要。对于大企业来说，组织规模越大，涉及不同产业和专业的人员越多，专业知识越多样化，共同知识越少，沟通和集成知识的难度越大。

二是组织内的共同知识水平。组织内所有成员达成共识的能力与组织内共享的价值观、词汇、概念知识、经验和行为模式密切相关。共同知识水平可以增强组织内人员的共识和认知的一致性，这对提升交流效率和增进彼此理解非常重要。

三是知识共享的沟通效率。知识集成有助于提升企业的沟通效率，减少无效沟通的渠道和数量。沟通效率通常取决于参与者之间的信任和默契、沟通的方式、对概念的理解、共同经历，以及信息的真实性等多种因素；另外，专家之间共享记忆、相互理解也有利于沟通交流。一般来说，被整合的知识范围越广，个体越多样化，共同知识水平越低，知识交流和整合效率越低。因此，组织的数字化平台、协同办公系统和组织文化，都是组织内共享知识的存在形式，功能之一就是促进组织内的知识集成。

三、知识集成的障碍

缺乏全景视角与系统构建。目前，很多企业中知识获取与处理的工作分散在不同的部门。例如，以搜集外部知识为主的竞争情报工作通常设

[①] Grant, R. M. Prospering in Dynamically-Competitive Environments: Organizational Capability as Knowledge Integration [J]. Organization Science, 1996, 7(4): 375-387.

在战略部门；知识管理工作通常设在人力资源、企业研发等部门或企业大学；管理和经营有关的数据采集和信息分析工作则设在 IT 部门或数字化转型部门。知识管理集成体系将全价值链、全要素和全知识门类涵盖在一个统一的框架下和平台中，才能真正提升知识检索和使用的效率。所以，企业需要在最高管理层对离散的知识进行统一规划和异构整合，在数据中台上形成系统呈现。

隐性知识难以整合。对于组织来说，隐性知识在文化层面、组织层面、团队层面和个人层面均以不同的方式存在，同时还弥漫在组织沟通、生态模式、业务协同、部门合作、个人能力等诸多复杂体系中。隐性知识是每个组织独具特色的隐性气质，具有只可意会不可言传的特性，难以被显性化，因此是知识集成中最困难的一部分。整合隐性知识仅仅依靠数字化平台和显性化策略是不够的，需要与组织学习、师傅带徒弟等方式结合起来。知识集成重点关注的是企业如何捕获不可或缺的隐性知识，并使其显性化。在企业层面，最有价值的隐性知识源自个人的实战经验、试错历程、学习能力和成长经历，尤其是不同专业的人才，其隐性知识中包含了大量专业能力。当企业遇到棘手的复杂问题和全新的挑战时，需要聚合这些拥有不同专业背景和隐性知识的人才，构成群体智慧，才能有效应对。

以等级模式进行知识集成。将知识集成到组织能力中可以被视为一种等级制度。这个等级制度不是权威和控制，而是以企业部门为专业知识对象、以人为核心的。组织规模越大、事业部越多、供应链和价值链跨度越大、知识种类越多，知识集成的难度越大，特别是整合基层、个人的知识和活动，在传统环境中，做到这一点是非常困难的，成本也非常高昂。

四、人工智能赋能知识集成技术

近年来，人工智能技术，特别是通用大模型的快速发展和应用引起了全球的高度关注。对于人工智能在多大程度上模拟和匹配人类智能，专家学者和企业家们持有不同的看法。一是认为人工智能具有从分析数据到采取行动的能力，可以通过理解数据，分析、观察和执行特定任务。二是认为人工智能具有模仿人类的能力，即感知、判断、学习、规划的能力。三是认为人工智能通过接收外部信息具有适应环境的能力，它能够正确解释外部数据，从数据中学习并通过灵活运用来实现特定目标、完成指定任务，且在整个过程中无须遵循预定规则或行动准则。高科技公司的企业家对人工智能的预测更加乐观。谷歌前CEO埃里克·施密特（Eric Schmidt）认为，人工智能通过检索系统上下文窗口扩展，从用户提交的文件和问题中获取数据，从而成为更加开放动态的学习系统；通过智能代理执行复杂任务，具备从文本到操作的能力。埃隆·马斯克（Elon Musk）则预测，通用人工智能（AGI）未来将拥有人类文明所积累的各类知识，并击败任何领域里能力最强的人。

作为一个动态开放的学习系统，人工智能可以迅速处理人类几千年来积累的信息和知识（如来自书籍、期刊、报纸、互联网和组织内的）。在这个过程中，机器学习发挥着重要作用。机器学习包括监督、半监督、无监督、强化学习和深度学习。在监督学习中，系统通过使用带有标签的数据集来训练模型，使其能够对新数据进行分类或预测。每个训练样本都有一个已知的标签或输出值，通过学习输入变量和输出变量之间的关系来构建预测模型。半监督学习中标记和未标记的数据都被使用。无监督学习的目标值不包括在训练集中，系统必须分析训练数据的结构及统计属性，发现数据集中隐藏的模式和结构，通过自动聚类、异常检测和关联挖掘发现问题。强化学习不从过去的数据中学习，而是在与外部环境的交互中通过接收的反馈进行学习。深度学习以多层方式从数据中获得结构，它与传统机器学习的区别在于利用多层人工神经网络来模拟人脑的复杂决策能力。深度学习在处理大数据时表现出色，能够自动从数据中学习特征，而无须手工编写规则，特别适用于图像和语音识别，在自动驾驶上有广泛应用空间。

以ChatGPT为代表的生成式人工智能可以生成和解析多模态媒体与文本，使机器能够更好地理解周围世界，并更轻松地与人类交流，使没有编程技术的人也可以利用文本或语音提示指导计算机写作、提炼、翻译、计算、编程、绘图、生成视频等。采用大模型技术的人工智能具有大规模参数和复杂计算结构，通常由深度神经网络构建，拥有数十亿甚至数千亿参数，目的是不断提高生成能力和预测能力。在这个过程中还会出现涌现现象，即当数据规模和复杂性达到一定程度时，生成式人工智能会出现一些新的、不可预测的特性或行为，这些特性是多个因素相互作用的结果。在可预测的未来，通用人工智能将具有强大的类人智能和学习与适应能力，在处理多任务和适应环境中不断生成新的能力。

人工智能赋能突破式知识创新。目前，评价人工智能对知识创新的影响受到其不断迭代发展的限制，因此人们的认知仍然有限。但可以预见的是，未来它对创新速度、创新拓展和创新涌现会产生深远影响，尤其是对创新涌现，其价值难以估量。对企业来说，将人工智能的技术特征和能力与企业知识创新需求结合，对其未来知识创新能力的发展十分重要。例如，生成式人工智能、强化学习和无监督学习的开放性、交互性和探索性特征是对突破式知识创新的有力支持；而监督学习和半监督学习人工参与的前期处理和结构控制，可作为企业内部渐进式学习很好的路径。与以人为核心的创新体系相比，人工智能与人交互形成的协同模式有可能对突破式创新提供以下类型的知识。

（1）全景知识。人工智能技术的独特价值在于其对多模态数据的采集、加工、处理和检索超过所有搜索引擎和数据库，其获取的数据不仅来自外部互联网、社交媒体、新闻媒体和社会各界发布的信息，还包括企业内部的管理信息系统数据、供应链交易数据等。因此，人工智能在对特定概念进行分析时，有机会获取尽可能多的特征值，从而展现概念的全貌。数据量越大、数据质量越高、数据类型越丰富、参数越多，算法越强大，智能化水平越高。企业通过文本、图像、语音识别等技术，通过聚类、降维、深度学习等方法，辅助以社会网络、网络计量分析等方法，针对特定领域数据的网络结构、拓扑结构和动态演化进行分析，即可获取超越任何个人的全景式知识，从而对突破式创新领域的关键要素获得比较全面的认识。

（2）跨界知识。知识创新是一个充满活力、复杂、多元、隐性的过程，特别是突破式创新，通常是在前沿领域的探索与试错，所发现的知识珍贵而稀缺。从事突破式创新的企业需不断扫描知悉新的政策、新的对手和新的技术苗头与走向，这些信息可能跨越既有知识边界，从现有知识来源中难以获得。借助人工智能处理的海量数据，企业可以快速地从各种渠道中获取蛛丝马迹，借助人工智能的知识涌现，获得启发和有意义的发现。对于创新者来说，跨界学习已经成为有效感知变化和学习的关键能力。企业可以借助人工智能的智能检索、智能生成和智能推荐技术，使跨界知识的获取变得更为容易，从"人找知识"变成"知识找人"。

（3）理性知识。在企业创新实践中，人们的认知结构容易被岗位、经验、专业、时间所固化，久而久之形成认知盲区，造成各部门、供应链各成员沟通协作成本很高。企业通过开发共享专业语义库、知识图谱、智能问答、数字样机等工具，促进所有参与者跳出认知盲区，就特定概念和语义达成共识，减少歧义和混乱。同时，人工智能以有效的方法处理海量数据、以可视化的方式辅助管理决策，从数据视角揭示问题真相，克服管理人员仅凭直觉和局部信息做决策的行为，使大家共同面对数据中呈现的问题和局限，做出理性决策并提高决策质量和速度。

（4）知识洞察。人工智能最重要的价值之一是解锁隐藏在大量数据中的洞察力和潜在模式，呈现人们难以发现、甄别和解读的事实和风险，发现仅凭人的经验所无法触达的知识广度与深度，从而提高创新的精准度。企业不仅可以借助人工智能解码竞争对手文档中发布的重要信息、创新进展，还可以了解潜在对手的情况，通过网络信息解析客户结构、诉求和社交媒体偏好，以进行精准营销。企业借助自然语言处理和机器学习等工具可以评估市场新闻的真假，甄别潜在欺诈风险和安全漏洞。如果企业借助人工智能获取稀缺洞察和真知灼见，并有针对性地采取竞争举措，就有机会驾驭复杂竞争环境构造的黑箱，做到知己知彼，从而获取独特的竞争地位。

人工智能赋能渐进式创新。人工智能赋能渐进式创新已经在很多企业中得到应用，如产品检测、质量控制、数据分析、智能客服机器人、客户情绪分析、智能营销、市场预测、供应链优化等。人工智能在赋能企业渐进式创新中具有独特的价值。

（1）提供精益知识。从知识创新的深度看，企业借助深度学习的多层结构、自动特征提取和高效的大数据处理能力，不断分解信息的颗粒度和深度，从产品和运营的精微之处获取数据，发现问题、设定指标，动态检测、闭环衡量和持续改善，做到精益管理和持续优化以达到极致，在品质检测、风险防范、产品追溯上做到全生命周期管理和全时空无休。

（2）知识自动化。知识自动化指利用机器学习技术，以自动化方式处理和管理知识的过程。它可以帮助企业和个人更高效地获取、整理和应用信息。其关键应用领域包括自动化文档处理、自动提取和分类文档中的关键信息，以及根据用户的兴趣和行为，通过智能搜索提供个性化的结果和推荐。知识自动化目前在数字员工、聊天机器人或虚拟助手自动回答客户的常见问题等方面已有广泛应用。

（3）人工智能赋能产品创新。人工智能对产品研发和优化也有很大价值。在生物医药领域，人工智能可用于病情诊断、药物发现，还可作为医生助手等。在药物发现方面，人工智能不仅能够提高生物制剂发现的成功率和速度，还有利于发现生物制剂的多样性。例如，人工智能技术有助于人们在药物研发中对大量蛋白质相互作用的数据进行处理，快速、准确地识别出蛋白质之间的复杂关系，从而生成具有高度专业性和独特性的数据集。在生成专有数据的基础上，用生成式人工智能模型进行训练，通过不断调整模型的参数和结构，再生成符合生物学逻辑的蛋白质结构和相互作用信息。在生成式人工智能模型训练成熟的条件下，根据输入的目标条件和约束设计出具有特定功能和性质的抗体结构。在影像辅助诊断方面，针对我国医疗影像数据增长速度快、影像专业医生稀缺的状况，人工智能模型可以帮助医生甄别人们容易忽略的细微病变或早期病变迹象，减少人为因素导致的误诊和漏诊，提高疾病的早期诊断率，特别是在医疗资源匮乏的地区，通过人工智能模型分享经验，对赋能当地医护人员具有重要价值。

（4）AI赋能流程优化。嵌入流程中的人工智能模型可以助力企业发现并衡量现有流程的量化指标并发现流程设计中的缺陷，还能对标竞争对手找到流程差异。人工智能还可以通过共享设计、共享图纸和数字样机，让供应链上的所有合作伙伴利用协同共享实现标准化操作，加速供应链运营，通过自动检测发现缺陷和质量问题，提升整体流程的效率。将人工智能模型嵌入硬件和业务流程中可以改变物理对象的运行状态和效率。嵌入硬件设备的人工智能模型可以指挥、调度和支配硬件设备的运行，助力人或机器人进行操作、检测和管控，降低成本，同时提升设备性能、精准度和带宽。

人工智能赋能企业知识集成。人工智能技术将企业知识集成提升到一个新的高度和水平，应该引起企业管理者的高度重视。为此，我们提出了一个人工智能赋能企业知识集成的哑铃模型（参见图12-1），将人工智能赋能突破式创新、渐进式创新和知识管理活动进行了集成与分解。在该模型中，我们试图揭示两个问题：一是人工智能如何赋能企业创新，二是人工智能如何赋能知识管理活动。

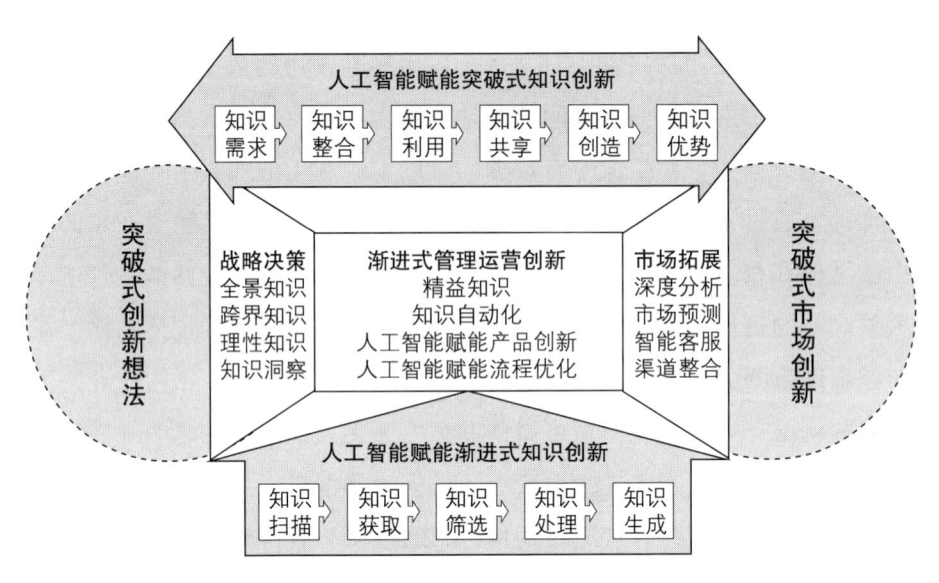

```
         人工智能赋能突破式知识创新
      ┌─────────────────────────────┐
      │ 知识 → 知识 → 知识 → 知识 → 知识 → 知识 │
      │ 需求   整合   利用   共享   创造   优势 │
      └─────────────────────────────┘

 突破    战略决策    渐进式管理运营创新    市场拓展    突破
 式      全景知识    精益知识              深度分析    式
 创      跨界知识    知识自动化            市场预测    市
 新      理性知识    人工智能赋能产品创新  智能客服    场
 想      知识洞察    人工智能赋能流程优化  渠道整合    创
 法                                                    新

         人工智能赋能渐进式知识创新
      ┌─────────────────────────────┐
      │ 知识 → 知识 → 知识 → 知识 → 知识 │
      │ 扫描   获取   筛选   处理   生成 │
      └─────────────────────────────┘
```

图 12-1 人工智能赋能企业知识集成的哑铃模型

人工智能赋能企业创新集中在哑铃的两端。在突破式创新中，人工智能的赋能作用集中在战略创新和市场创新上。在战略决策方面，人工智能所特有的全景知识、跨界知识、理性知识和知识洞察，有助于企业获取竞争情报支持战略制定。在市场拓展方面，人工智能可以通过快速处理海量数据，对消费者行为（如购买历史、社交媒体互动等）进行深度分析，从而构建详尽的消费者画像，帮助企业精准把握消费者需求。人工智能还可以根据企业积累的大量历史数据和实时信息，利用机器学习算法预测市场趋势，使企业能够提前布局。另外，借助人工智能驱动的聊天机器人等，企业可以提供无休的客户服务，在全球范围内跨地域、跨时差地快速响应客户需求，提升客户体验。人工智能还能够帮助企业统一管理线上线下的销售渠道，实现渠道间的无缝链接和协同工作，同时根据不同渠道的特点和客户行为，协助企业制定个性化的全渠道营销策略，提高品牌影响力和市场覆盖面。

人工智能赋能知识管理活动集中在哑铃模型的中段，其核心是说明：在突破式创新中，人仍然是主导力量。人在知识需求、知识整合、知识利用、知识共享、知识创造和打造知识优势上发挥核心作用，人工智能所提供的全景知识、跨界知识、理性知识和知识洞察则发挥辅助作用。在渐进式创新中，人工智能可以发挥重要的作用，因为人工智能学习训练模式是以现有的、显性化的知识为主要对象的。人工智能检索信息的速度、广度和深度有助于人们进行高效的知识扫描、知识获取、知识筛选、知识处理和知识生成，从而大大提高获取精益知识、知识自动化、人工智能赋能产品创新和流程优化的效率和质量。

尽管人们对人工智能在企业创新和知识管理活动中的作用有很多讨论，但我们对人工智能价值的认知仍处于早期阶段，这是由于人工智能技术开发应用还在不断迭代，且处于发展初期，其潜能尚未充分展现。另外，人们对人工智能是否会替代人类在创新中的智力活动争论不休。特别是在突破式创新中，人工智能能否产生应对不确定性、复杂性和动态性的智慧，能否激发创意和想法，能否有效解决棘手问题，等等，都是需要持续深化和研究的课题。

第13章
知识分类体系

一、知识价值链的分类

数据。数据是没有被加工的数字和事实,是对事物过程和状况的客观记录和呈现,如超市中被扫进机器的条码、记录通信系统流量的数据等。这些数据、符号、文字、图片、视频等资料未经加工处理,无法揭示和呈现事物的特征、关联、逻辑和模式,因此,无法用于解决人们关注的问题和需求,也无法实现价值创造和目标。随着新一代数字技术的出现,数据的类型、数量等发生了巨大的变化,给信息管理和知识管理带来了很多新的问题和挑战(参见第19章)。

信息。信息是被处理过的数据,人们通过统计方法和分析能力,在数字和事实中发现了相关性、内在联系和规律。信息更加系统、深入地呈现数字和事实的内在特征,通过显性化表述,可以被快速传播和分享,如股票趋势图、人群聚集热力图、对多种数据要素的相关性分析等,都属于信息。无论人们需求与否,这些信息是普遍存在的,可以从人们所处的环境中获得,但尚未与人们的特定目标、任务、决策和行动相关联。

情报。与信息相比,情报具有竞争性、针对性、谋略性、对抗性、目的性、对标性和高价值。情报是一种有意获取的信息,与明确的需求高度相关,尤其在竞争激烈的环境下(如军事情报、商业情报)。与无处不在、公开或廉价的信息相比,情报是机密的、受到多种手段保护的信息。情报具有重要的战略、商业和竞争价值,是稀缺、宝贵、难得的资源，通常要付出巨大的代价才可以获得，因此是高价值的信息。

知识。知识与决策和行动密切相关，是经过人们鉴别、判断、选择的信息。[①] 知识是高度个性化的意识，涉及价值观、人生观、思维方法、概念体系、知识结构、判断力、创造力和想象力等，与人类意志和思维密切相关，直接影响人们的决策与行动。数据和信息是外部的、客观的，知识是内在的、主观的。尽管数据、信息与知识之间存在着高度相关和彼此转化的关系，但掌握信息的人并不一定具有决策和行动能力。对数据和信息的利用与人们的追求、目的和能力有关，通过在数据、信息与知识之间建立关联交互，人们能理解环境的变化并从中学习、吸收，形成适应、预判甚至改变环境的能力。在这个过程中，预判是指在数据和信息量极少的情况下能够做出决策；改变环境的人则需要拥有极强的意志力和能力，以及足够多的资源，才能让环境按照人们的想法改变。

阅历。阅历是指人们在某些领域或专业积累足够多的知识和经验，产生敏锐的感知、前瞻洞察、深刻认识与超前的预判，是一种基于know-how的能力和知识。有阅历的人通过在实践中积累经验，特别是大量的试错、人际交流和总结归纳，形成了对领域的深度看法。信息可以在课堂和书本中获得，但阅历是在实践中通过干中学获得的，由信仰、判断、手脑协调、实际操作、社会经验等大量隐性知识、真知灼见、解决复杂问题的能力等共同组成，通过岁月风霜、人生历练、参与重大决策和行动才能获得，是一种更高级、更深层的隐性知识，难以在正规的教育中获得。有阅历的人对复杂、交互式的关系有全面和系统的理解，并能够在复杂环境中应对自如。与行业一般知识与技能相比，阅历是你无我有、你有我专、你专我精、你精我特、你特我新。《潜智：如何培养和传递持久的商业智慧》（*Deep Smarts: How to Cultivate and Transfer Enduring Business Wisdom*）一书中提出了阅历的七个特征，包括识别

[①] Dretske, F.I. Knowledge and the Flow of Information [M]. MIT Press, 1981.

陷阱，在大量信息中快速选择高质量的信息并决策，解读无声的语言，具备推断能力和预测未来的能力，发现细节和差异，知道自己所不知，以及知道什么时候规则失效。在企业中，有阅历的人通常是专家型人才或部门领导，在研发、制造、销售、质量等领域有丰富的经验积累和实践沉淀。在职场上，增加阅历的途径有多种，既可以在一个专长领域深耕，积累专业的know-how；也可以通过参加重大的复杂项目，获得解决问题的能力；更可以在一个大型体系中，掌握其内在运作机制，获得协同资源的人际技能。总之，阅历集中反映在专精特新等系列化的能力构建与职业生涯设计上。

实践智慧。实践智慧是不确定环境中预知未来并决策和行动的能力，也就是战略预判、战略选择和战略行动的能力。有实践智慧的人可以在仅有较少数据和信息的情况下做出判断和决策，具有极强的直觉和洞察力。这种直觉和洞察力是超级隐性知识，来自思维的稳定性和道德修炼。通过不忘初心和对目标的执着，保持思维的稳定性，支持善的想法与行为，放弃恶的行为，形成一种精进、不放逸的力量。具体表现在：（1）深入细致的洞察与预判。以特定的方式，有意识地、专注地觉察现实，不急于做主观判断，不在虚拟思维世界里发散徘徊。（2）明晰的目的性。当心念只是模糊的感觉时，它们就会随意发散，目的性是正念的重要组成部分。（3）持续精进的能力。除了稳定的信仰和内在的心力，还要为追求的目标持续努力。（4）专注当下的能力。集中精力在当下情景，思维不飘荡。（5）平衡挫折与成就的能力。在失败中汲取营养，在成功中不放逸挥霍。

实践智慧在道德层面表现为：（1）诚实守信。行动与信仰的一致、说真话、为对的事情挺身而出、信守诺言。（2）责任感。为个人选择承担责任、勇于承认错误和失败，以及承担服务他人的责任。（3）同理心。主动关心他人。（4）原谅的能力。原谅他人的错误，原谅自己的错误。[1]

---

[1] Lennick, D. and Kiel, F. Moral Intelligence: Enhancing Business Performance & Leadership Success [M]. Wharton School Publishing, 2007.

拥有实践智慧的人通常具备在复杂动态的环境中带领组织持续发展的能力，并在战略预判、能力投资、承担风险、获得信任、有效沟通和成己成人方面具有卓越的领导力。

人生智慧。智慧体现在对人生的综合管理、对个人与社会关系的全面协调，在身心合一、人我合一和天人合一方面做到利己、利他、利社会。正如冯友兰先生的观点，在功利层面做到自我成就，利他、利己，立功；在道德层面做到利他主义，讲究义、责任、命，立名，成为贤人；在天地层面做到集体的和、义、通、立言，成为圣人。[①]人生智慧得益于人的内在价值观和信仰，受到文化、家庭、教育、职业等的全面影响，通过对人生的选择、取舍、布局和行动等深刻地展现出来，是指导我们思想和行为的最深层的隐性知识。

图 13-1 完整展现了知识价值链的分类。

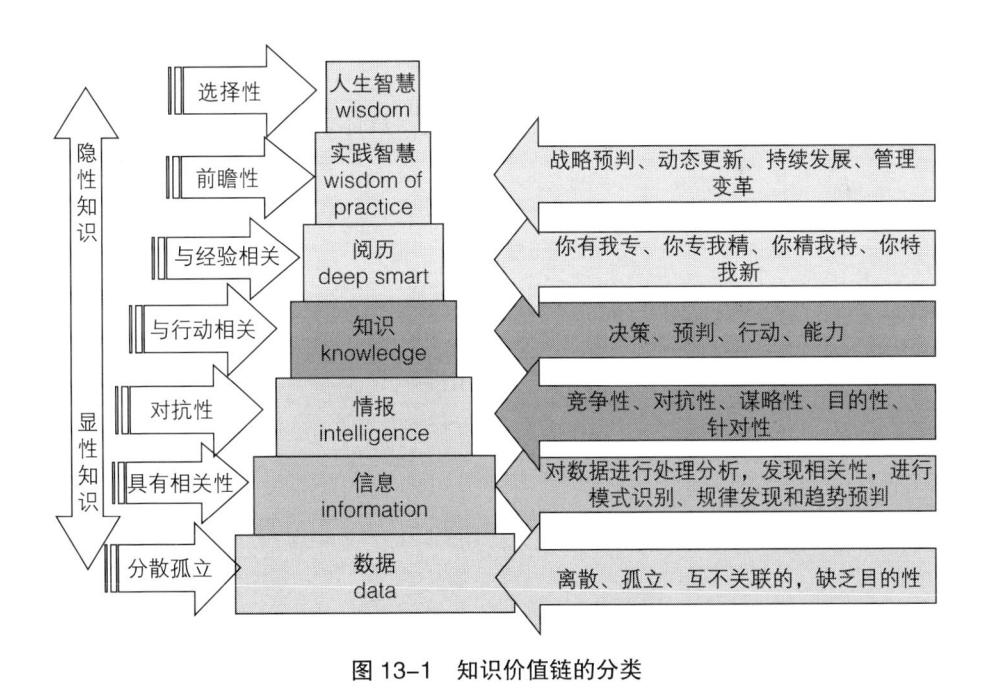

图 13-1 知识价值链的分类

---

① 冯友兰. 中国哲学简史（彩图精装本）[M]. 北京大学出版社，2023.

二、显性知识与隐性知识

显性知识是将人类的思想、经验和探索以语言、符号、代码等方式进行表达整理，通过编码去语境化，用来指导各场景的行为准则和路径惯例。显性知识很容易传播分享给他人。知识显性化是为了促进知识转移、知识流动和知识共享，将个人、团队等局部有价值的知识转化为组织层面的知识。在数字化时代，知识显性化程度越来越高，通过社交媒体可以无成本地大规模分享。这一方面大大加速了知识的传播，特别是跨地域、跨专业的大规模传播和分享；另一方面也使得显性知识快速贬值，通信和互联网技术的快速发展大大降低了显性知识的传播成本，造成了如今信息泛滥和信息超载的情况。从经济发展的角度看，显性知识是知识资本的重要组成部分，具有可视化、可度量的特征，但一个组织如果仅拥有显性知识，很容易被复制和超越。

隐性知识是难以言表、只可意会不可言传、无法准确透彻地用语言、符号、图像和文字表达出来的感受、体验、认知、思维和意识。隐性知识是显性知识的对立面。隐性知识根植于传承、行为、经验及情境，包括认知因素和技术因素。[1] 认知因素指的是个人的思维模型，包括思维导图、信仰、范例和观点。技术因素包括具体的技能、技艺和应用于具体情境下的能力，包括做事情的方法、与人打交道的模式和解决问题的能力。与显性知识相比，隐性知识更具黏性[2]，它与个人和组织无法分离，不具有透明度，也难以学习复制。当一个人离开了组织，其所拥有的隐性知识通常也随之而去。组织拥有的隐性知识是从员工默认的信念、行为准则、文化氛围、团队协同中形成并展现的，通常经过岁

---

[1] Nonaka, I. and Takeuchi, H. The Knowledge-Creating Company: How Japanese Companies Create the Dynamics of Innovation [M]. Oxford University Press, 1995.

[2] Szulanski, G. Exploring internal stickiness: impediments to the transfer of best practice within the firm [J]. Strategic Management Journal, 1996, 17(S2): 27-43.

月的积淀难以改变，也难以流动。

本书第 1 章从宏观层面描述了知识体系的四个 know，在每个人的实践中，也存在着隐性知识的四个 know。

知道为什么（know-why）。know-why 源自人生观、价值观和世界观，与思维模式、学习能力、知识结构、实践阅历和经验教训融合在一起，是人们一手经验的沉淀和实践智慧的结晶，是隐性知识的底层结构，是隐性知识中非常稀缺和宝贵的知识，影响人们对事物中长期的选择与决策，是终身受用的知识。在体系、学科、行业、专业和技能领域里拥有深厚积累的人才拥有 know-why 的知识，这类知识能够帮助人们透过现象看到事物的本质、规律、逻辑和趋势，洞悉因果关系，这对我们在不确定和混沌的环境中做出判断和选择是极其重要的。我们从年长者的生活智慧、专家的洞察和分析、高层管理者的决断与选择中，以及领域中对某项特别技术有精深造诣的人那里，都能感受到这样的知识，它得益于长期的知识积累、持续的探索思考、缜密的观察分析、不断修正的试错实践和全方位的学习吸收。对于企业来说，掌握 know-why 知识的人对企业的中长期发展具有战略定力和聚焦能力，他们能在惊涛骇浪之中做到宠辱不惊。know-why 的知识是真正能给组织带来中长期竞争优势和战略能力的知识。

知道是什么（know-what）。与 know-why 相比，know-what 源自学习、体验、书本知识或其他二手资料，主要是对特定对象、具体事物、知识内容和技术应用的了解和把握，在整个知识体系中掌握其中的一部分、一个片段或一个点。know-what 的知识可以从不同程度来挖掘，既包括对现象的了解，也包括对深层内涵的了解。在企业中，大量员工的知识分布在 know-what 层面。随着互联网社交媒体、数字媒体和技术创新发展速度的加快，know-what 的知识更新迭代的速度也在不断加快，企业必须紧跟知识发展的速度。例如，数字化转型、区块链、元宇宙等概念频出，需要有人了解它是什么，以及对企业有什么影响和价值。

知道如何做（know-how）。know-how 源自长期实践、练习、干中学、试错等一系列手脑配合的行动，是将理念、产品付诸实践。这样的知识需要长期打磨才能掌握，在短时间内难以获得，如外科手术等。know-how 作为隐性知识最具价值的类型，是企业竞争优势中隐性的能力，但未能得到足够的重视，因为大量掌握这类知识的人都在一线或最基层工作，这些人通常手巧但嘴"拙"，不显山露水却可以轻易解决别人解决不了的问题。组织层面的 know-how 涉及流程协同、跨界创新、问题解决、部门协作、生态共赢等组织内或组织间的合作模式，嵌入了多年的文化、关系、磨合、信任、沟通和利益分配，因此而形成的竞争优势是对手在短时间内难以超越的，是供应链和价值链高效合作的"看不见的手"。

知道是谁（know-who）。know-who 源自人们构建社会网络的能力，是在人际关系方面能够建立连接、发现价值、构建信任、调用知识、根据问题配置知识和专家等。具有这些能力的人，本身可能并非专家或拥有深厚的知识底蕴，但通过高情商和社交能力，他们可以构建复杂和多元的人际网络或知识网络，是促进知识流动、知识共享、知识传播和知识整合的幕后推手。高度聚焦、持续深耕特定专长领域的知识型人才可能没有时间和精力再去发展 know-who，而具备 know-who 知识的人才在构建知识网络、整合创新资源，以及在实践社区和专业社团中建立人际关系的弱连接等方面可以发挥独特的作用，成为知识体系中的黏合剂、连接器和消息中心，也是知识管理的合适人才。在实践中，know-who 知识通常被忽略甚至污名化，成了"搞关系"的代名词，但如果充分发挥这类人才的积极作用，对于组织在最短时间找到最合适的专家会很有帮助。

最有价值的隐性知识来自失败的经验教训。"失败是成功之母"已道出失败的价值和意义。经验教训是企业走过的弯路和掉过的坑，优秀的企业能够直面问题和错误，从积极的角度分析和评价错误的价值，对出现的问题进行坦诚的复盘和总结，目的是不再犯类似的错误，最大限度地降低试错的成本。但是，将失败的经验教训作为企业最有价值的知识资产进行总结和管理是需要勇气的。在战略上，企业要意识到面对大量的不确定性和变化，犯错是不可避免的，在绩效指标中给有价值的失误留有空间。在文化上，企业要重视错误的积极意义和对未来的价值，对失败有正面的看法。在管理上，企业要有一套方法和路径对失败的过程进行总结，发现失败真实的原因，从而帮助企业成长。成功的企业都是伤痕累累但越挫越勇的。

三、战略层和战术层知识管理[①]

近年来，受国际政治环境、疫情、地域冲突和科技竞争的影响，在数字经济快速发展的环境下，国内企业的知识管理需求发生了很大的变化，这与外部环境密切相关，它促使企业：（1）加大对外部知识的获取、分析与预判；（2）在国际间科技竞争加剧，我国产业链、关键技术和设备环节被"卡脖子"的情况下，加速提升探索和积累新知识的能力；（3）在数字化转型中将数据资源有效转化为知识并赋能决策和管理。在这个背景下，企业要利用有限的资源确定知识管理的重点、优先度和紧迫性，进一步审视知识的分类。根据知识管理经典文献，知识可以被界定为（1）思维模式；（2）组织能力；（3）增值系统；（4）过程；（5）对象；（6）对信息的检索。笔者认为，对于中国企业来说，要先明晰战略层和战术层的知识，继而根据急用先行的思路和重要程度来确定知识管理的方向和重点。战略层和战术层的知识管理详见图13-2。

---

① Nonaka, I. and Konno, N. The concept of Ba: Building a foundation for knowledge creation [J]. California Management Review, 1998, 40(3): 40-54.

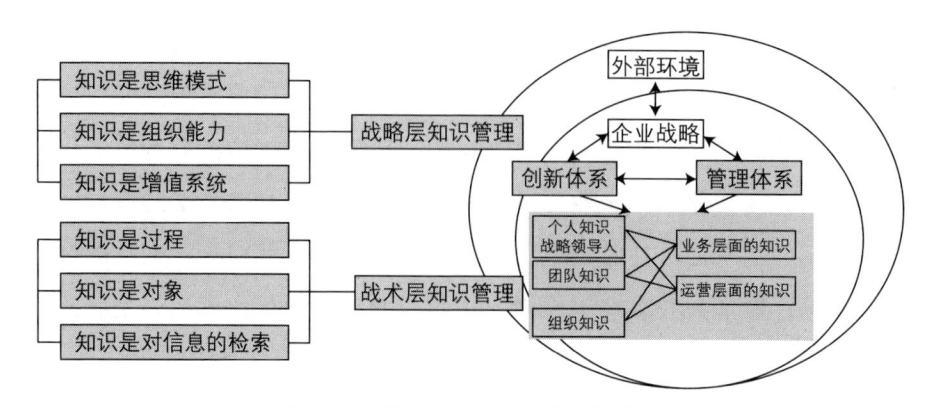

图 13-2 战略层和战术层的知识管理

战略层知识管理与企业战略决策、战略定位和战略规划密切相关，影响企业对环境的扫描与甄别、对产业和竞争对手的认知与研究，以及对企业自身中长期发展目标的判断，主要包括三个方面：

（1）知识是思维模式。由企业决策者和决策层的思维模式与思维体系构成，具体包括对不确定性的战略预见、对复杂性的战略洞察、战略异见融合、对创新思维和创造性摩擦的积极管理、应对复杂动态环境的策略方法和反思能力、熟练掌握并切换多种思维模式（参见第7章）、对组织共识能够有效沟通与执行。与环境交互的知识体系的目标是对外部变化保持敏感和动态应对，其核心指标是开放性、动态性和复杂性。开放性是指保持知识内容和来源多样性的状态；动态性是指持续学习和更新，与环境变化保持同步；复杂性是指组织关注已有知识框架外的信息，从多元视角认知环境并自我发展，不断形成新的能力。

（2）知识是组织能力。企业的核心能力不仅依靠个人的聪明才智，而是源自在众多人员、项目、任务、过程、规则和模式中积累的群体智慧和集体知识。通过数字化平台的集成、整合、使用和重构，这些知识集成的广度、深度和速度成为企业竞争优势的来源。在基于知识的组织能力构建中，不仅包括显性知识和隐性知识，还包括显性知识与隐性知识的交互。这种交互在个人、团队、组织和跨组织层面充分展开，使得知识的组合（新旧知识重构）和创造（新知识与新能力构建）展现出高效率和高质量。知识是组织能力的核心指标是组织的知识流动、知识共享和知识创造的广度、深度和速度在业内所处的地位和水平，这些指标决定了知识密集型企业是处于领先者还是追赶者的地位。

（3）知识是增值系统。从资源角度看，组织对数据、信息、情报、知识和阅历等进行系统和全面的管理。从业务角度看，在数字化转型的过程中，组织对全要素、全流程、全域的数据进行采集，建设数据中台，通过数据分析和人工智能技术，逐渐发展数据驱动发展的能力。从能力角度看，个人的知识、团队的知识、组织的知识资源和业务紧密结合。

战术层知识管理涉及企业内部知识体系、知识平台和知识网络，促进知识的流动和共享，与企业业务活动密切相关。

（1）知识是过程。企业业务流程中融合了很多专业知识，包括人的知识和过程的知识。人的知识是指员工具备使其胜任所在岗位工作的知识和能力，并保持更新知识的能力。员工拥有的知识包括隐性知识和显性知识，隐性知识需要干中学，显性知识则可以通过企业培训获得。过程的知识是指组织持续将工作中的实践经验和教训反馈嵌入、修正和反哺组织，使其精益化水平不断提升。在过程中嵌入的软件、工具、方法和知识库不断赋能员工提高工作效率，减少由重复性劳动造成的浪费。过程中嵌入的隐性知识很难被竞争对手复制，因此更具有竞争价值。

（2）知识是对象。在数字化时代，知识管理的对象日趋复杂，从内部数据、外部数据、历史数据、以人为主的数据，逐渐向设备数据、过程数据、机理数据、客户数据、动态数据拓展，特别是数字孪生所构建的整个虚拟化工厂、虚拟供应链等，涵盖了端到端的整个价值链过程。在大数据的基础上，人工智能技术的应用帮助人们在数据中发现规律和模式，很多以前依靠人的经验所做的工作，现在通过人工智能都可以完成，因此，如何实现人机交互成为知识管理的新课题。传统的知识对象包括过去、现在和未来的知识。过去的知识包括发展历史、组织记忆、人物名录、知识库、项目库、人才地图、维基百科、设备清单与维修记录、供应商名单及信用等，具有较长期的价值。现在的知识包括战略规划、仿真设计、生产现状、运营与销售现状、财务现状、交易现状、客户数据等，实时动态反映企业经营管理现状。未来的知识包括宏观经济预判、战略预判、市场预判、竞争态势、消费者趋势、金融市场走向、大数据挖掘与趋势、设备维修保养预测等，与未来发展有关。数字化技术助力企业扩大数据获取的范围，从内部拓展到外部、从人到物体、从静态到动态、从局部到整体、从实体到虚拟、从结果到过程。

（3）知识是对信息的检索。对信息的检索能力是指组织能以最低的成本、最高的效率检索利用已有知识，将知识增值过程中知识获取的效率提高，使人们有更多的时间和精力从事知识分析、知识创造的工作。无论是搜索引擎还是 ChatGPT，其核心价值都在于大大提升了信息检索的效率。

四、数字技术赋能知识价值链

数字化连接是指基于互联网及相关数字化技术，实现人的连接和物的连接。智能手机在全球的普及和发展大大推动了移动互联网的发展，快速推进了人与人的数字化连接。社交网络平台将人们更紧密地连接在一起，大大提升了人与人之间互联互通和交流分享的便捷性和体验感。电商平台则降低了人们在衣食出行方面进行信息搜索和交易的成本。在工业领域，数字化连接的关键应用是工业物联网（industrial internet of thing，IIOT）。与移动互联网连接了人不同，工业物联网主要是对物体的连接。根据 IBM 公司给出的定义，工业物联网是指由物理对象组成的网络，这些物理对象被嵌入传感器、软件和网络，从而能够收集和共享数据。这些数据涵盖设备的功能、属性、状态、位置、所处环境等，为人们了解物理对象的运营状态提供实时、动态、全面的支持。①

数字化连接目前已经成为人们生活、工作、社交和获得基本服务的生命线，因此应该覆盖全球。但是，目前部分国家和地区存在着数字基础设施薄弱、经济相对落后、设备难以获得、技能缺乏等问题，所以数字化连接中还存在大量缺口，这些缺口也就是我们常说的数字鸿沟。根据联合国的报告，要构建普遍和有意义的数字化连接，重要的使能因素包括数字基础设施、经济上可负担的连接费用、数字化设备、数字化技能、安全性和隐私保护五个方面。《数字乡镇：加速与衡量农村社会和经济的数字化转型》(*Digital Towns: Accelerating and Measuring the Digital Transformation of Rural Societies and Economies*) 一书也强调了数字化连接中经济、技术、人口结构、教育背景、公共服务等因素的影响。

平台化聚合。 平台作为数字基础设施，将独立单元（人、设备、过程）相互连接，形成大范围的多种资源聚集，使对象之间的物理屏障被打破，企业内外的信息孤岛被消除。在这个过程中，异构数据的整合、分析、处理、编排和使用变得非常关键。在实践中，大量企业建设了数据中台，中台是以数字孪生的方式对业务体系的数字化呈现，将零散的知识整合成为可复用并能够动态适应不同情境的能力模块；将这些能力模块向相关业务人员开放可以有效地为前台业务敏捷赋能。② 平台化聚合环节的重点工作是知识模块化。知识模块化是指通过对中台前期积累的经验大数据进行分析与拟合，提炼出组织中通用的业务场景，并以此为基础进行能力概念凝练、建模、编码和操作界面设计，进而打造出通

---

① 李钊，彭勇，谢丰，高洋，陈冬青，徐国爱. 信息物理系统安全威胁与措施 [J]. 清华大学学报（自然科学版），2012，52（10）：1482—1487.

② 周翔，叶文平，李新春. 数智化知识编排与组织动态能力演化——基于小米科技的案例研究 [J]. 管理世界，2023，39（1）：138—156.

用的智能知识模块。知识模块化包括知识筛选和知识编码。知识筛选是指在前期采集到的知识大数据的基础上，筛选出价值高、通用性强的知识来为深度开发和编码做准备的过程。要实现有效的知识筛选，首先要对知识应用的通用场景进行有效的识别。

智能化分析是指利用各种具有计算功能的工具、算法和模型，对大数据进行处理分析，发现其中的相关性、模式、规律和特征，为人类的决策和行动提供新的发现和洞察，赋能人们更好地行动。在这个过程中实现数据向信息的转化和增值，为机器带来自感知、自预判和自决策能力。例如，在制造业领域，对海量工业数据的智能化分析有助于对机器运行状态的判断、监测、比对和洞察，用极短的时间捕捉故障模式和异常值；也可以通过对设备运行数据的历史性分析，发现设备运行的规律和趋势，从而对其使用年限和健康状态进行预判。

场景化编排是指根据环境、市场、供应链的变化，有针对性地对企业资源进行动态调整和编排组合。资源本身并不必然产生价值，只有根据内外部环境动态调整资源的组合，才有可能产生持续的竞争优势。[1] 有学者通过案例研究发现，场景化编排的基础是知识情境化。[2] 知识情境化是指中台通过业务执行、智能感知、数智前瞻和拼凑协同等机制，将功能单一的通用智能知识模块转化为适用于不同业务情境的动态能力的过程。

---

[1] Sirmon, D.G., Hitt, M.A. and Ireland, R.D. Managing Firm Resources in Dynamic Environments to Create Value: Looking Inside the Black Box [J]. Academy of Management Review, 2007, 32(1): 273-292.

[2] 周翔，叶文平，李新春. 数智化知识编排与组织动态能力演化——基于小米科技的案例研究 [J]. 管理世界，2023，39（1）：138—156.

第14章
创新流程与知识管理

根据创新管理体系国际标准（ISO 56001: 2024），笔者对创新流程进行了结构化解析，将其主要分解为创新流程与组织要素、创新流程与实践要素、创新流程与知识管理要素、创新评价与改进要素（参见图14-1）。

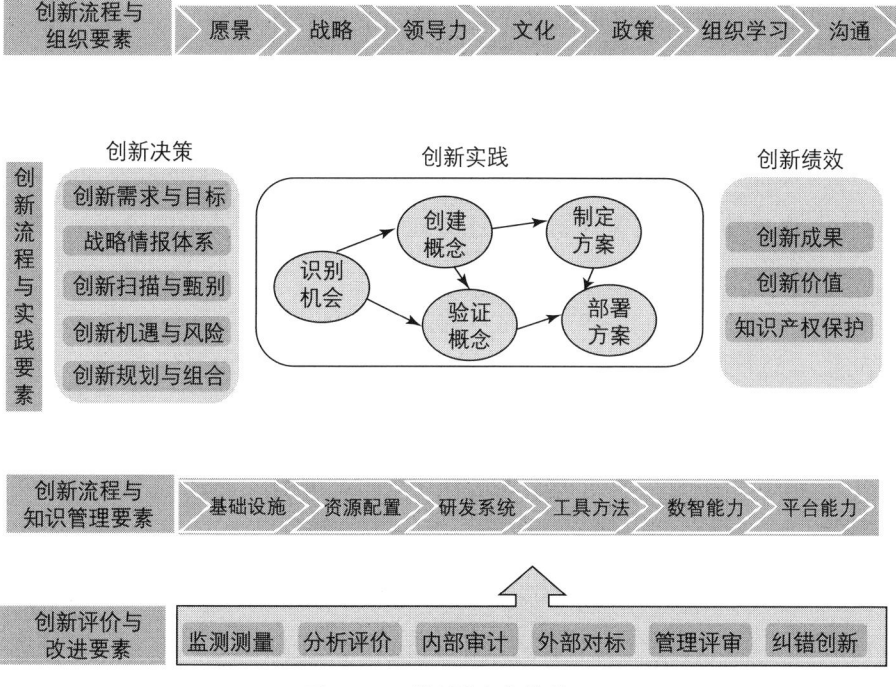

图14-1 创新流程架构体系

一、创新流程与组织要素

人是创新的主体和核心。打造创新型组织需要在愿景、战略、领导力、文化、政策、组织学习和沟通等要素上形成共识。

在愿景上，企业将创新作为长期发展的动力和资源，确保创新是企业可持续发展的核心能力。以创新为愿景的企业尊重人才、重视员工的创意、重视企业智力资产的积累。与依靠外部资源获取发展空间和机会的企业相比，创新性企业有中长期发展战略，愿意为能力建设投资，将核心技术和核心人才作为价值创造的核心，把满足客户需求作为评价绩效的关键指标。

在战略上，企业在竞争激烈的市场环境中需要根据自身的能力和资源，在考虑环境和对手的情况下，确立自身的创新战略。通常的战略选择有四种类型：一是进攻型战略。这种战略是高风险与高回报并存，它需要企业拥有高效的研发部门和激进的营销体系，能快速将创意和创新转化为商品。二是防守型战略。与第一类相反，它是低风险、低回报的。企业通过降低成本就能获得较高利润，改善现有技术即可抵抗对手在技术创新中的竞争。这种战略最适合那些优势在于市场营销而非技术创新的企业。三是授权战略。授权战略也被称为吸收性战略。这种战略允许企业通过购买另一家企业的创新技术来盈利，从而减少自己研发部门的压力。四是创造市场战略。技术进步使企业可以开发出全新的产品，因此处于创造一个全新市场的地位。这种战略的优点是初期几乎没有竞争，而且利润很高。

在领导力上，企业需要根据面临的主要矛盾对创新与运营的优先度进行排序，对突破式创新与渐进式创新的资源（如人才、资金）配置进行组合。例如，思科对这两种类型的创新投入的资金比例分别为：突破式创新20%、渐进式创新80%，有些企业则是30%与70%。在决定配比时，企业决策者需要考虑突破式创新的潜在风险和投资回报的周期，慎重抉择；如果配比不当而伤及已有业务，会对企业的生存和现金流构成威胁。

在文化上，创新性企业会有意识地打造有利于创新产生的文化和氛围，对创新思想、创新人才、创新机制有一致性的设计，甚至将一些物理空间也尽可能打造得宽松、平等，这有利于建设性的改进。企业创新文化涉及九个维度：（1）开放、好奇和以用户为中心；（2）鼓励反馈和建议；（3）鼓励学习、试验、创造、改变和挑战当前的假设；（4）鼓励冒险，从失败中吸取教训，同时让员工参与其中；（5）内部和外部的网络、协作和参与；（6）对创新活动中不同的人员、学科和观点的尊重与包容；（7）共享的价值观、信念和行为方式；（8）在基于假设的主观判断和基于数据事实的分析和决策中保持平衡；（9）在线性和非线性计划及过程中保持平衡。

在政策上，企业设计强有力的激励机制，鼓励员工发现问题、直面问题，而不是掩饰问题和隐瞒问题，鼓励员工为解决问题贡献新思想和新方法，鼓励有价值的试错，不惩罚试错的员工。

在组织学习上，创新性企业的核心特征就是随时保持学习状态，包括对外部环境关键要素的扫描和理解、对最佳实践的对标和赶超、对内部优秀员工和部门的学习和经验分享、对员工技能的培训与系统提升，等等。

在沟通上，创新性企业的最高领导人通常有面向所有员工直接沟通的方法和渠道，以减少中层对高层决策者想法解读的偏差。如华为的任正非通过散文向所有员工分享自己的想法和情感；思科的约翰·钱伯斯（John Chambers）则通过视频直面所有员工，并定期对员工的问题进行答疑解惑。大型企业通常有一套共同语言和模板，在汇报或交流时使用这套语言和模板可以提升沟通和达成共识的效率。创新性企业会鼓励员工直截了当、直面问题，提倡平等和自由的沟通。

二、创新流程与实践要素

创新活动需要有效解决环境的高度动态性和不确定性问题，尤其是在创新初期，创新活动具有探索性、试验性和开放性等特征。随着创新过程的推进，企业获取更多的认知和知识后，其面临的不确定性会相应降低。企业进行创新活动需要承担风险，并非所有的行动都能带来创新；未成功的创新活动（失败）也是创新过程的一部分，是非常宝贵的学习资源，也可作为未来创新活动的借鉴。创新实施涉及创新决策、创新实践和创新绩效三个方面。

创新决策是创新选择的关键环节，其中涉及了创新需求与目标、战略情报体系、创新扫描与甄别、创新机遇与风险、创新规划与组合五个部分。

创新需求与目标是企业自我审视创新需求，以寻求有目的的创新。企业需要根据环境变化、行业特性、自身战略、资源能力等要素，对创新的方向、领域、发展空间、要突破和解决的主要矛盾和问题进行系统审视，从而确定短、中、长期的创新需求和目标。在这个过程中，企业面临的主要挑战是环境的高度动态性与创新战略稳定性之间的冲突。一方面，企业需要对自身的创新方向和路径做出相对稳定的规划与安排，确定创新的主导逻辑和方向不受大环境变化的干扰和影响；另一方面，企业需要对出乎意料、突如其来的重大环境变革留有调整空间和即兴创作的余地，使两者可以有效协同、平衡和组合。创新的需求与目标越清晰明确，企业甄别选择创新机遇的效率越高。

理解企业创新需求与目标对构建战略情报体系非常重要。情报团队需要明确企业最大的不确定性和威胁来自哪里；在全球市场格局和产业价值链中，企业处于什么位置；以及相对于竞争对手，企业的优劣势是什么，特别是知识差距在什么地方。同时，战略情报部门需要构建一个情报扫描的框架，确定情报搜集的广度和深度，在制定框架时应扩大扫描范围，保持适度的情报冗余，使一些对企业创新战略有潜在重大影响的弱信号适时浮现出来。企业战略情报体系与一般情报系统的不同之处在于：首先，它要围绕企业战略和创新需求进行有针对性的情报搜集和系统整理，情报来源应该不受限制，包括一手情报、二手资料及隐含在人际网络和设备中的情报，等等。其次，战略情报体系不等同于战略情报系统，它包括了由兼职或专职人员共同构成的情报社区，懂战略、懂业务的专业骨干是情报搜集分析的主体，他们的综合背景对感知和判断情报价值具有不可替代的作用，正如《孙子兵法·用间篇》所言"故明君贤将，能以上智为间者，必成大功"。

在数字化时代，虽然大量情报源自公开信息，但最有价值的情报仍然来自人际网络。在人际网络中需要关注下述情报来源：一是行业内的专家，他们掌握大量专业洞察和隐性知识（know-why 和 know-what）。这批人是领域中公认的专家，对发现问题和解决问题很感兴趣，他们并不满足于在象牙塔中自得其乐，而是高度关注研究前沿和关键问题。二是善于解决复杂难题的高手。他们虽然不一定有很高的学历，但在实践中积累了大量经验，掌握不可多得的隐性知识，如工程师、工匠、手术大夫等。三是被称为"边界扳手"的专家，他们具有很强的跨界能力或领导跨学科团队解决问题的能力。四是认识众多专家、能够牵线搭桥的人。专家通常专注于研究问题、创造知识，不愿意花时间在社交活动和打点关系上，所以，当"酒香也怕巷子深"的时候，就需要一批社交广泛的人穿针引线。这些人兴趣广泛，擅长沟通和社会活动，有与生俱来的和各类人打交道的能力（know-who），可以维持联系各类专家，类似于情报中转站；企业中有阅历的人是获取或解读这些情报的关键。在日本的很多企业中，情报搜集是每一个员工的职责，员工有很强的情报意识，企业高层认为，能够将所需情报上报的员工是对企业最忠诚的员工，特别是能够上报坏消息的人，是最值得激励的。

创新扫描与甄别是在创新需求与目标和战略情报体系的基础上，对有价值的创新机遇进行评价。在这个过程中，比较困难的是对不确定领域的弱信号进行甄别。困难的原因，从主观上看，是企业内部的知识积累有限，未知的部分比较多；从客观上看，外部可以获得的情报也非常有限，大多数处于弱信号状态（参见第6章）。因此，企业通常不激励员工涉足高度不确定的领域，特别是中小企业或处于快速发展期的企业，其缺乏用于探索不确定性的资源。但对于大企业或独角兽企业来说，高不确定性往往意味着高回报，因为"别人不知，只有我知"的创新才具有稀缺性。从员工的角度来说，探索高度不确定的领域的投资回报也具有很高的不确定性，只有少数充满好奇心或不求回报的员工才愿意涉足该领域。

创新机遇与风险通常是共生关系，有时风险越大，意味着机遇也越大。创新本身就是一项有风险的活动。企业在开发新技术、新产品或新服务时，难以确定成功的可能性，尽管企业可以从失败中吸取教训，但如果失败的代价太大，就有可能对企业的创新能力带来负面影响。因此，企业最高领导层需要清楚表达企业的风险偏好和对风险的耐受程度，这将有助于创新团队制定风险管理策略。企业可以根据严重性和可能性对风险进行分析评估并寻求解决的办法。风险的严重性是指其影响程度和可能导致的负面后果，五个严重级别分别为：（1）无关紧要，不会带来真正负面后果的风险；（2）次要，会带来小的潜在负面后果的风险；（3）中等，可能带来负面后果的风险；（4）关键，带来重大负面后果的风险，将严重影响企业成功；（5）灾难性，带来极端负面后果的风险，会影响企业日常运作，应采取最高优先级风险管理策略。可能性是对风险发生概率的预判，也可以划分为五个级别：（1）不太可能发生，几乎不会发生的风险；（2）很少发生，不常见的风险；（3）偶尔发生，有可能发生的风险；（4）经常发生，发生可能性很大的风险；（5）确定发生，几乎可以肯定会发生的风险。

创新规划是指对创新过程中的机遇与风险进行扫描和评估，明晰创新的核心目标,并对实现这些目标的路径和方法进行规划。创新规划包括自上而下和自下而上两种。自上而下的创新规划以企业竞争战略和市场收入为核心目标,由高层领导团队自上而下设定。自下而上的创新规划体现在投资组合需求分析中。投资组合是指项目组合团队分析和评估每一个项目,以确定它们对组织的价值、风险及其所需资源的过程。通过系统评估,企业对创新项目做出批准、拒绝或搁置的决定,被批准的项目可加入投资组合中。企业需综合考虑投资组合项目的复杂性、资源消耗程度,以及能否按时完成、能否适应环境变化、能否克服各种困难等问题,以确保实现企业的预期目标。

创新实践。创新实践主要分为五个阶段。

一是识别机会。在企业高层创新决策的基础上,创新团队需要明晰企业的创新意图、创新行动的范围,根据以往创新行动的经验与教训制定创新路径和方法,在掌握有关竞争对手、技术、知识产权和市场等方面具有趋势性和挑战性的知识的基础上,对机会进行优先排序。采用的工具和方法包括:基础研究、市场扫描、前瞻性分析、标杆管理、内部和外部信息搜索、访问访谈、族群分析、众包、焦点小组、预测活动、用户场景需求调研、风险分析、动态系统建模,以及对专利和知识产权的系统调研与分析。

二是创建概念。通过调动员工的想象力、创造力,特别是借助中国传统文化中的隐喻,为新产品或服务提出通俗易懂的、有象征性的概念,在全面考察新颖性、风险、可行性、存活性、期许性、可持续性和知识产权所具有的权利的基础上,明晰创意、解决方案的价值主张和商业模式,为下一步要推进的关键环节提出里程碑,以及跨越里程碑时的检验方法和检验团队。市场人员或客户参与里程碑检验对降低产品或服务的市场风险会很有帮助。

三是验证概念。在这个阶段,企业需要优先处理不确定性最大的领域和假设,通过学习新知识和反馈,对原有概念进行评价、调整、改进和迭代，进一步评估原有概念的可行性，找到进一步降低不确定性的方法，同时探测未来可能出现的新不确定性。降低不确定性的方法包括：小步快跑，将不确定性放在可接受的范围内，有限解决不确定性中的主要问题，与用户、客户、合作伙伴和其他利益相关方（如政府、金融投资机构）保持充分的沟通和反馈来进行修正。

四是制定方案。在这个阶段，企业创新团队需要将概念开发转化为工作层面的解决方案，开始考虑并实现价值模型。在创新来源上，团队要评估是通过内部开发，还是外部收购、许可、合作、外包等方法来创造价值，企业需要对现有技术进行审核，避免侵犯现有知识产权；如果是内部开发，应确定如何让创新技术和商业秘密得到保护。另外，还要为创新活动、资源、能力、关系和时间等划分出阶段和路线图。

五是部署方案。在这个阶段，企业需要向用户、客户、合作伙伴和其他利益相关方分享解决方案并寻求积极反馈，对这些参与方是否接受解决方案保持关注，在启动、实施或交付解决方案时鼓励用户参与其中，设计价值实现和价值分配的方法。在研发过程中，企业要甄别新的知识产权，捕获和管理新知识，及时总结提炼出改进方法、发现新的商机、建立新的伙伴关系，在提出改进方案时特别重视形成新的洞察和知识，综合评价财务指标和非财务指标。

创新绩效。企业需要制定全面衡量创新成果的指标体系，包括短期指标和中长期指标、显性指标和隐性指标、财务指标和非财务指标、可量化指标和不可量化指标等。显性指标和财务指标解决企业短期绩效要求，隐性指标和非财务指标则满足企业中长期发展要求。显性指标包括创意数量、创新行动数量、创意的价值、创造潜力、新知识来源、新洞察力和资源等。隐性指标与能力提升相关，包括试验速度、研发能力、知识型员工的数量和结构、培训体系的使用和管理、合作方式和合作关系的有效性、采用的新工具和方法的数量、盈利时间、上市时间和品牌意识等。

创新可量化指标包括创意实施的数量或比率、创新投资回报率、收入和利润增长、市场份额、易用性、用户采用速度、用户满意度、创新扩散率、组织的革新、社会效益和可持续发展、节约的成本、知识产权的数量和质量、新用户的增加数量等。

创新成果是创新的重要产出，既有隐性的产出（如经验、商业秘密、创意管理、声望、名誉、最佳实践、团队协作、组织记忆等），也有显性的产出（如著作权、专利、商标等知识产权）。

创新价值与企业和相关方有关，并由其感知决定。创新价值是在消耗企业资源后，满足企业需求和期望的成效。创新价值可能是财务的，也可能是非财务的，通常根据其可交换的其他实体的数量来确定。[①]

知识产权是企业创新成果的显性产出，是人们创造的知识财产权，受到国家法律的保护。根据《中华人民共和国民法典》第一百二十三条：民事主体依法享有知识产权。知识产权是权利人依法就下列客体享有的专有的权利：（一）作品；（二）发明、实用新型、外观设计；（三）商标；（四）地理标志；（五）商业秘密；（六）集成电路布图设计；（七）植物新品种；（八）法律规定的其他客体。

知识产权主要分三类：著作权、专利权、商标权。个人、法人或组织的知识产权在一定时期内依法享有专有权或独占权，受国家法律保护。著作权又称版权，是指自然人、法人或其他组织对文学、艺术和科学作品依法享有的财产权利和人身权利的总称，主要包括著作权及与著作权有关的邻接权。专利权是指根据发明人或设计人的申请，以向社会公开发明创造的内容，以及发明创造对社会具有符合法律规定的利益为前提，根据法定程序在一定期限内授予发明人或设计人的一种排他性权利。商标权是指民事主体享有的在特定的商品或服务上以区分来源为目

---

① Innovation management — Fundamentals and vocabulary: ISO 56000:2020 [S/OL]. [2022-03-24]. https://www.iso.org/standard/69315.html.

的排他性使用特定标志的权利。通过注册获得的商标权又称为注册商标专用权。

企业需要评估知识产权保护的目的和所需要投入的资源。例如，以专利群的方式申请保护，以防止竞争对手进入该领域；或设立更高的进入门槛等。在一些特定环境下，为了更好地保护知识产权，有些企业将专有知识设置为隐性状态，不对外公开，为的是更好地保护和利用它。也就是说，企业需要从竞争性、保密性、风险性和成本收益等多个维度制定知识产权保护政策。在此基础上，企业还需要在产业和与竞争对手对标的框架下，定期监测和分析与组织相关的知识产权并将其作为创新输入，避免潜在侵权等法律纠纷。

企业需要制定明确的政策和制度来保护知识产权，通过保密协议、严格使用程序或有限使用等方式确保知识产权的安全；同时还要通过培训来增强组织人员的保密意识和情报意识，使其了解知识泄露带来的风险和代价。另外，企业也要有明晰的政策来指导知识产权的商业运营，如通过许可、交叉许可、销售和合作伙伴关系，实现知识产权的商业价值。

三、创新流程与知识管理要素

基础设施。配合创新的基础设施可以划分为物理空间和网络空间。物理空间是实体的，是有利于创新和创意生成的建筑风格和办公环境（如研讨室、创意室、研发实验室、创客空间、仿真实验室或生活实验室等）；网络空间则包括算力、软件、方法、先进技术和模型等。心理学研究表明，放松的、非正式的环境和可任意组合的物品等有利于创意的产生和自由交流。例如，德国SAP创新中心就将建筑物的设计和物品的摆放基于设计思维进行了人性化的安排，如可以任意组合的电脑桌，有利于小团队与大团队分别进行组合或拆解；用玻璃做的隔断门，方便人们有创意想法时可以随时把点子写在上面。SAP创新中心还会想各种方法让不认识的人相互认识，如每月给中心内的一个陌生号码打电话，使员工之间建立"弱连接"，让不同思想进行碰撞。着装甚至也与创新环境有关，如奔驰公司为了从一个老牌企业向创新企业转型，其董事长曾在全体员工大会上摘掉领带，换上牛仔裤，以轻松休闲的形象示人，将此作为企业创新转型的信号。

在数字经济快速发展的今天，充分利用数字基础设施解决复杂棘手的问题需要多团队协同配合。欧洲开放科学云（European Open Science Cloud，EOSC）就是一项确保欧洲在数据管理和发展数据驱动的科学研究方面处于领先地位的项目，其核心目标是在现有和未来的数据基础设施之间建立桥梁，使欧洲科学家享有数据驱动科学研究的所有收益，无缝获取和再利用各种研究数据。在可信赖的、分布式的数据环境中，通过可互操作的服务，实现相互连接数据的检索、长期的可持续发展，以及全球科学家跨国界的合作。[1]

资源配置。资源是指有助于完成创新及研发项目所需的条件和支持，如领导重视、人员、资金、激励、空间、时间等。资源配置是指企业决策者提出或识别创新需求并有效配置关键资源的过程。其中最核心的问题是谁来配置资源、如何提高资源配置的有效性、如何衡量资源配置的效果等。对于突破式创新项目来说，最高领导层亲自参与配置资源说明了该项目的战略性和重要性，一把手亲自参与资源配置是创新项目重要性和可持续性的重要保障。如思科对内部创业创新团队配置的资源包括：每个月直接向董事长汇报、挑选具有批判性思维且靠谱的人才参与创新团队、创新团队可以选择离总部最远的地方进行办公、企业给予创新团队仅半年时间等。[2] 渐进式创新项目的资源配置，则可由研发部门

---

[1] European Open Science Cloud (EOSC) [EB/OL]（2024-02-14）[2024-02-24]. https://digital-strategy.ec.europa.eu/en/policies/open-science-cloud.

[2] 董小英，周佳利，余艳. 思科实访录：从创新到运营 [M]. 北京大学出版社，2020.

或人力资源部门制定规则。资源配置的效率是衡量企业创新能力的重要指标，资源配置不足会弱化创新的力度和深度，过度投资则会浪费宝贵而有限的资源。为了解决这一问题，一些企业通过净现值（Net Present Value，NPV）法计算创新项目支出的投资回报率（ROI）。净现值是指投资项目投入使用后的净现金流量，按资本成本或企业要求达到的报酬率折算为现值，减去初始投资以后的余额。衡量资源配置效率是一个相对复杂的问题，特别是对于突破式创新来说，早期的衡量指标难以量化，如能力建设、人才培养、知识积累等。在创新活动中，企业需要根据自身实力和投资组合决定资源配置的比例和容错空间，在突破式创新和渐进式创新之间保持动态平衡，考虑到突破式创新的财务指标具有隐性、延迟性和利他性等特征，对创新项目的资源配置也需要耐心资本。

研发系统。用流程化、信息化和数字化的工具管理研发过程，对提高创新研发的质量和可靠性极其重要。研发系统和架构的核心思想是：（1）明确研发方向和重点。基于市场需求的研发是做正确的事情的第一步，因此，研发系统强调产品创新一定是基于市场需求和竞争分析的创新。（2）新产品开发是一项投资决策，会面临风险和机遇，因此需要通过有效的投资组合分析来捕获机遇、降低风险，在研发过程中设置里程碑和控制点，通过阶段性评审不断审核项目应该继续、暂停、终止还是改变方向，用户参与这个过程有助于降低研发风险。（3）跨部门、跨系统的协同。项目或产品研发可能涉及多个部门，因此，系统应该有助于跨部门的产品开发团队的沟通、协调及决策，提高协同性和工作效率。（4）异步开发模式，也称并行工程，即通过严密的计划、准确的接口设计，把许多原来的后续活动提前进行，以加快产品上市时间。（5）结构化的流程。产品开发项目的相对不确定性要求开发流程在非结构化与过度结构化之间找到平衡。（6）重用性。通过知识的沉淀积累和工具方法的开发，尽可能提升可供各个项目使用的公共知识和公用模块的数量和种类，以增强知识的重用性。

创新流程与知识管理是相互融合的完整体系。知识的积累、整合与共享可以大大加速创新进程和提升创新效率，减少重复犯错、重复劳动和重复建设，使创新的速度、广度、深度和强度得到持续改善。

如图14-2所示，在以组织为核心的创新体系中，人是主体，知识管理集中在组织保障上，包括沟通平台、培训体系和激励机制。在创新实施层，知识管理包括了战略情报系统、贯穿创新过程的知识管理系统和保护创新绩效的智力资产管理系统。在以数智为核心的创新体系中，企业知识管理活动以支持知识共享为核心，如提供与创新活动有关的技术、工具、方法等供员工共享。在创新结果评价体系中，企业需要对创新积累的知识进行整合和评价，如对研发数据进行可视化分析，通过内外部对标寻找最佳实践，找到差距和持续改进的领域和方法。

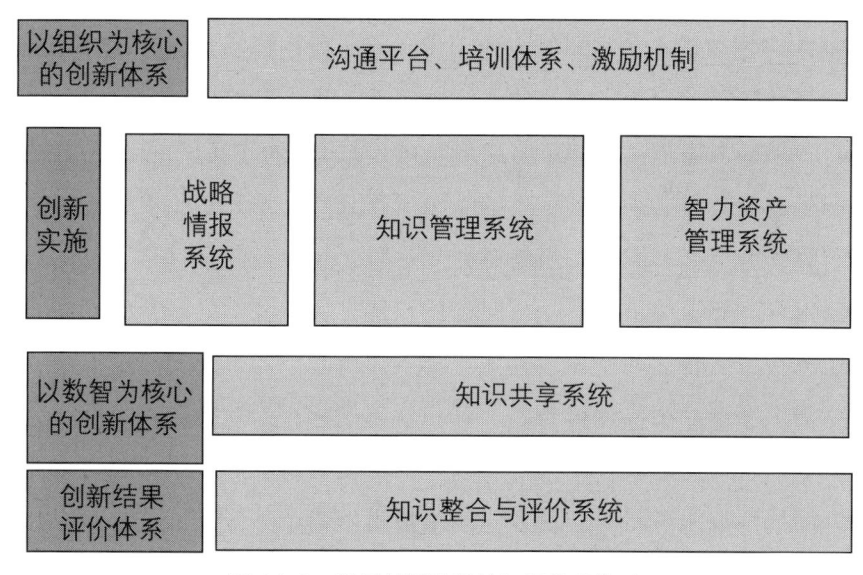

图14-2 基于创新流程的知识管理体系

工具方法。在创新研发领域，有很多有效的工具方法可以借鉴，如失效模式与影响分析（FMEA）、卡诺模型、质量屋（QFD）、路线图规划、情景规划、技术和项目优先级的评分方法、阶段—关卡产品创新流程、TRIZ方法等。笔者在此主要介绍三种方法：

（1）失效模式与影响分析（FMEA），又被称为潜在失效节点与影响分析。该方法始于20世纪40年代，率先在美国军队中采用。它是一种循序渐进的方法，用于识别设计、制造或组装过程中及产品销售或服务提供中所有可能的故障，是过程分析工具。对企业来说，FMEA方法通常用在产品设计阶段和过程设计阶段，对构成产品的子系统、零件和各个工序逐一进行分析，找出所有潜在的失效模式，并分析其可能的后果，从而预先采取必要的措施，以提高产品的质量和可靠性。采用FMEA方法的目的是发现和评估失效节点的优先级及影响的严重程度，并根据优先级确定行动方案以减少和消除失效。通过有效的知识管理活动，记录针对失效模式所采取的行动及其效果，以支持持续改进。

（2）卡诺模型。卡诺模型是东京理工大学教授狩野纪昭（Noriaki Kano）为用户需求分类所制定的研发工具，以用户满意度为基础，体现了产品性能和用户满意之间的非线性关系。卡诺模型把客户需求分为三类：一是基本需求，指满足客户最基础、最必不可少的需求，是客户使用产品或服务时必须得到满足的需求。当其特性不充足（不满足客户需求）时，客户很不满意；当其特性充足时，客户充其量仅是满意。二是期望需求，要求提供的产品或服务比较优秀，但并不是必需的产品属性或服务行为。有些期望需求连客户都不太清楚，却是他们希望得到的。期望需求在产品中实现得越多，客户就越满意；当这些需求没有被满足时，客户就不满意。三是兴奋需求，要求提供给客户一些完全出乎意料的产品属性或服务行为，使客户产生惊喜。当产品提供了这类需求时，客户就会感觉到对产品或服务非常满意，从而提高忠诚度。综上所述，卡诺模型通过这三种需求分类，帮助企业更好地理解客户需求，并据此进行产品或服务的设计与改进。

（3）质量屋。质量屋的全称为质量功能部署（QFD），又称矩阵产品规划、决策矩阵、客户驱动工程。质量屋是一种仔细专注倾听客户的声音，快速有效响应客户需求和期望的因果分析方法。该方法于20世纪60年代末首先出现在日本汽车企业，而后其成功的经验传播到其他国家。在该方法中，质量是客户对产品或服务满意程度的度量。它采用结构化方法，用七个管理和计划工具快速有效识别和优先考虑客户的期望。质量屋与卡诺模型中的客户需求密切相关，产品质量和服务体验应聚焦第三类客户需求，即令客户兴奋的需求，跨职能产品开发团队在搜集到客户关键信息后确定：第一，哪些客户的需求是更重要的，如何设计这些客户需要的产品；第二，哪些产品特征有可能取悦客户；第三，该产品的目标是什么，如何衡量目标的达成情况，各个目标之间是否存在冲突；第四，客户在多大程度上愿意接纳产品的新特征。质量屋被视为满足客户需求的最佳研发工具，很多公司都在使用。质量屋有其特定的分析模型，通过该模型，研发团队可以对下述要素进行系统分析：（1）倾听客户声音以确立产品研发的优先度；（2）通过跨职能团队讨论交流确定产品的特征，在这一环节考虑的因素包括重要性排序、技术难度、对标技术竞争力和明确目标价值；（3）确定产品的竞争价值。

数智能力。数智能力由企业拥有和可利用的海量数据，以及分析这些数据的人才、技术及方法共同构成，具体是指企业利用先进的算法和模型，分析、理解和利用大数据支持战略和运营决策的过程。其流程包括收集和处理数据、数据分析、数据可视化和数据洞察。人们对数据的洞察可用于预测未来、掌控关键指标变化、风险识别和达成企业核心目标。企业数智能力的构建应以战略目标和业务需求为核心，以战略部门、业务部门与数据分析团队相互理解和深度配合为保障，以强有力的数据治理团队为基础，确保数据的质量、完整性、时效性、可用性和安全性，在数据共享和数据隐私保护方面做到合法合规。在数据分析过程中采用多元路径和方法，通过预测分析、描述性分析、诊断分析、行为分析、定性分析、定量分析、竞争情报分析、实时分析、机器学习和人工智能分析等方法为企业提供全方位支持。

数智能力对企业创新活动至关重要，它通过清晰的数据链条贯穿整个创新流程，为创新活动的效率和效果提供支持。在此，创新效率重点指投入产出比，创新效果指创新产出的结果和价值。数智能力为创新提供的价值主要表现在：（1）提供明智决策。数据智能处理大量数据并从中挖掘规律、模式和关联因素，通过数字看板帮助企业各级人员实时掌握真相，做出符合客观现实的决策，同时保护好关键敏感信息。（2）预测分析。数据智能工具帮助企业各级决策者预测客户、设备、产品的未来趋势，使其及时做好准备并应对挑战。（3）风险管理。企业员工利用数智工具识别潜在欺诈模式和违规行为，发现设备和生产异常值，在风险早期就能有效地做出判断。（4）个性化体验。企业通过客户或消费者画像分析，及时了解他们的习惯和偏好，有针对性地定制产品、服务和交互，并提供个性化超级体验。（5）产品和服务创新开发。企业通过动态追溯和闭环管理，快速了解客户对产品和服务的满意度及竞争对手的变化，优化产品开发及过程管理，创造出客户真正需要的产品和服务。（6）提高投资回报率，打造整体竞争优势。数智能力对企业运营的所有人员和环节都有赋能作用，解决渐进式创新中降本增效提质的作用；同时，通过帮助企业识别市场、技术、产品和客户需求趋势，发现他人难以觉察的业务增长空间，拓展企业创新广度和深度。

拥有数智能力的企业善用以下技术进行数据分析：（1）人工智能（AI）。利用 AI 自动分析和解读大数据中的模式，根据历史数据预测未来。（2）机器学习（ML）。机器学习是人工智能的子集，它使构建分析模型的过程自动化，利用算法来解析数据并从中学习，在此基础上进行决策或预测。（3）大数据分析。强大的软件和算法推动了富有洞察力的数据发现，对大量数据进行检查并揭示隐藏的模式、关联和内在逻辑。（4）数据仓库。从各种来源中获取大量数据并安全存储，打造数据底座和数据湖。（5）数据挖掘与商务智能。企业通过商务智能软件将原始数据转化为有用的信息并利用各种统计方法对结构化数据进行分析。

（6）区块链技术。它可用于保持透明度，并确保数据的完整性和安全性。（7）自然语言处理（NLP）。它有助于分析文本数据、理解情感并提取有用的见解。（8）机器人流程自动化（RPA）。它使企业能够将常规和重复的任务自动化，有助于简化数据收集和处理。

平台能力。数字平台生态系统将云计算、大数据、人工智能等多种技术组合形成新型组织形态，既可在组织内，也可在组织间和组织外，形成数字空间与实体空间交流互动、协同整合的创新形态。数字化技术的整合应用是平台能力构建的基础。平台既是数字基础设施，又是资源集成器，它通过预定义的应用程序编程接口（api）和服务，连接、启用和支持各类应用程序、数据资源和业务功能，并对其进行操作、编排、数据分析和组合，借助AI算法、DevOps工具和安全服务，确保平台生态成员之间的高效交流和交易。借助平台的技术能力，组织内或组织间成员利用平台所创造的标准化、数字化、模块化和参数化能力，可跨越实体企业在时间、空间、专业、语言和文化上的障碍和信息孤岛，在数字空间实现无边界的信息共享、协同合作和资源流动，打造全新虚拟与实体价值创造体系，这是现代企业的竞争优势所在。在创新体系中，平台具有知识获取、知识整合、知识分析、知识生成与知识共享的独特优势，是创新活动的重要组成部分。

四、创新评价与改进要素

监测测量。监测测量是通过技术手段将创新人员的活动、研发过程和成果显性化，并以量化的形式记录下来，以客观数据进行可视化展示，并在不同团队和个人之间进行对标比超。例如，一些软件公司从研发活动入手，开发出研发人员的特征和行为库，通过数据展现研发人员的数字画像。企业还可以设立评价研发人员的通用指标和专业指标，通过聚类分析、机器学习训练模型，探索研发人员最有效的工作形态。

分析评价。在记录创新过程的基础上，创新团队需要对下述问题进行分析和评价：（1）对内外部环境的理解程度；（2）领导承诺及达成的情况；（3）应对机遇和风险所采取的措施的有效性；（4）创新战略的有效性；（5）创新支持和创新过程的有效性和效率；（6）是否分享成功经验和失败教训；（7）是否有效改善创新管理流程和工作环节。在对创新体系进行绩效评价时需要考察下列因素：创新价值实现与再分配情况；创新目标实现的程度；创新组合、创新行动和创新过程的绩效；偏差、缺陷及纠正措施；监测、测量、分析和评价结果；审核结果。

在分析评价过程中，企业需要进一步审核创新愿景与企业战略方向的一致性、创新能力建设情况、应用于创新的资源是否充足、创新绩效指标是否合理全面、企业在创新过程中能否有效应对风险并抓住机遇，以及还有哪些需要持续改善的机遇等。

内部审计。内部审计的目的是确保创新管理系统能够按照企业的战略和需求高效运转并产生积极的效果。在内部审计的过程中，会有一些人对审计工作感到担忧并采取消极态度，企业应以对事不对人的专业方法开展内部审计工作，搜集与创新管理系统有关的问题，发现其弱点和优势，从而对其进行优化与升级，同时促使创新团队专注于与创新有关的活动。

外部对标。常言道，向最好的学习是成为最好的第一步。对标是一种正式的、结构化的向外或向内学习的过程，通过发现对比优秀实践绩效，持续提升企业业绩。对标有助于了解自我并进行自我评估，同时发现他人做得更好之处和原因。对标并不是复制，而是将对标中获得的数据、事实及实践转化为自身能力。对标以企业发展和创新战略为核心，企业在对标过程中要明确对标的对象、关键领域和核心指标，通过定性和定量的方法搜集数据和事实，并在此基础上衡量自身与对标对象的水平和能力，以此提出定标比超的方法和途径。对标的范围可以在企业内部或企业外部，是一个特定领域（如研发）或一系列领域。对标是持续、系统的学习和发展过程,其目的是赶上或超过一流企业。

尽管对标有很大价值,但仍有学者指出其不足之处:它给创新设定了限制性框架,使企业高管将注意力聚集在当前显性的实践上,失去了适应未来的自由和应对不确定性的能力。另外,对标让企业总是把自己定位为追随者的身份,而不是领导者,这在一定程度上限制了企业发展差异化竞争优势的能力。

管理评审。管理评审指从管理层的角度对创新管理系统进行审查和评价,可与内部审计同步进行。管理评审的周期通常为一年或半年,当然,不同的企业会有所差异。管理评审的内容包括:(1)审核以前的报告,查看上一次发现的问题是否得到有效解决;(2)影响企业创新的内外部环境是否发生变化;(3)创新组合中的项目、机会和过程的执行情况;(4)项目团队共享成功和失败知识的程度;(5)针对发现的问题,如何处理偏差。

为了有效进行**纠错创新**,国际标准化组织创新管理体系建议管理评审应形成文件,从而有助于管理层跟踪问题的解决,并针对创新管理体系的不足进行纠错和更新。[①]

---

① Benraouane, S.A. and Harrington, H.J. Using the ISO 56002 Innovation Management System: A Practical Guide for Implementation and Building a Culture of Innovation [M]. Routledge. 2021.

第 15 章
知识管理的广度与深度

一、知识管理状态

新知识通常在具有重大不确定性的领域中产生,当这些不确定领域对人类社会和经济活动产生较大影响时,大量资源和注意力会涌向这些领域并加速新知识的产生和流动。与此同时,新知识也会横向和纵向地扩散,并在扩散过程中演化出更多的新知识。因此,解决不确定性问题是推动知识创造的重要环节,参与这一环节的人员越多元化,新知识产生的可能性越大。笔者将知识管理状态分为以下七种(见图 15-1)。

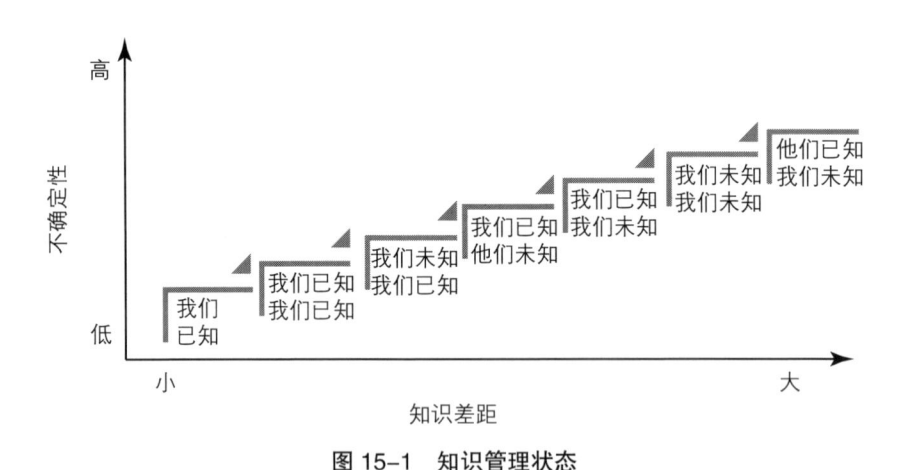

图 15-1 知识管理状态

我们已知。我们已知是指企业已经比较全面地积累并管理了已有知识。在知识快速迭代的环境下,我们已知是一个相对静态的概念。在这个状态下，企业管理者尚未进入有意识的知识管理阶段，虽然企业在发展中积累了一些人才和经验知识，但企业管理者并未意识到知识是企业的核心资产及竞争优势的来源，也没有意识到要对项目信息、实践经验进行有意识的积累、管理和分享。因此，一旦企业的核心人才流失，不仅企业内部的关键知识会流失，客户也会流失。

我们已知我们已知。与我们已知阶段相比，我们已知我们已知是指企业在参与行业竞争和领先企业对标的情况下，对自身的知识和能力边界有比较清晰的认识，在一定程度上做到了知己知彼。这种状态有助于企业制定有控制的理性战略，不冒进、不急躁，有稳健的追赶和成长战略。在这个阶段，企业管理者已经意识到知识的价值，并开始利用数字化技术或知识管理系统将实践中的隐性知识显性化、个人知识组织化、外部知识内部化、实践知识结构化，并通过会议、团队共享、组织激励和培训研讨等，有意识地分享和传播有价值的知识和经验；在组织和系统层面，有目的、有意识地整合企业已有的知识。特别是对于高科技企业来说，除了正式的知识管理体系，还要通过发展人际网络、非正式社会交往，以及人际网络的凝聚力来加速新知识的产生。

我们未知我们已知。我们未知我们已知是指企业尽管在生产经营管理活动中积累了大量实践探索和经验，但这些经验和知识并未作为组织的战略资产被有意识、有目的地管理和整合，知识无法集成、共享和复用，因此，在实践中经常出现重复犯错、重复建设、重复探索等情况，且一旦有人离职，其关键知识就会流失，而企业并不知情也未能审计。在这个状态下，企业的知识管理处于早期阶段，知识体系并不完善，负责知识管理的专业人员层级比较低，尚未从整个组织的战略层面和整体架构层面集成和管理组织知识，一些关键人才虽然掌握了关键知识和专业know-how，但这些都仅限于个人层面，未转化为组织层面的知识体系，导致企业存在知识缺口、知识盲点、知识闲置、知识浪费、重复建设、错误重犯等问题，整个组织的知识体系尚不足以支持企业对已有知识的快速查询、检索和重用，从而制约了企业的发展。

我们已知他们未知。 我们已知他们未知是指企业在基于知识的竞争中保持领先状态，拥有战略性知识产权和关键 know-how，掌握的知识体系具有复杂性、稀缺性和动态性，企业清晰地知道自己掌握的知识是竞争对手所不知的。在这个阶段，企业知识管理的核心是确保这种知识优势的可持续性，包括（1）知识产权的保护；（2）现有知识体系的迭代更新；（3）关注行业新进入者在突破式创新方面的活动；（4）在未知领域从事突破式创新。

我们已知我们未知。 我们已知我们未知是以未来发展为视角，对未来的目标和方向有比较清晰的认识，这在一定程度上降低了不确定性，但企业尚未掌握达成新目标的核心知识。在这种情况下，企业需要超越现有知识体系，对知识边界进行拓展和深化，获取新的知识。在这个阶段，企业知识管理体系已有足够的知识储备，具有开放性、时效性和真实性的特征，企业具备足够的知识广度进行态势感知与战略洞察，及时发现、甄别知识差距。这样的知识体系有助于企业从事突破式创新，应对不确定性环境，发现新技术和新市场机遇。尽管与世界级领先企业或行业内的最佳实践之间存在着知识缺口和知识差距，但是企业的核心团队非常清楚差距和关键点在什么地方；虽然尚缺乏弥补这些差距的知识和方法，但这在一定程度上降低了企业发展方向的不确定性，有利于明晰知识探索和积累的重点。目前我国大多数被"卡脖子"的科技企业就处于这一状态。

我们未知我们未知。 我们未知我们未知是指企业对未来的方向及所需的知识和能力所知甚少，但能清醒地意识到自身的知识缺口及与其他企业的知识差距。在这个阶段，企业面临的战略风险和不确定性很大，特别是在突破式创新领域，能够提出颠覆性设想和捕捉蛛丝马迹的人很少，企业仅有的知识处于隐性状态，大量传统企业尚处于无知状态。企业的知识管理体系受到认知框架与搜索范围的限制，出现了盲区和漏洞，当一些弱信号对未来发展产生重大影响时，企业可能错失机遇或遭遇较大风险。中小企业的困难在于其可获取的未知领域的资源和人才有限，只能在相对狭窄的范围内深耕。大企业虽然有足够的资源和人才，但认知的固化和知识框架的稳定性限制了其知识广度，特别是缺乏对一些边缘的、新兴的和关联度不高的领域的知识，企业高管对内外部的新变化和新知识所知甚少，对技术变革、市场转型和竞争对手的新举措浑然不知。在企业内部，尽管有人有能力洞察到变化的蛛丝马迹，但如果缺乏披露和共享情报及信息的文化，企业就会丧失战略转型的时间窗口和战略机遇期，这是很多大企业错失转型机遇的原因之一，认知在舒适区，无法快速应变。因此，企业的知识体系需保持充分的开放度和冗余度。

他们已知我们未知。他们已知我们未知是指企业在激烈的竞争中，与竞争对手之间存在很大的知识差距，竞争对手非常清楚知识差距及企业的知识缺口，并掌握知识优势。特别是当企业的业务实践尚未触达领先者所涉足的复杂尖端的专业领域，或竞争对手将关键知识严格保密使其处于隐性状态时，企业面临的不确定性更大，风险也更高。从竞争的角度来看，如果竞争对手通过研发与创新破解了不确定性中的核心要素，或验证了关键假设，获得了将研发成果工程化和商业化的秘诀，知识优势就掌握在竞争对手的手中。企业在对创新风险进行评估的过程中会发现，风险程度最高的是企业并不知道竞争对手是谁、他们在做什么、用什么样的方式在做，以及未来如何创造价值，因为一些新的潜在竞争对手最有可能通过突破式创新，突破已有商业模式，改变在位企业的竞争地位；风险程度次之的是企业与竞争对手在同一个领域竞技，竞争对手的速度更快、质量更高、效果更好，并具有差异化的资源和思路。

二、探索未知的知识管理战略

未知领域像一个黑箱，充满不确定性与复杂性，其特征是充斥着信息量非常有限的弱信号，且信号之间的内在关系处于混沌、无序、隐性的状态，人们可以通过知识探索对其进行理解和挖掘，以此获得大量新知识，使黑箱转化成白箱，进而对自然界和人类社会形成有序的、体系化和显性化的知识，将不确定性和复杂性控制在人类可以认知和驾驭的程度。这个从未知到已知的过程是创新和知识管理的核心，任何国家和企业都需要及时总结提炼出探索试错的独特路径和方法，以增加驾驭不确定性的经验和信心。

对未知领域（特别是突破性技术）进行提前甄别具有重要意义。例如，2009年，美国国家研究委员会（National Research Council，NRC）成立了未来颠覆性技术预测委员会，专门为开发突破性技术预测系统提供见解和指导。该机构认为，没有一种技术预测方法能够完全解决决策者面临的一系列问题、挑战和需求。因此，他们提出了持续预测系统模型，包括6个重要功能：定义需求，提供数据搜集工具，提供非结构化数据处理工具，跟踪、监测和处理颠覆预警及微弱信号，提供决策者、利益相关者及公众参与的数据分析和可视化工具，以及建立反馈机制。[①] 2022年，美国兰德公司的研究人员承担了识别新兴技术和未来竞争之间潜在关系的任务，预测了未来20年新兴技术的影响及其演变模式，甄别出8种对未来国际竞争及冲突可能产生影响的技术，重点在信息攻击与操纵、自动化、高超音速系统和无人机系统等领域，对技术的有效性和稳定性都会产生重要影响。[②]

---

① 张晓林. 美国NRC颠覆性技术持续预测系统浅析 [J]. 中国工程科学，2018，20（6）：117—121.
② 远望智库. 兰德公司分析新兴技术对战略威慑的影响 [EB/OL].（2023-04-22）[2023-12-11]. https://mp.weixin.qq.com/s?search_click_id=15154970392953622589-1745217497736-3241971656&__biz=MzA4MTYyMjE1NA==&mid=2648712385&idx=8&sn=2d3745005927974bebdee05adc11f7a8&chksm=8633ad401c50638c6bea77d3692ff89dce551f999a95e7d1ac8dfcde4932f0e6487f6e43ee3e&subscene=0&scene=7&clicktime=1745217497&enterid=1745217497&ascene=65&devicetype=iOS18.3.2&version=18003a24&nettype=WIFI&lang=zh_CN&countrycode=CN&fontScale=100&exportkey=n_ChQIAhIQA6hGx2kCBldheMWakX2RMBLbAQIE97dBBAEAAAAAAGIuIPnt1ioAAAAOpnltbLcz9gKNyK89dVj0ypx5iZH5TT1OQdNUABWmbGdgQ5cPF1zAy3e%2F4PSEByEAzJOLjIPrgNd4PU%2B0v89Eu5zZBGVX3Aq9etoubwE76%2BzoPE393n%2FWnBUF2%2FPNAiP9oL0gGpp40oL71B5lUJdTlnBChIBlzkRnvzKNE7UHIMSsiVDRUpKWFbd%2BsznHd9dxzJzRdwJGG2jfPpiphGzL%2BEcIqpJ74aePsxuEDL1SYHb8LsOA046tBSPiZ568F2UWpmu7jQ%3D%3D&pass_ticket=idgYl2isGdzUOyY9rca8FN7bIpTvhZIPlRkEy524gdNYoSgZ1xQj7yqji70%2FRpH6&wx_header=3.

在企业实践中，尽管企业家们对未来充满了预想和设定，甚至制定了详细的目标与计划，但外部环境的变化不以人的意志为转移，通常会带来出人意料的结果。因此，在外部环境不断变化的情况下，接纳新信息并对战略思维进行动态整合，成为企业领导者需要的重要能力。

在拓展战略思维方面，企业管理者需将不确定性与复杂性组合起来考虑。不确定性是指人们掌握新事物的信息和积累的知识有限，因此知识深度是关键。知识深度活动涉及知识捕获、知识积累和知识探索。复杂性是指涌现的新事物超越了人们已有的认知框架，或新事物触发的多米诺骨牌效应和蝴蝶效应超出了我们原有的经验、预期和逻辑推断。引起复杂性问题的原因主要是新事物与已有知识关联不清晰，因此知识广度是关键。知识广度活动涉及知识内化、知识集成和知识重构。针对不确定性，企业管理者需要针对关键要素和核心假设有效获取相关信息，通过探索活动或投资组合掌握新知识，降低不确定性。针对复杂性，企业管理者需要在组织体系内设专人或部门快速感知和学习新事物，以应对新要素带来的冲击。为了细化对不确定性与复杂性的理解，我们提出了相应的知识管理战略（见图 15-2）。

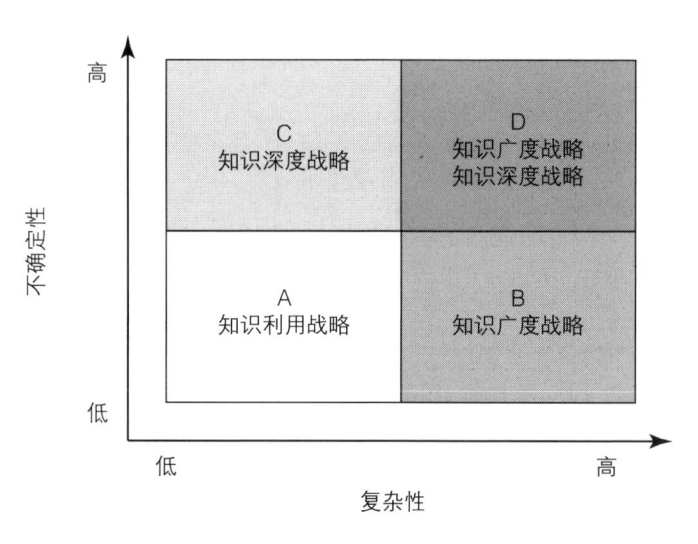

图 15-2 应对复杂性与不确定性的知识管理战略

（1）象限A，当不确定性和复杂性均低时，采用知识利用战略，以我们已知我们已知为核心框架，通过集成已有知识，增强知识共享和复用，实现知识价值最大化。

（2）象限B，当不确定性低、复杂性高时，采用知识广度战略，将知识管理的触角伸向新的领域，发现探索新领域与现有业务和战略的内在关联，将新要素与现有知识体系进行整合。企业可以通过吸纳新领域的人才、引入新思想、应用新技术等途径触达新的知识并构建能力。

（3）象限C，当不确定性高、复杂性低时，采取知识深度战略。对不确定性高的新领域重点投入资源，加速知识积累，提高认知能力，降低不确定性，如华为通过"利出一孔""压强原则"等，在一些关键核心技术领域加速知识获取。知识获取的方式包括摸着石头过河、赛马、多队争球、项目隔离、复盘等。摸着石头过河是解决不确定性问题的重要实践，通过多个试点组合能找到成功过河的模式，即使多数失败，只要有一个成功，价值就足够大；且选择处于弱小、边缘地区的样板阻力小，失败的影响也小，但示范作用大。赛马与多队争球有相似之处，是指多个项目团队同时探索不确定性，早期不做判断、不设障碍，结果导向，通过赛马的方式寻找可能成功的方案。项目隔离是指各个团队适度保持知识阻断，以增强对不同路径的探索，加大知识差异，快速有效地缩小知识差距和缺口。复盘是指及时总结探索过程和活动中的经验教训，以较低的成本和较快的迭代速度积累知识。在这个过程中，应积极正面地看待失败的价值，这是解决不确定性问题的必要环节。解决不确定性高的问题相当于进入无人区，战略规划应提供总体战略方向和愿景，企业不应对战略落地路径与方法有过多限制和具体规定，要给创新留有足够的空间和灵活性。

（4）象限D，当不确定性和复杂性均高时，在战略层面推进知识广度战略、在战术层面推进知识深度战略。战略规划是以理解环境不确定性与复杂性为基础的，因此企业管理者需要足够的知识广度，敏锐地把握环境变化，确保不会错失良机、迷失自己。在战术上，企业研发团队或项目组在克难攻坚和解决问题时，应重视知识深度，聚焦核心，探索难题，将有限的资源用在解决关键问题上，积累知识体系，缩小知识差距。

三、知识广度与知识深度的平衡

知识的广度与深度之间存在悖论，特别是在企业资源有限的情况下，知识广度与知识深度往往难以兼容。以知识深度见长的企业在内在核心能力和技术强度上具有优势，如果其深度足够的知识优于竞争对手，对手就难以替代和超越；但不利的方面是，知识深度可能会锁定企业认知边界，使企业产生认知惯性，被限制在特定细分市场或只能在专业技术上进行微小改进，忽视环境变化和新兴技术的涌现。

新旧知识组合有助于新知识产生。新旧知识组合是指用新的框架和模式将企业不同部门的现有知识整合到局部场景中产生新知识。组合产生的知识稳定性高、可预测性强、风险较低，更容易产生增量知识。新旧知识组合的第一步是拆分，被拆分出来的知识能快速组合的关键是要有一个具备整合能力的领导人。这样的领导人拥有明确的愿景目标和激情，并且能够设计相关的激励机制，根据新的场景和课题要求，快速组合人才团队协同配合。例如华为在发展手机业务时，余承东就是这样一个角色，他有足够的能力、激情和动力将华为组合的手机团队快速变成一个能够不断创造新知识的团队。[①]

调用确定性知识，降低创新成本。在很多情况下，探索、试错、学习都有较高的成本，一些企业（特别是中小企业）难以承受，试错失败会给企业带来巨大的资源浪费。与此同时，外部的竞争强度和速度留给

---

① 董小英，晏梦灵，胡燕妮. 华为启示录：从追赶到领先[M]. 北京大学出版社，2019；晏梦灵，董小英，胡燕妮. 组织从低端到高端的战略更新机理：基于间断平衡与双元能力理论的案例的研究[J]. 管理评论，2020，32（4）：310—324.

企业的空间和时间有限，迫使企业快速应对。上市公司或待上市公司均有巨大的盈利压力，必须考虑短期收益。当研发部门的探索试错未带来商业成功时，决策层会面临来自投资人和股东的巨大压力，因此企业必须采用精益创新的方法和路径以确保项目成功。在这个过程中，企业可利用的降低不确定性的策略包括：（1）新人做旧事，旧人做新事。旧人是指具有丰富实战经验的老员工，有很多将项目成功完成的经验，这些经验可以帮助他们降低面对新技术或项目时的不确定性。新人通常有激情、有干劲，但缺乏知识积累和经验。（2）新人和旧人组合。将老员工的经验和新员工的激情加以组合，实现对方向的把握和对过程的管理。（3）利用成熟方法论。借助精益创新方法论中的流程和关键点管理，降低新项目的不确定性。

通过知识集成实现知识广度与知识深度的平衡。一个成功的企业必须拥有支撑其可持续发展的、足够的知识广度和知识深度，甚至有冗余的知识作为战略储备。但是，仅靠现有人才和知识库是不够的，企业必须通过知识集成机制将已有知识价值最大化（参见第12章），通过高效的知识获取、集成、重组和配置，持续解决新问题、构建新能力。企业还需要明晰自身的知识缺口与不足，最大程度地连接、整合和利用外部资源，将企业内外的知识共享和集成机制作为企业创新体系的一部分。企业要把内部的知识管理体系和外部的知识扫描系统（如竞争情报）整合起来。突破式创新所需的许多知识来自企业外部，企业可通过政策、客户、竞争对手和供应商找到触发创新的信息，与社会网络中的成员共享知识有助于合作和相互学习。

通过人才组合实现知识广度和知识深度的动态平衡。人才结构和储备反映了企业知识广度和知识深度的平衡状况。知识广度指企业人才专业背景的多样性和多元性，不同专业领域的人才和组合可以观察和理解与企业战略愿景相关的各个领域。知识深度是指企业人才在业内的专业度和影响力，他们掌握领域关键知识、行业最佳实践方法，具备理解关键

know-how 的能力。在战略层面，拥有知识广度的人才有利于企业拓展战略视野和架构。在战术层面，拥有知识深度的人才有利于企业解决技术研发、生产制造和客户服务中的难题与前沿问题；专业人员的培养需要长期深耕、持续积累和聚焦主业。

四、知识广度、知识深度与突破式创新

企业发展突破式创新必须满足两个要求：一是突破性想法。企业能够发现隐藏在复杂信息中的新兴技术和真正的市场需求与机会。二是将突破性想法产品化和商业化的机制。将突破性想法产品化的机制需要企业通过标准化、规范化供应链体系和运营管理变革，生产出高质量的产品；将突破性想法商业化的机制则通过市场化驱动发现，满足消费者需求。

信息广角镜。企业家要寻找突破式创新，需要拥有信息广角镜。广泛的知识来源、社会网络中充分的知识共享会有助于突破式创新脱颖而出。拥有广泛知识连接的企业通过知识探索积累了跨学科、跨专业和跨领域的异质专有技术和细分市场的信息，有更多的机会产生突破性想法。

知识万花筒。企业内部的知识共享通过唤起万花筒式思维，为真正创新的知识组合提供良好的机会，企业通过不断地摇晃万花筒获取解决特定问题的新视角和新组合。知识共享是颇具震撼力的创新工具，企业以不可预见的方式实现不同寻常的知识链接与组合，特别是距离较远的跨界知识组合，对突破性想法的产生很有价值。

注意力管理。企业领导人的愿景、使命和注意力对突破式创新至关重要，但属于稀缺资源，需要格外珍惜。如果领导人关注的问题过杂，真正关键、有价值的想法有可能被忽视。因此，聚焦思考影响企业中长期发展战略的问题需要领导人有效管理注意力，包括审慎选择周围提供

信息和情报的人。当外围关系过于复杂多样，企业领导人很难专注于产生专有价值的技术和能力。注意力管理的有效方法是有效的时间、精力和能量管理，企业领导人需将身心最佳状态投入对企业发展最有价值的问题中。

知识魔方组织。不同知识的横向整合有利于更大范围的知识共享与传播。平台化的知识管理系统为不同部门和业务提供了统一的知识接口，整个组织的知识体系成为知识相互对接、相互组合与交换的魔方。不同岗位上拥有不同职能的个人，能够认识到自己的工作与他人之间的关系，从而给知识创造带来更多空间。

知识深度的优势及劣势。具有知识深度的企业能从新技术和市场变化中获得更多洞察与判断，特别是具有阅历并掌握技术专长的员工，通过与客户深度交流形成价值共创和有效的解决方案，为客户提供定制化的产品和服务。同时，具有深厚技术专长的企业积累并掌握领域里的技术秘密、全面经验和诀窍，能够从细节中探究出技术发展的最前沿和应用的深度，从而判定本企业与竞争对手的差距与差异，发现大量有价值的商业秘密。掌握独门绝技的专家和技术高手之间的相互交流与知识共享，有助于打破个人的知识孤岛、拓展个人专有知识领域、形成综合化和系统化的视野，还有助于其更全面、更精细地理解关联的知识领域。精细化的专业知识会促使更多的差异化设计、增量改进和性能优化，从而为企业带来即时和可预见的回报，但不会带来突破式创新的打破规则的想法。当一家企业在现有市场中根深蒂固时，它往往会专注于受到现有客户青睐的渐进式创新，而放弃对新兴市场和新想法的探索。

第16章
打造知识创造型组织

在知识创造与知识管理领域,全球被引率最高的学者是日本一桥大学的野中郁次郎教授,他被称为知识创造理论之父。20世纪80年代,野中教授在美国学习,他从哲学本体的角度对东西方的知识观进行了深度系统的研究。回到日本后,他基于对大量日本企业的观察和案例研究,对知识创造的理论、方法和模型做出了创新性的贡献,成为全球最具影响力的知识管理学者之一。

一、东西方知识观的差异

野中教授深度观察了美日企业的差异并将其作为研究起点,发现美日两国企业使用的市场调研方法迥然不同,美国企业重视批量用户的调研数据,而日本企业重视一手实地考察的数据和直觉。野中教授发现,日本企业的成功源于有效的组织学习,即采用多种方式关注环境变化和新的刺激,组织以特定的文化(如高度的信息分享、共识共建和广泛参与决策)等软技能与环境进行交互并做出响应。在这个过程中,组织成员的信息质量与决策能力持续得到提高,组织应对动荡环境的战略、结构和系统三项硬技能也相应提高。野中教授还发现,与西方竞争者相比,日本企业的优势在于充分利用员工的经验和技能,这些是组织智慧的核心,当环境的动态性和复杂性高的时候尤为重要。同时,通过对企业实践的大量观察,野中教授意识到日本企业非常重视员工的隐性知识(如直觉、洞察、判断等),发现人的创造力是组织的核心。在此基础上,他对隐性知识的产生过程进行了更细致的研究,提出隐性知识与显性知识转化模型和知识螺旋,对知识创造型企业的核心特征做了总结和提炼,产生了世界级的影响。

二、知识创造与战略管理

野中教授从哲学的视角研究知识管理和知识创造活动,通过回顾1993—2003年引用率最高的20篇文献[①],他认为已有的研究从哲学的主客观视角讨论知识管理的核心概念:知识、人和社会实体,这三者既有主观性又有客观性。西方实证主义哲学重点强调知识的客观性,人是有限理性的,因此在实践中强调知识的显性化、系统化,以及知识的交换;企业被看作整合及应用知识的机器,在组织体系上采用韦伯的层级式架构。东方的解释主义哲学则关注人的核心价值,强调知识是主观的、情境化的、相互关联的;人的创造精神和能力是知识的核心,人们以集体方式解读和创造知识,企业是动态变化的有机体。野中教授利用日本企业知识创造的大量案例验证这些想法,认为知识创造型组织需要将主客观视角融合起来,在实践中,中层管理者在承上启下的知识创造活动中具有关键作用。

从主观—客观的视角重新解读战略。野中教授指出以往有关战略管理的研究存在三个问题:一是过分强调统一宏大的框架,忽略战略的实践性;二是过分强调对环境和资源的客观分析,忽略人在战略落地中的主观实践;三是关注过去和现在而忽略未来。野中教授认为战略是一种

---

① Nonaka, I. and Peltokorpi, V. Objectivity and subjectivity in knowledge management: a review of 20 top articles [J]. Knowledge and Process Management, 2006, 13(2), 73-82.

分布式的实践智慧[①]，即高层、中层和基层员工在共同信念和未来愿景的引领下形成的集体应对环境变化和解决问题的创造能力，而不是对环境或资源的逻辑分析。这种能力呈现的是组织对环境的应对，而实践领导力是由愿景驱动、和群体创造力共同形成的战略能力。

在前期研究日本企业实践的基础上，野中教授提炼了知识创造理论，认为知识创造是组织持续竞争优势的来源。野中教授从哲学的角度对知识创造理论中的关键概念（如知识、企业、战略和能力等）进行了重新解读，并分析了构建知识创造型企业的关键要素。野中教授认为：第一，知识并不限于西方哲学家提出的绝对的、客观的、静止的真理，而是指人类追求真理的主观动态过程，离不开个人价值观、社会交互系统和特定的时空情境。第二，企业并非仅仅追求利润最大化的、弥补市场失灵的、被动的信息处理机器，而是受到愿景驱使的、主动改造环境和自身、充分认识到人的主观性的知识创造主体。第三，战略并非一个通用的理论框架或一成不变的计划，而是在实践中会因情境而变化的即兴创作过程；战略并不仅是对资源和策略进行客观分析，还包括人的构思和战略落地的主观实践过程；战略并不仅仅解释企业过去如何成功（如提高竞争壁垒或获取异质性资源），更重要的是帮助企业寻找创造未来的机会。[②] 第四，企业的综合能力决定创新速度。企业之所以比市场更快速地创造知识，并不是因为降低了交易成本，而是因为其具备综合能力，即采用辩证思维、结合正反观点，持续自我升华的知识创造能力。综合能力依赖于知识愿景、知识共享场所、创造性规则、激励体

---

① 实践智慧（phronesis）一词最初来源于亚里士多德的《尼各马可伦理学》，他区分了三种知识，一种是绝对真理；一种是技术诀窍；还有一种是实践智慧，指在特定情境下做出决策或采取最佳行动的能力。

② Nonaka, I. and Toyama, R. Strategic management as distributed practical wisdom (phronesis) [J]. Industrial and Corporate Change, 2007, 16(3): 371-394.

系和分布式领导力五个要素①，在此基础上，野中教授又提出知识创造型企业的七个要素，即知识愿景、驱动目标、对话、实践、知识共享场所、知识资产和知识环境。

三、知识转化模型（SECI 模型）及知识螺旋

2009 年和 2011 年，野中教授及其合作者分别以"知识创造理论"和"知识创造中的领导力"为主题对已有文献进行回顾。他们经研究得出了如下结论：隐性知识和显性知识是不能完全分离的，是连续体的两端；知识转移是隐性知识和显性知识的互动过程；知识创造依赖于情境领导力，也就是说，知识创造中的领导力需要考虑情境和知识资产，包括知识创造的核心层、所需资源和情境的条件层，以及形成知识创造的整体框架和结构。与西方企业重视用系统化的方式管理显性知识相比，野中教授特别重视隐性知识的价值。隐性知识是无法表达或难以言传的知识，与感知、运动、动手技能、直觉、经验诀窍等密切相关，是未言明的心智模式、隐含的经验规则，它在言论、行动、程序、承诺、理想、价值观和情感中被展现出来。隐性知识包括认知和技术两个层面，认知层面包括洞察、预判、模式、范式、信仰、观点等；技术层面包括特定情境下的诀窍、手艺、技能等。②

在《创造知识的企业：日美企业持续创新的动力》一书中，野中教授从哲学和历史的视角，对知识的基本特征进行了深入阐述，他基于对日本企业的大量案例研究和观察分析，提出了著名的知识转化模型，即 SECI 模型（参见图 16-1）。SECI 模型呈现了企业在知识创造中，隐

---

① Nonaka, I. and Toyama, R. The theory of the knowledge-creating firm: subjectivity, objectivity and synthesis [J]. Industrial and Corporate Change, 2005, 14(3): 419-436.

② Nonaka, I. and Von Krogh, G. Tacit Knowledge and Knowledge Conversion: Controversy and Advancement in Organizational Knowledge Creation Theory [J]. Organization Science, 2009, 20(3): 635-652.

性知识和显性知识作为关键要素相互转化的过程，分别从认知维度和交互维度展开。在认知维度上，隐性知识和显性知识的转化，分别呈现出群化、外化、融合和内化四个过程。群化主要指人与人通过面对面交流和实践分享隐性知识并产生创意；外化是指创意中产生的隐性知识显性化，形成产品概念或模型；融合是指在每一个产品项目完成之后都有大量的文档信息，集中在知识库或数据库中供大家分享；内化则指将企业的知识供全员分享，员工可以学习、评价和使用已经创造的知识。在交互维度上，隐性知识与显性知识还可以在个人—团队—组织—组织间进行转化和升级，知识分享的过程形成了知识网络，进而形成知识螺旋。

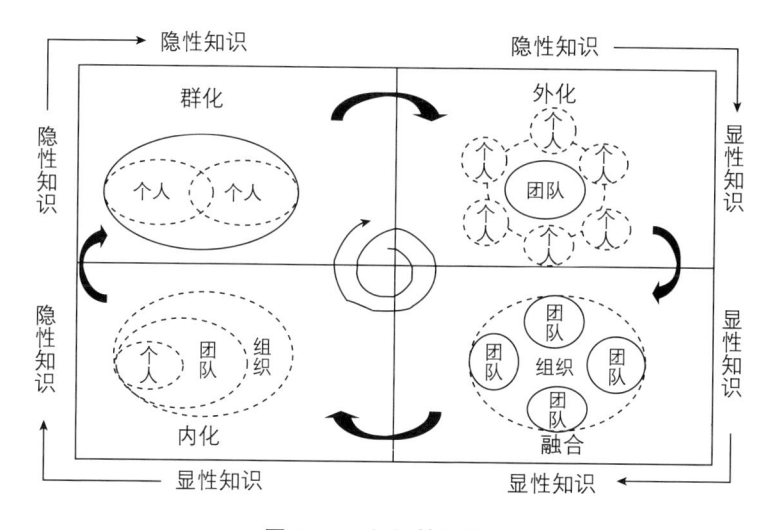

图 16-1 知识转化模型

在推进知识创造螺旋上升的过程中，有五个重要因素：一是目的性，即企业最高领导人对知识创造的激情、追求与梦想，对知识价值的认知和重视。二是自主性，即企业调动所有员工创造知识的热情和责任感，增加员工自我驱动创造新知识的可能性和空间。三是环境波动性和创造性混乱。环境波动性是推动知识创造的重要力量，与稳定的环境相比，波动的环境要求知识创造的速度更快、更多样化，企业需要在认知结构、组织形态、知识体系、方法路径和行为上不断适应变化并重构，以利于突破式创新频出。四是信息冗余，即在知识创造活动中有意形成信息交叉重叠，如多团队以赛马形式同时探索和推进同一难题，虽然资源投入加大，但信息冗余会增加知识的多样化和差异化，最大程度地获取相关知识，发现各种可能性。如果在项目组之间形成信息隔离，知识差异化会更大，更有助于加大认识问题的广度和复杂度。信息冗余包括团队冗余、研发阶段冗余和组织间关系冗余，这些冗余是组织创新的必要条件，对促进共同调研、建立信任关系、发现新问题、将个人观点变为团队共享看法很有益处。[①] 五是必要的多样性。由于企业所处环境越来越复杂，野中教授认为企业内部也需要根据环境变化保持多样性，这样无论环境发生什么改变，企业都有相应的机构、部门、团队或个人应对来自四面八方的挑战，有足够的知识储备以防范战略意外和惊讶的出现。

四、知识型组织的超文本结构

超文本概念最早由美国著名的科学家和工程师、美国科学研究局（Office of Scientific Research and Development）的创始人范内瓦·布什（Vannevar Bush）提出。他在1945年即提出了一种存储扩充器（Memex）的设想，预言了通过非线性结构连接知识节点，呼吁有思想和有知识的人建立一种新型的组织和社会关系，这种关系有助于促进知识的链接、组合和新知识的产生。野中教授借助了计算机领域中超文本的概念，即将不同类型的文本组织在同一页面下的语言技术用在组织结构中，表示将不同个体的知识汇聚在同一个交互环境中的组织网络，提出了超文本

---

① Nonaka, I. The knowledge-creating company [J]. Harvard Business Review, 1991, 69(6): 96-104.

结构型组织（hypertext organization）。[①]超文本结构型组织内在的网络形态由等级制的业务体系转化为自组织的项目团队，更具灵活性，同时形成以中层管理者为核心的自中而上/下的管理模式，中层在知识创造过程中发挥至关重要的作用。组织文化和流程支持跨层级、跨业务体系和自组织项目团队间的知识分享、知识转移和知识创造。[②]

在超文本结构型组织中，高层、中层和基层都是知识创造的主体——高层重点负责知识创造的愿景和宏观框架，指出组织未来方向，设定知识创造的定性标准，为组织的知识创造清除障碍。中层为自组织团队领导人，创造中观概念和愿景，重新定义和解读工作方式，连接高层提出的理想目标和基层实践经验，在高层的愿景目标与基层实践的可行性之间发挥关键桥梁作用。基层的重点是实践探索，以创造个人隐性知识为主。与美国自上而下或自下而上的组织不同，日本的超文本结构型组织不再依赖具有高度个人魅力的领导人，高层领导人不再是指挥官或赞助者，而是创新的推动者和催化者，其主要作用是制定愿景，提供交流场所，选择合格的自组织成员，设定知识创造期限和评估标准，支持创新过程，真正的创新则由自组织团队完成。

在野中教授看来，知识创造中最为关键的两个因素是特定的情境与氛围，即"场"（Ba，指知识交互和转化的场所）的概念。场是组织中分享、创造和使用知识的共享空间，是组织中创新思想产生的地方。个人在场中与周围的人和环境融合，在聆听他人思想的同时反思自我，实现自我升华。组织中的成员在场的氛围中碰撞、思考并形成创意，使信息被赋予新的含义从而转化为知识，旧的经验通过新的解读转变成新的知

[①] Nonaka, I. and Teece, D.J. Managing Industrial Knowledge: Creation, Transfer and Utilization [M]. Sage Publications, 2001.

[②] Nonaka, I. and Toyama, R. A firm as a dialectical being: towards a dynamic theory of a firm [J]. Industrial and Corporate Change, 2002, 11(5): 995-1009.

识创造。SECI 模型中的四个知识转化过程分别要求不同类型的场。① 群化过程发生在"初始场"中，依赖面对面交流分享个人的隐性知识，需要组织依托愿景和文化促使关心、爱护、信任、承诺的形成。外化发生在"交互场"中，通过同伴间的对话将个人的隐性知识表达为显性知识，组织形成集体反思的能力。融合发生在"虚拟场"中，依赖团队间的交流，通过对个人显性知识的采集、分类、梳理和组合，生成组织知识，以信息技术支撑的协作环境加速知识的整合和共享。内化发生在"练习场"中，依赖现场工作培训，通过积极参与现场交流等，将组织的知识运用到解决实际问题的过程中，使其变成员工技能的一部分。

五、野中郁次郎的思想对今天的启示

与 20 世纪 80、90 年代相比，今天的知识创造环境发生了很大的变化。首先，从经济结构上看，知识经济、数字经济的发展已经成为全球经济发展的主导力量，在全球市值最高企业的排行榜中，以智力资本为战略价值的企业数量越来越多，知识创新对经济发展的价值已经得到广泛的共识。其次，从技术应用上看，随着大数据、人工智能、云计算、物联网等新一代数字技术的快速发展和应用，知识获取、处理、整合和利用的效率大幅度提升，特别是像 ChatGPT 等人工智能大模型的普及应用，提升了全球范围内显性知识的检索、整合和生成效率，为知识创造构建了新的环境和基础。最后，从国家战略上看，在野中教授著述的时代，知识管理和知识创造活动主要在欧美和日本企业展开，大量的知识管理研究是以欧美和日本企业为基础的。在今天，经过改革开放四十多年的发展历程，中国企业也快速从依靠资源红利、市场红利和人口红利

---

① Nonaka, I. and Konno, N. The concept of Ba: Building a foundation for knowledge creation [J]. California Management Review, 1998, 40(3): 40-54.

转向依靠数据红利、知识红利和创新红利，特别是在面临国际科技竞争和"卡脖子"问题的背景下，我们依然能从野中教授的思想中获得很多启发，重点包括：

在人工智能时代，人的隐性知识仍然是知识创造的核心。在发展数字经济的过程中，人的价值观、创造力和主观能动性仍然是关键的主导性力量，人的隐性知识、实践智慧和实践领导力仍然无法被人工智能取代。野中教授在哲学层面辨识了东西方哲学对主客观知识认知的差异及对知识创造的影响，通过大量细致的观察发现主观知识在知识创造中的关键作用，尤其是在感知和理解复杂多变的环境、解决创新中的关键核心问题、提出未来的发展愿景与目标、凝聚组织的向心力和创造力方面，领导人的实践智慧是非常重要且不可替代的。人工智能技术和数据平台可以在集成和共享显性知识层面持续拓展和深化，加速显性知识的共享与复用，为知识创造构建更好的环境。但是，人仍然是创造新知识的主导者，隐性知识更具有价值。

高效的人机交互是加速知识创造的必要条件。与野中教授调研的日本企业相比，我国企业已经在数字化转型方面投入了大量资源，很多企业构建了映射其业务全过程的数字孪生和数据中台。但数字化转型的初心和核心目标是加速知识共享与知识创造，在这个过程中，我们需要借鉴欧美和日本企业知识管理与知识创造的经验，在显性知识的集成与隐性知识的增长方面形成更高效的转化模型和螺旋。一方面，我们需要在组织层面培育和发展实践智慧和实践领导力；另一方面，我们需要在技术层面打造全要素、全过程整合的数字化平台，优化用户体验，提升应用的便捷度，整合多种应用工具，高效积累、整合和利用已有知识。与此同时，以人机交互的模式创造知识、共享成果。平台宛如一个新的场，聚焦各类资源，能够使个体融入环境，在分享他人认知的同时反思自己的认知，从而实现自我升华。

在企业的双元能力中，突破式创新是关键。野中教授提出的主客观知识的交互与融合、实践智慧、知识转化模型、知识创造螺旋、超文本结构型组织、知识创造型企业的分工协同等概念与模型对突破式创新与渐进式创新的融合、突破式创新等实践具有重要的参考意义。数字化技术的普及加大了知识管理和知识创造的广度、深度和速度，但人、知识、组织与技术系统网络之间的结构、关系和交互模式并没有改变。人工智能的快速发展与应用，对人的实践智慧、实践领导力提出了更高的要求。未来的知识管理中，知识的获取、处理、过滤、整合、分析、生成等可以更多地交给人工智能来做，而人应将更多的注意力放在提出知识需求、知识共享、知识应用、知识创造，特别是解决复杂、动态和全新的挑战与问题上，以更有效地应对 VUCA 环境带来的冲击。

第五篇

数智时代的知识管理

PART FIVE

第17章

数字化转型与知识管理

一、数字化技术对知识管理的挑战

近年来,随着数字经济的快速发展,特别是大数据、云计算、移动互联网、物联网和人工智能技术的普及与应用,企业知识管理所面对的技术环境发生了深刻的改变。传统的知识管理概念、理论和实践,无论是在范围、对象、体系、系统和技术上,都显示出了一定的局限性和滞后性,因此,在新的技术背景下,我们需要重新思考和研究知识管理的内涵和外延,特别是以下三个方面。

数据来源的多样化。传统的知识管理是以人为核心的,辅助于知识管理系统。企业在数字化转型的过程中,数据来源呈现出多样化的特征,渠道包括社交媒体、移动设备、物联网、嵌入式设备等;行业包括医疗、交通、能源、娱乐、金融等;从企业经营活动看,所有的生产管理要素、业务流程、运营活动、市场销售等都会产生大量数据,以前企业很难获得客户数据,但现在,企业可以通过客户的在线购物和在线交易记录、使用社交媒体发表的看法等,更多地了解客户的偏好和想法。

与20世纪知识管理集中在由信息化带来的一些结构化数据的分析与利用相比,数字化技术的应用范围极大地拓展到了人们的工作、学习与社交(移动互联网、大数据),物体的运行状态与过程(物联网),跨组织、跨地域和跨文化的资源整合(云计算),以及对数据的建模与智能分析(人工智能)。数字化技术的应用无处不在、无时不在,数字化工作与生存成为常态。传统的知识管理对象以人和有限的结构化数据为主，而数字化时代的知识管理对象涉及人的行为、人际交互、人物交互、人机交互和人与平台的交互，其中的数据量大幅增加；同时，数据的类型从结构化数据拓展到非结构化数据和半结构化数据，如何从这些数据中挖掘出知识成为更加重要、也更加复杂的问题。

知识边界的拓展。传统的知识管理关注员工个人、团队和企业，也关注如何通过知识管理系统将企业可以显性化的知识进行整合和分享。数字化大大拓展了知识的边界，使供应链中的设计仿真、设计软件、个性化定制，工业生产中的工业机理、工艺 know-how、设备互联互通、数据挖掘、智能制造，销售环节的消费者画像、精准营销、智能推送、C2B 等均被纳入知识管理的范畴。同时，数据的复杂性、不同来源数据的整合和数据挖掘及可视化、数据看板和赋能决策，使得知识并不仅仅在人之间传递和共享，还在人机之间、人与系统之间和人与平台之间交互，数据的标准化、规范化与统一化对知识体系的建设更为重要。

与传统的知识管理集中在组织内部相比，数字化技术与工业、产业的深度融合使知识创造的空间急速扩大。网络实体系统（又称物理信息系统，即 cyber-physics system，CPS）、数字孪生、智能制造等概念应运而生。2006 年 10 月，美国国家基金会科学家海伦·吉尔（Helen Gill）首次提出 CPS 的概念，认为 CPS 是网络世界与实体世界融合的新一代系统。德国在 2011 年提出工业 4.0 的概念，也是以 CPS 作为基础技术结构。CPS 将网络世界和实体世界动态集成在一起形成多维复杂系统，通过 3C，即计算（computing）、通信（communication）和控制（control）集成与协作，提供网络世界与实体世界的实时感知、信息反馈、动态控制等。通过密集连接和反馈循环，实现实体与计算过程高度依赖，实现网络世界与实体世界的集成和实时交互，以一种可靠、安全、协作、韧性、高效的方式监控和控制实体运行。由新技术拓展的空间及虚实交互的形态，促使知识管理的视野和框架必须从原有的组织边界拓展开来，对知识流动和共享所触达的创新生态要素与过程有更全面的理解与认识。

从以人为核心转向人机交互和智能化。与数字化转型相关的概念包括工业4.0（德国）、工业互联网（美国）、智能制造（中国）、智能系统、自动化、数字孪生等，相关技术的进化与应用重新构造了工业、农业、医疗、交通等领域的管理范式。在新的管理范式中，设备可以交互和自主工作，人工智能可以帮助人做预测、审查、甄别等工作，智能应用成为提高生产效率、灵活性和敏捷性的重要工具。

数据智能是指基于大数据引擎，通过大规模机器学习和深度学习等技术，对海量数据进行处理、分析和挖掘，提取数据中所包含的有价值的信息和知识，使数据具有智能，并通过建立模型寻求现有问题的解决方案，以及实现预测等。随着人工智能技术的快速发展和各类智能体的应用（如机器人、无人机等），在大数据的基础上，通过数据结构化、标准化、标签化、智能化，借助机器学习、神经网络、深度学习等人工智能技术，发展出通用或专用的人工智能技术，形成人机一体化的知识管理系统，以高度柔性与集成的方式，借助计算机模拟人类专家的智能活动，进行分析、判断、推理、构思和决策，取代或延伸人的部分脑力劳动，同时收集、存储、完善、共享、继承和发展人类专家的制造智能，让整个系统变得更智能，可以像人一样思考、像人一样行动。

二、数字化技术对知识管理的影响

2022年发表的一项与知识管理和工业4.0相关的、对761篇英文科学文章的文献计量学研究显示[①]，工业4.0对知识管理的影响主要集中在

[①] Machado, A.D.B., Secinaro, S., Calandra, D. and Lanzalonga, F. Knowledge management and digital transformation for Industry 4.0: a structured literature review [J]. Knowledge Management Research & Practice, 2022, 20(2): 320-338.

四个领域：人力资源管理、创新生态系统、前沿技术和决策管理。根据中国企业的实践，数字化转型为这四个领域带来了显著的影响。

在人力资源管理领域，数字化转型可以极大提升员工工作的知识含量并为一线员工赋能。例如，招商局集团有限公司的港口管理通过数字化改造，在港口管理方面，不再需要员工每天爬到50米高的塔吊上工作，而是通过办公室的电脑，一个员工就可以同时操作管理6台塔吊；广联达则通过智能头盔提升对建筑施工现场员工的风险管理，还通过人工智能技术自动获取钢筋数量；美的的智能工厂通过人工智能技术进行产品质量监测，大幅缓解了小组长与工人的矛盾。在企业的人才培养方面，数字化技术还可以助力企业大学或人力资源部将培训系统个性化、移动化和动态化，快速把最新的知识传递到员工手中，使员工可以随时随地学习。

创新生态系统的建设与数字化转型中平台企业的出现密切相关。传统的知识管理在推进跨组织的知识采集、知识整合和知识共享方面，主要靠学习体系和组织创新，难度比较大。但是对于平台企业来说，企业内部的互联，企业与客户、供应商、合作伙伴和经销商的互联，企业与第三方机构（如金融、税务、电力机构等）的互联，各类设备和对象与平台的互联等，都成为平台生态建设的重要基础。平台上所有参与者的交互、交易都以数据的形式被记录下来，数据挖掘成为生态创新的重要组成部分。例如，百望云通过为每一家企业打印纳税凭证，将记录下来的数据进行供应链分析，可以掌握每个行业/企业真实的财务数据和纳税情况，通过这些数据可以评估企业经营实况，从而对评价其价值提供客观参考。

在前沿技术方面，企业通过整合内外部信息及知识平台，更大范围、更快速地跟进技术发展。通过人工智能技术的应用，企业可以对外部数据进行更大范围和更深度的搜索，建立更高效的技术跟踪系统，提升竞争情报体系的质量和效能。例如，华为的盘古大模型与知网的数据库合作，为企业呈现更广的技术前沿图谱。而类似 ChatGPT 的人工智能大模型，会对企业掌握国际信息很有价值。企业对内可以利用数据仓库、数据平台等新工具，借助人工智能技术，搜集、共享、验证新技术和新产品，加速产品迭代和技术深化。

工业 4.0 技术的应用有助于企业强化数据驱动决策的能力建设。企业的数字化平台有助于其在更广的范围内与员工分享知识与信息，助力各级管理者做出更准确的决策，让传统业务流程中分步分享的信息实现同步分享，将供应链上的信息孤岛转化成无缝对接的系统，提高供应链整体的效率。

三、数字化与知识管理战略保障

在知识管理的战略上，数据驱动的价值创造成为核心。传统的产品主导逻辑中，企业通过一系列生产活动将价值嵌入产品，然后投入市场与消费者进行交易，最终实现价值创造，知识管理的战略聚焦在生产过程和组织内部。而在数字经济时代，价值创造是在企业和消费者的交互中产生并且完成的，从产品设计到市场交易的各项职责都跨越企业原有界限，企业之间及企业与消费者间的关系呈现为平等的网络结构。从消费者数据中挖掘相关知识，并将这些知识作为企业创新的来源，成为企业价值创造的重要资源。因此，通过数据驱动，即时动态满足特定情境下的用户需求成为知识管理战略要解决的核心问题。

在知识管理的重点上，异构数据整合与分析成为关键。在网络空间，对不同来源、结构和特征的知识进行整合将成为知识管理的重点。在网络层，随着大量实体资产映射成为数字孪生，谁能在网络空间对这些资源进行大范围、高效的整合利用，谁就有可能成为网络空间的领导者，它需要具备的关键能力是资源整合能力。根据服务主导逻辑理论，资源密度表示企业在某一情境下获得资源的总量，其资源整合能力越强，整合资源的广度越广、深度越深、速度越快，资源密度也就越大，最终形成的供给双方价值共创的机会越多。在这一层，资源具有海量、多样、高速、异构等特征，传统的依靠人工和组织内部软件系统的管理显然难以为继。在这种情况下，基于大数据的人工智能和机器学习等技术就变得尤为重要。[①]

在知识管理的对象上，海量数据的分析能力成为关键能力。网络层数据的融合与快速增长，对知识管理活动中动态获取、整合和分析数据的能力有更高的要求。在连接层，技术应用实现了全连接，包括人与人的连接（社交媒体）、人与物的连接（电商平台）、物与物的连接（物联网、车联网、航空发动机数据网络等）、人与物与过程的连接（物流平台）。安装在物理对象上的传感器能够在产品及其生产过程中采集海量数据，将实体资产映射到网络空间形成数字孪生，呈现物理对象实时和准确的镜像，包括形状、位置、状态和运动等。也就是说，数字孪生是实体资产的数字化，它根据实体资产的变化，将网络空间的人工智能、机器学习和数据挖掘等技术有机结合，创建动态更新的现实数字仿真模型。

在知识管理的增值体系上，基于数据的决策成为管理的核心指标。在从数据到信息再到知识这个增值过程中，人们对知识的精度、实时性和准确性都提出了更高要求。传统的数字资产包括文字、图像、音频等各种资料。随着移动互联网的发展，人们的位置和行为都以数字化的形式被存储下来。对数字化资产的分析和解读，可以帮助人们理解、分析和预测，从而做出更具前瞻性和精准的决策。因此，在转换层，对来源更加广泛、颗粒度更细的数据进行多维度分析挖掘，生成对管理者和决策者有价值的建议，成为组织必不可少的核心能力。

---

① 董小英，胡燕妮，曹珅珅. 数字经济时代的知识管理：挑战与趋势 [J]. 图书情报工作，2019，63（1）：60—64.

在知识管理的核心知识类型上，人工智能成为战略知识。在网络空间形成的操纵性资源成为国际竞争的至高点。根据服务主导逻辑理论，人类可利用的资源有两大类：对象型资源（operand resource）和操纵型资源（operant resource）。对象型资源是指通过人类利用产生效用的资源（如土地、矿产等），其特征是有形、静态、有限；操纵型资源是指利用对象型资源的过程中产生的资源（如人工智能、算法、大数据分析能力、机器深度学习等），其特征为无形、动态、无限。[①] 传统经济模式重视开发土地、矿产等自然资源，在数字经济时代，依托人工智能等核心技术处理网络空间海量数据的能力成为核心知识，也就是说，操纵型资源的开发处于价值网络的战略核心地位，是战略性收益的基础来源，是服务提供和价值创造过程中的关键要素。[②]

在数字化绩效上，知识管理的核心目标是实现数据驱动的价值创造。对内，知识管理的主要价值体现在对组织各个环节和岗位的决策支持，真实、动态的数字仪表盘和数字面板等可视化工具，协助员工对现实世界的现象进行判断、决策并采取应对措施。对外，知识管理需要帮助组织达成战略目标，更好地服务社会。例如，政府通过电子政务系统和智慧城市系统，有效地提供便民服务、进行危机管理和社会资源协调；企业根据客户需求精准地提供定制化产品和服务等。要实现这些目标，各级领导要将数据—信息—知识—决策支持系统作为组织的核心战略抓手，借助它提升整体管理水平和决策能力。

---

① Vargo, S.L. and Lusch, R.F. Evolving to a new dominant logic for marketing [J]. Journal of Marketing, 2004, 68(1): 1-17.

② Vargo, S.L. and Lusch, R.F. Institutions and axioms: an extension and update of service-dominant logic [J]. Journal of the Academy of Marketing Science, 2016, 44(1): 5-23.

四、数字化与知识管理的组织保障

在架构上，从局部知识管理转向全域知识管理。随着人、设备、流程和活动的数字化颗粒度越来越细、范围越来越广，以往聚焦于企业战略、研发、营销或生产环节的知识管理活动将向全流程、全价值链和全过程发展。因此，组织需要更新原有的知识本体，将其放到网络空间去搜集和整合组织内外部的知识。知识本体作为系统展现各个独立要素属性及其关系的体系，对知识管理的蓝图设计和推进具有重要价值。

在创新上，从条块分割转向无障碍知识共享。传统企业的纵向和横向分工，导致了大量信息孤岛的形成，提高了知识传播与交流的壁垒，降低了知识共享的效率，影响了企业的创造力和环境适应能力。对于新型平台企业来说，它们在网络空间构建的数字化连接，为无障碍知识流动和分享提供了前所未有的道路，为激活企业的创造力打下了良好基础。由数据挖掘和场景追踪形成的商业洞察，能帮助企业对创意进行快速试错、迭代和总结，将其转化为商业价值，从而通过创意不断激发组织适应性。特别是像阿里巴巴、京东、字节跳动这样的企业，它们有能力将创造力紧紧聚合在消费者的数据挖掘与知识发现上，根据市场需求聚合产品厂商、服务提供者、金融机构、信息提供者等相关利益者，通过消费者与厂商的连接、交互和供需匹配形成网络效应，不断寻找实现价值共创的机会和空间。[①]

在管理上，从碎片化分布转向系统化整合。物联网、移动互联网、人工智能等技术的发展，不仅带来了数据量的爆发式增长，还使得数据的复杂程度加深、信息的可靠性减弱、有价值的知识的提取难度增大。知识碎片化时代的到来对知识管理提出了更高的要求。在文献传播为主的

---

① 董小英，晏梦灵，余艳，胡燕妮.实践智慧助力中关村企业战略转型[J].清华管理评论，2017，(1)：82—91.

时代，知识获取是比较完整和系统的，知识与知识之间联系紧密且存在稳定的知识体系。而在网络时代，知识获取是碎片化的、即时的、体系不完整的。碎片化知识分布零散，且信息来源多样，知识隐藏在零碎的信息数据片段中，并在不同的信息源与接收者之间进行传递。碎片化知识传播的社会性体现在，关于同一主题的知识会在各个平台传播，并且在传播过程中，不同群体的关注点亦不相同，这使得碎片化知识呈现出不同的社会性形态。[①] 此外，只有存在价值的数据才能被称为信息，碎片化在增加了信息总量之余，也极大增加了非信息的数据量，这些数据在知识管理的过程中可以被称为噪音，噪音的污染给知识获取造成了障碍。在这种情况下，知识搜索的价值更加重要，它不仅是搜索引擎的补充和扩展，同时有助于将隐性知识显性化。

在方法上，从基于人的隐性知识管理转向基于人机交互的知识创造。一直以来，隐性知识管理都是知识管理的难点和关键。数字经济时代为隐性知识管理提供了新的方法和技术支持。相较传统的人与人直接交互的方式，社交平台、短视频、直播等交流模式可以让人的隐性知识通过演讲、研讨、交互等行为在更大范围内得到传播，这些模式可以避免知识传播中发生的变异，但需要警惕的是，人工智能技术所具有的生成能力同时会带来不少深度伪造的假信息和假知识。知识搜索、知识地图、虚拟学习社区等隐性知识显性化的方式应运而生。野中郁次郎教授提出的 SECI 模型强调在社会交往的群体与情境中通过隐性知识与显性知识的转化螺旋推动知识创造。在这个模型中，隐性知识的来源主要是一线员工的生产经验、专业洞察与相互的交流碰撞，还有就是领导人的实践智慧，重点体现在对环境变化的预判、解读和决策。在数字经济时代，隐性知识的来源进一步拓展，人机交互成为隐性知识的重要来源。依靠

---

① 刘俊熙. 搜索引擎在隐性知识显性化过程中的作用——论知识搜索及其变异：人肉搜索[J]. 现代情报，2010，30（3）：7—10.

数字孪生或大数据中心的自动监测、诊断和预测功能,以及数据挖掘算法模型,通过物理资产使用中不断产生和归档的历史信息,在不同地理分布的机器群之间进行比较,自动提示问题和障碍,以较少的人力投入对独立设备甚至整个网络进行远程监控和管理。在这个过程中,人工智能可以从事相对单一、重复和初级的数据采集和分析工作,从而解放员工的时间和精力来做更加复杂的、具有创造力的活动。企业要在人工智能等颠覆性技术的浪潮下保持竞争优势,必须提升人机交互和数据挖掘等技术能力,加强对数据和运营等过程的知识管理投入。

在内容上,从组织知识地图转向平台知识图谱。知识地图(knowledge map)是一种隐性知识获取技术,在不同领域的知识之间建立动态联系,将专家的隐性知识显性化,再内化为组织的知识资源,协助组织发掘其智力资产的价值。传统的知识管理重视组织知识资产的显性化与管理,通过系统审计发现整个组织的知识体系。而知识地图正是展现知识资产中市场资本、结构资本、创新资本和人力资本的导航系统,它可以显示不同知识的位置、所有权、使用方法和价值,展现它们的内在结构和动态联系,对组织知识资产价值的最大化起到引导和杠杆作用。但是,以往的知识地图是以人和文档为核心的,在揭示知识资产的广度和深度上是有局限的。在数字经济时代,基于平台的企业及其相关利益群体的知识资产范围、规模、类型不断扩大丰富,知识地图无法覆盖所有的知识要素。而知识图谱(knowledge graph)通过综合使用算法、机器学习、图形学、信息可视化技术、信息检索、图像识别、语音识别等方法,以可视化的图谱形象地展示人、设备、产品、过程的核心结构、发展演化和整体架构,从而为网络平台的系统管理和决策支持提供依据。知识图谱的概念最早于2012年由谷歌提出,被定义为对海量实体和网络信息之间的显性和隐性关系的表达与呈现,近年来作为一种语义网络在自然语言中被广泛应用(主要用于智能问答系统、智能推荐系统等)。以往知识地图更多地依赖专家的经验规则构建,受限于特定领域的数据,而知识图谱扩展了大量来自互联网的实体数据和关系数据。数字经济时代，受益于海量的数据和强大的计算能力，大规模、高质量的知识库已实现自动化构建，互联网时代大规模开放应用的需求也得以满足。

第 18 章
数字化转型中领导者的实践智慧

一、领导者的实践智慧

野中郁次郎教授在其研究中非常重视企业领导者的实践智慧，笔者将其称为企业领导者的超级隐性知识。实践智慧一词最早产生在古希腊。根据苏格拉底的看法，实践智慧与人的意志和行动有关。亚里士多德认为，实践智慧是一种德性，它展现了人们的自我认知能力，即对自身真实能力状态的客观认知，以及如何对他人有益。具有实践智慧的人不限于追逐短期特定利益，而是善于探索"总体上有益"的行为模式，超越了对短期功利主义的追求，也避免了机会主义行为。

实践智慧包含知与行两个方面，在认知上，具有实践智慧的领导人需要对外部环境的不确定性和未来趋势有深度洞察，深思熟虑，善于捕捉良机，通过有效的社会交往判断善恶，为组织指引未来方向和空间。对内善用经验、人才与知识，机敏精干地使用言辞与人沟通；综合平衡内外关系，探求明智德性，理性思考战略抉择与实践行为之间的内在关系，布局组织发展的整体价值和终极目标。在行动上，实践智慧寻求达到目的的最佳途径和方法，重视制作和操作中的智慧价值。德国哲学家 Hans-Georg Gadamer 认为实践智慧与技术技能不同，技术技能（如医生做手术、木匠做家具、理发师理发等手脑配合的诀窍）需要多年的实践积累和试错，实践智慧则需要在知与行方面有更好的协调能力。在科技大发展时代，技术技能的概念已经取代了实践智慧的概念。

领导者的实践智慧，直接影响知与行的方向及知与行的互动模式，影响目的与手段的紧密结合与内在关联。在价值创造的过程中，目的决定应当做什么（konw-what），手段则关注应当如何做（know how）；前者是价值层面的理性思考，后者是工具层面的理性设计。

在技术快速发展和不确定的环境中，实践智慧不仅关注当下的生存与发展，更关注把握未来的趋势和方向，"审时度势"一词绝妙展现了在拿捏现实与未来的关系时的状态。"审时"是对实践活动外部环境与时间窗口的判断与把握；"度"指对未来趋势的洞察、预判和展望；"势"则指面对现实挑战和对未来发展的推断，敏锐把握事物发展的内在规律和不可抗拒的力量，果断采取行动。在这个过程中，对"度"的把握充分体现了领导者的实践智慧，一方面，它展现了领导者的学习能力和对环境信息的感知、洞察、判断和预测；另一方面，它展现了领导者在预判不确定性和采取果断行动中的决断与勇气，以及为了中长期目标采取行动的力量与坚持。"度势"的关键是把握时机——"时"侧重捕捉时间窗口、"机"关注空间环境。在恰当的时机解决关键问题，展现了实践智慧在融合"时"与"机"时的睿智与精妙，也是成己、成人、成就未来的关键。

实践智慧重视知行合一和内外兼修。人们在与环境互动的过程中，一方面要以不同的方式和视角认识和理解世界的变化，另一方面还要寻找机会探索变革的空间，使之合乎自身生存需要。在这个过程中，人不仅要认识自己，同时也要变革自己、成就自己。在"自知""知人"的同时，做到"成己""成人"。

二、实践智慧与实践领导力

实践智慧是指在价值观和道德的指引下，企业家能与社会和谐相处的智慧。实践智慧与情境相关，且内涵在不断变化。实践智慧是主观和客观视角的黏合剂，整合了自然科学中的 know-why、实践中的 know-how 及目标实现中的 know-what，是综合利用通用知识与特定情境下特定知识的能力。实践领导力是引导组织推进知识创造、综合知识资产、将知识转化为竞争优势的分布式领导力。实践领导力有两个特点：一是关注隐性知识和显性知识；二是关注第三种知识，即实践智慧。野中教授在对实践智慧的讨论上进一步阐释了实践领导力的六种能力及获得这些能力的方式。

一是判断好坏。判断好坏的能力来自生活经验，因此培养实践领导力需要在组织中提供学习高质量经验的机制。获得这种判断能力通常有四种方式：（1）重视经验的价值，特别是人们在不利条件下和失败时的反思与感悟；（2）从人生经验中归纳总结出原则并进行分享；（3）不懈追求卓越，为人生设定更高的目标；（4）精通人文科学，如哲学、历史、文学和艺术。

二是创建文化与氛围。与他人分享情境创建和知识共享的场（Ba），需要在组织中培育关心、关爱和信任。

三是洞察本质，掌握事物或情境的精髓。领导人要关注细节，对变化保持敏感，透过现象观察本质。获得这种能力可以通过四种方式：（1）追问探究事物的细节和真相；（2）在把握细节的同时具有宏观视野；（3）通过提出和测试假设来验证想法是否正确，如 7-11 的店员在采购货品时不仅假设顾客需求，还要考虑天气、学校安排和本地人群特点等；（4）构建分享空间，在项目会议、学习小组、非正式爱好小组、吸烟室、咖啡馆、食堂、内部网络等场合充分自由地交流和分析信息，获得对事物的深入理解。

四是善于沟通。具有实践智慧的领导人不仅具有远见卓识和真知灼见，还有很强的共情力和同理心，能用通俗易懂的语言，借助隐喻、类比等形象化的说法与大众沟通，直达人心。这些领导人还有娴熟的政治技巧和综合性的思维体系来处理复杂问题，应对各种不确定性，具体表现在：（1）对环境的变化感知敏锐，能准确捕捉时间窗口；（2）理解人的本性，有效处理冲突；（3）用辩证思维包容多元，而不是进行非黑即白的简单判断。有实践智慧的领导人不会沉浸在过去的成功中难以自拔，而是面向未来，不断地实现自我突破。

五是激励他人。具有实践智慧的领导人有善于发现和构建组织中分布式实践领导力、鼓励员工的创造力，以及解决问题的能力，他们采用的方式有：（1）通过"并列争球"激发所有员工的进取精神和工作热情，协同工作、积极学习并做出明智决策；（2）在组织中树立榜样，鼓励他人观察并学习其行为；（3）设置正式的学徒系统，用师傅带徒弟的方式传承知识和文化。具有实践领导力的人是"理想实践家"，具有理想和实践的双重追求，能够用眼睛观察事实，理解事物精髓、拓宽视野、预见未来。

六是重塑组织。具有实践智慧的领导人有复原组织的能力，领导人自身就是榜样，不断自我突破，在实践和交互中使每一个员工都具备实践智慧。

三、数字化转型对领导者的挑战

野中郁次郎教授在 20 世纪总结的日本企业家的实践智慧特质集中体现在对企业内部的领导力。但是，今天的企业领导者面临着更大的外部不确定性和动荡性。其中，数字化技术创新和普及所引发的系列化的变革对社会政治、经济、文化的影响越来越大。云计算、大数据、物联网、移动互联网、人工智能、5G 等技术共同构成的数字基础设施，正在改变企业的生产力、生产方式和生产关系，这种变革对领导者的实践智慧提出新的挑战，主要归纳为以下四个方面。

一是如何在不确定性中做出前瞻预判。企业领导者在制定数字化战略时通常面临三种不确定性：技术发展的不确定性、技术业务融合的不确定性、技术投资回报的不确定性。如何判断技术发展的未来和对企业的影响，是领导者认知技术价值的关键。今天的数字化技术应用已经不单纯是一个技术问题，而是与国际政治的竞争与博弈、国家发展战略、人口与社会结构变迁、产业整合与转型、数字原生企业的崛起等多种因素交织在一起。因此，领导者对环境的洞察、对产业发展趋势的预判、对新技术价值的认知变得越来越重要，尤其是在技术应用早期充满不确定和争议的环境中做出判断与抉择，对企业能否获得领先优势至关重要。

二是如何审时度势把握技术应用的良机。领导者对新技术价值的前瞻预判决定了企业的战略选择、组织调整和资源配置，也直接影响其推进数字化战略的时间和切入点。从技术创新到商业应用往往有一个发展周期，过早成为先烈，过晚丧失机遇。如何审时度势把握最佳时机，根据企业痛点找到关键切入点，对数字化转型能否解决企业生存发展问题至关重要。

三是如何知行合一推进组织变革。在数字化转型的过程中，知行合一既表现在组织内部的战略共识，也表现在把组织共识转化为积极有效的行动，将数字化技术的应用与组织战略、组织业务和组织模式有效结合在一起，确保组织在不确定环境中的韧性、柔性和敏捷性。技术驱动的组织变革是痛苦和艰辛的，其过程中会遭遇三个层面的阻力和压力：战略层、组织层和资源层。战略层的转型阻力主要来自人的思维定式和行为惯性，企业商业模式、管理体系和技术能力经过长期投资趋向稳定，人们的思维容易固化。在组织层，个人和部门的利益关系、行为模式和文化氛围沉淀固化越久，变革的难度越大，对新技术和创新的接纳速度越慢。在资源层，数字化转型需要将大量资源配置在技术部门和技术人才身上，这容易引发传统强势部门的反对。

四是如何打造数字平台成己成人。随着企业数字化转型进程加快，数字能力的建设从赋能内部逐渐转向赋能上下游合作伙伴、客户和其他相关利益者。在成己的基础上成人，是构建工业互联网平台的大企业所要追求的目标和承担的责任。要成为数字生态中真正的带头大哥，企业需要在平台建设中在标准建设、设备互联、数据治理、信息共享和利益共赢上有很多的机制创新，这样才能具备数字经济时代领军企业的特质。

综上所述，我们将企业数字化转型中领导者的实践智慧提炼为一个模型（参见图18-1），重点呈现在数字经济发展的背景下，面对技术和其他要素的不确定性，企业领导人如何做出价值预判；如何在此基础上审时度势，通过制定数字化转型战略，寻求数字化转型的时机和切入点；如何在组织内部就数字化转型的战略实施进行布局、采取行动并持续推进；随着数字化转型日趋深入，如何将技术转化为企业的核心能力，并在自我赋能的基础上对外赋能，打造连接众多上下游企业和合作伙伴的生态系统。

前瞻预判	审时度势	知行合一	成己成人
理解技术价值	资源投入	广纳贤才	成就自己
	组织保障	创新文化	成就客户
预判商业前景	打破孤岛	场景驱动	成就伙伴
	渐进推进	激励机制	赋能未来

图18-1　企业数字化转型中领导者的实践智慧

四、实践智慧与数字化转型战略管理

对于大多数传统企业的领导人来说，数字化转型是一项有风险的投资和组织变革过程，具有突破式创新和渐进式创新的双重特征。说其具有突破式创新的特征，是因为与传统企业发展历史与已有能力体系相比，引入数字化技术需要在认知、人才、能力、文化和资源等层面，突破原有的思维模式、体系框架和能力结构，打造新的业务运营和管理模式。在思维模式上，从以"拍脑袋"式的主观决策到数据驱动的、基于客观现实的决策。在体系框架上，从以实体企业线下运营为主，到以实体企业与数字孪生交互的运营体系为主。在能力结构上，从追求低成本、差异化的战略能力到通过构建数智能力和平台能力来实现企业的战略目标，从仅依赖人力、物力、财力到更多开发利用数据资源和技术能力，使企业开发出新的核心能力。说其具有渐进式创新的特征，是因为数字化转型的过程要紧紧围绕企业现有业务流程和商业模式中的难点、痛点，持续改善和优化，既有数字化转型整体路线图，又有具体场景和环节的分析和切入，通过持续的渐进式创新达到突破式创新的更高境界。基于对近30家大型企业数字化转型案例的研究分析，领导人在数字化转型中的实践智慧需要在五个层面系统展开[①]：

一是战略层。战略层集中体现了企业最高领导层对数字化转型目标和价值的总体判断、战略规划及顶层设计的主要方法，包含的关键因素有战略意图、战略规划、战略分析和战略执行。战略意图指明了数字化转型所要达到的核心目标和解决企业生存与发展问题的关键。战略规划是制定数字化转型整体蓝图并探索推进路线的过程，不同企业根据自身的资源能力和禀赋差异选择不同的推进路线，如由点及线及面及体的渐进推进路线、沿着横向/纵向价值链拓展和深化推进的路线、根据战略目标阶段性推进等。战略分析是将数字化转型与企业体系和流程深度融合的重要举措，目的是使数字化转型过程紧密服务于企业战略和核心业务。在这个环节，企业需要采用多种管理方法工具进行梳理，如系统工程、需求管理、流程梳理、质量管理、标准化等。战略执行是将企业战略意图推进并落地的组织保障和行动策略。

---

① 中国企业联合会. 中国企业管理创新发展报告2023[M]. 企业管理出版社，2024.

二是组织层。组织层与数字化转型中的领导力和人才队伍密切相关。大量的调查研究发现[①]，绝大多数企业在数字化转型中都面临着人才窘境，这里既包括原有人才对数字化转型的认知、能力和结构短板，也包括缺乏与数字化转型有关的人才队伍。在组织层，我们发现数字化转型的关键因素有领导力、组织保障、人才激励和投资管理。成功的数字化转型需要强有力的组织保障，其中包括一把手工程和各高层的深度参与；各级组织形成自上而下的执行体系；业务与技术部门的沟通协作有具体的方法和途径；数字化转型的目标分解到各个项目；有项目专班负责执行落地；项目中的突发问题和困难有快速解决机制；对项目执行有年度、季度、月度的定期评审考核机制。同时，企业还制定一系列强有力的数字化人才激励和成长机制，快速培训专业人才队伍。

三是业务层。业务层是业务体系数字化的关键任务和主体环节，是数字技术与业务能力紧密融合的过程与实践，涉及与业务流程密切相关的价值链各个环节和各个要素，包括数字化仿真与数字孪生、智能制造与智能装备、智能服务与运维、供应链协同和产业链延伸。参照价值链的关键环节，发现很多制造企业的数字化转型实践呈现出以点带线、以线拓面、以面扩体的规律，从局部环节开始，逐渐将数字化能力在业务链、供应链、价值链，甚至产业链环节深化拓展。数字仿真是业务价值链的关键，不少企业已经有深度实践，通过数字化手段使研发到服务运维形成闭环，构建从发现产品使用中的问题反向优化研发仿真的最短路径，迭代提升产品质量和创新能力。同时，产品和生产的数字化催生了新的智能运维和智能服务，给传统制造企业带来了新的业务增长点，并对产品全生命周期和供应链进行有效的追溯、质量管理和资产评价。供

---

① 李兰，董小英，彭泗清，戴亦舒，叶丽莎，王云峰. 企业家在数字化转型中的战略选择与实践推进——2022·中国企业家成长与发展专题调查报告 [J]. 南开管理评论，2022，25（5）：191—202.

应链协同对整合和提升企业内部资源使用效率至关重要，同时为产业链延伸和工业/产业互联网发展奠定坚实基础。工业/产业互联网的发展意味着企业数字化转型进入更高的成熟度阶段，企业具备在更大范围内提高资源配置效率、促进商业模式创新的能力。

四是数据层。数据层是企业真正实现数字化转型的关键，基于数据对业务和管理活动进行量化、可视化，从而助力决策与风险管控，是数字企业的核心特征。数据层涉及数据治理与数据利用两个要素，数据治理解决的是数据如何管理和分析的问题，包括数据质量、数据标准、数据工程、数据分析和数据安全。数据利用包括了数据赋能和数据增值的活动。在数据治理中，数据工程是将企业数字化项目作为一项复杂系统工程进行解析和执行，涵盖了数据管理顶层设计、数据标准、数据分析和数据赋能决策等。数据标准是企业数据管理的基石，涵盖了制定企业数据统一规范、数据标准体系和数据模型多维度方法与实践。数据分析是数据资产赋能业务和价值转化的关键环节，也是从数字化到数据智能化的核心，还是决策支持的重要方法和途径；很多企业已经形成多层级数据驾驶舱，包括决策层、管理层和车间层等。在数据利用部分，数据赋能决策指完整的数据分析为决策者提供全景展示，有助于其进行态势感知，拓展决策者的战略视野，降低决策成本。同时，数据驾驶舱赋能不同层级的决策者、管理者和实践者实现精细管理、自主管理和风险管理。

五是结果层。结果层是对数字化转型实践结果的测量与评估，是数字化转型的价值实现。在衡量成果时，既包括可量化的财务指标，也包括难以量化的质性指标。前者是对企业现有绩效指标的改善与优化；后者则是对企业成长与发展的综合评价，包括突破"卡脖子"技术、国产替代、增强供应链协同、绿色可持续发展、拓展第二增长曲线和综合竞争优势的形成，很多质性指标与突破式创新密切相关，会给企业中长期发展带来深远的影响。

综上所述，在数字化转型时代，领导人的实践智慧更加重要，它对企业中长期发展的战略预判和资源布局、对驾驭数字化转型过程中的不确定性和风险、对有效带领组织在动荡中探寻转型和发展之路、对在资源有限的情况下投资未来并发展新的能力都具有关键价值，是独特的、无法替代的企业家精神的根本体现。除了领导人自身的实践智慧，企业领导人所处的外部环境，特别是上市公司股东或上级管理机构所给予的信任、激励、授权和耐心，对确保其实践智慧的充分施展和卓越表现，都至关重要。领导人的实践智慧决定了企业能否在高度不确定的环境中，坚持做对未来有价值和有意义的事。

第 19 章
大数据与知识管理

今天,"大数据"一词已经非常普及,数字化技术在各行各业被快速应用。在人们的工作生活中,智能手机融入方方面面,互联网社交媒体上聚合了大量文本、图形、音视频数据;在工业和产业中,来自工业物联网、设备传感器、组织管理、金融交易、智慧城市、交通运输、能源管理等领域的多业态、多类型、多模式、多场景和多用途的海量数据,还在不断以更快的速度、更大的规模、更丰富的类型增长、汇聚和融合,形成复杂的大数据生态系统。

一、大数据特征及来源

最早甄别大数据特征的是 Meta 集团(现已被 Gartner 公司收购)的分析师道格·莱尼(Doug Laney)。他提炼出大数据的三个特征,分别为规模(volume)大、速度(velocity)快和种类(variety)多。规模大是指要处理的数据来自全球供应链系统、全球金融数据交易系统、大型数据中心等;速度快是指要处理高频实时数据流,如传感器数据、远程医疗数据、电子交易数据、车联网数据等;种类多是指要处理的数据类型多且来源丰富,既有不同语法格式的数据(如电子表格、XML、DBMS),也有不同模式和含义的数据(如企业集成的数据、社交媒体数据、企业间的交易数据)。其中,大数据的规模是很多学者特别关注的问题,因为传统方法已经无力应对。随着对大数据的开发与利用逐渐深入,人们探索到更多大数据的特征,如真实准确(veracity)、价值发现

(value)等。大数据的这些特征挑战了人们传统的决策模式、管理思想和技术方法，因此我们迫切需要开发新一代的技术、架构和能力，以确保从大数据中挖掘价值，更好地制定决策、预测未来和加速创新。

人们通常从社会属性和技术属性的视角对大数据的来源进行分类。从社会属性来看，数据的来源包括政府，医疗、保健、能源、零售等行业，以及个人。因此，大数据可以被划分为：（1）个人数据或非个人数据；（2）私人数据或公共数据；（3）商业数据或政府数据；（4）内部数据或外部数据（如企业内部数据或外部公共数据）；（5）实时数据或历史数据；（6）自愿提供的数据或被观察推断的数据；（7）敏感数据或非敏感数据；（8）B2B 数据、B2C 数据、C2C 数据或 G2C 数据等。

从技术属性来看，大数据通常被分为五种类型[①]：（1）批量数据。批量数据体量巨大，数据静态存储在硬盘中，很少更新，存储时间长，可重复利用，难以移动和备份；但其经过长期积累沉淀（如气象、交通或档案数据），精度相对较高，是宝贵的数据资产。而批量数据的价值密度低，如视频批量数据，在连续不断的监控中可能只有数秒的异常值是有价值的。物联网、车联网、交通监控中会形成大量批量数据。（2）流式数据。流式数据主要源于服务器日志的实时采集，带有时间标签或顺序属性，如电商的订购数据、银行的交易数据、搜索引擎的访问日志等。流式数据格式混杂，其中掺杂错误信息或垃圾信息。（3）交互式数据，如银行客户机器人即时应答系统产生的数据。交互式数据处理灵活、直观，便于控制，如在人机问答的过程中，数据以对话的方式输入，系统提供相应的数据或提示信息。（4）图形。图形数据处理包括图数据的存储、图查询、最短路径查询、图模式挖掘，以及图数据的分类、聚类等。（5）音频、视频等。此类大数据的处理主要涉及声

---

① 程学旗，靳小龙，王元卓，郭嘉丰，张铁赢，李国杰.大数据系统和分析技术综述 [J]. 软件学报，2014，25（9）：1889—1908.

音数据采集、数据清洗策略、视频数据压缩、音视频分类、情感甄别、数字电视监测、数据质量提升、备份存储及安全、即时通信中的音视频处理、用户数据采集分析等问题。

二、大数据对知识管理的影响

传统的知识管理理论与实践以组织为核心，重视人的专业知识的显性化和内部知识的整合。尽管企业管理系统中有一些数据，但这些数据基本上是结构化的、局部的，以内部管理数据为主，很多企业通过商务智能软件即可对这些数据进行分析处理并利用其辅助决策。企业知识管理的重点是解决知识匮乏、知识流失和知识孤岛问题，而数据资产尚未成为企业的战略资产。

在大数据时代，知识管理理论与实践的重点是数据分析与决策支持，特别是通过人机交互实现群体知识的赋能与利用，即通过大数据、云计算、5G和人工智能等技术的整合应用，将组织内外的知识作为战略性资源进行开发利用。企业应着重关注以下几个方面：

一是企业整个价值链被数据链贯通，从传统的封闭式系统转变成开放式系统，无论是供应链上游企业的数据，还是下游企业或消费者的数据都可以获取。

二是数据成为企业的战略资产。从发展的角度看，数据给企业提供了取之不尽、用之不竭的资源。数据资源与土地、自然资源等资产相比，具有在重复使用中持续创新的价值，能更广泛地共享而不减损数量。因此，如何确保数据增值、如何确保数据在使用过程中既开放又安全，是管理中的难点问题。

三是针对大数据的多个特征，综合投入产出指标，探索数据管理的价值创造模式和方法。大数据类型的多样性使企业需要同时处理不同类型的数据（如结构化、半结构化和非结构化数据；文本、音频、视频数据等）。在快速响应方面，企业对市场变化、客户需求、风险的反应必须高效及时。

四是大数据分析的核心是使数据被有效地表达、解释和学习。以往的数据规模不大，类型有限，模型和方法较为简单；而大数据则需要使用更加复杂的模型来进行数据特征和结构的解析与提取，在这个过程中，深度学习是非常重要的方法。深度学习的概念源自学者们对人工神经网络的研究，它通过抽象组合低层数据特征，逐渐形成更加高层的抽象表达（属性类别或特征），从而发现大数据的复杂特征和抽象结构。深度学习中的"深度"指的是网络学习得到的函数中非线性运算组合水平的数量。如深结构神经网络有一个输入层、三个隐层和一个输出层；而浅结构神经网络只有一个输入层、一个隐层和一个输出层。深度学习是利用卷轴神经网络、多层自动编码器深层结构、去噪自动编码等工具，自动发现隐含在大数据中的深层结构，据此提取出有价值的知识并构建可查询、可分析和可计算的知识库，用以解决大数据分类、回归和信息检索等特定问题。在处理海量网页信息的过程中，自动构建知识库的方法更加重要和有效。

五是如何将数据价值链打造为"知识经济的中心"。[1] 传统价值链是指企业内外部业务流程、活动和各种子系统之间的输入、转换和输出活动，通过输入技术、知识、工艺、know-how和资源，每个环节都创造更多的价值。传统价值链既包括业务主价值链，也包括各类职能部门的辅助价值链。在传统价值链中，数据是价值创造活动中的附加产出，并不是业务活动主价值链的核心。但在数字经济时代，随着数据成为关键生产要素，如何将数据转化为知识，为价值链创造更多的附加值，成为大数据时代知识管理的核心。欧盟在界定大数据价值链时，将其划分为三

---

[1] Cavanillas, J.M. and Wahlster, E.C.W. New Horizons for a Data-Driven Economy: A Roadmap for Usage and Exploitation of Big Data in Europe [M]. Springer, 2016.

类：(1) 核心数据价值链，由直接数据提供方与数据价值销售渠道组成；(2) 拓展的数据价值链，由数据技术提供方、数据提供商、数据市场、互补性的数据产品和服务提供商，以及最终用户共同构成；(3) 数据生态系统，由政府、立法机构、风险投资机构、投资人、学者、研究者、行业协会、初创企业和竞合型企业等共同组成。[①]

三、从数据采集到数据分析

数据采集。数据采集包括数据搜集、验证和存储[②]，是数据价值链中至关重要的环节，也是大数据增值的挑战之一。数据采集中最关键的问题是数据质量和数量。在数据管理概念体系中，数据采集质量是整个数据价值链的关键，涉及数据采集渠道、标准、质量控制、质量甄别等。学术界在20世纪90年代已经有大量关于数据质量的研究[③]，其中麻省理工学院发挥了重要作用。[④] 研究者参照 ISO 9000 的质量管理体系框架，提出了全面数据质量管理（Total Data Quality Management，TDQM）项目。针对数据库中的数据质量管理需求，该项目就数据来源、数据标签、数据延续、数据建模、数据安全、数据隐私等问题进行探索。在构建数据管理国际标准的过程中，研究人员甄别了七个影响数据质量的要素，分别是管理责任、运营和保障成本、研究开发费用、生产、分布、人才管理和法律职能。数据质量管理的过程应该形成由定义、衡量、分

---

① Kahn, B.K., Strong, D.M. and Wang, R.Y. Information Quality Benchmarks: Product and Service Performance [J]. Communications of the ACM, 2002, 45(4): 184-192.

② Faroukhi, A.Z., Alaoui, I.E., Gahi, Y. and Amine, A. Big data monetization throughout Big Data Value Chain: a comprehensive review [J]. Journal of Big Data, 2020, 7(1): 1-22.

③ Knight, S. and Burn, J. Developing a Framework for Assessing Information Quality on the World Wide Web [J]. Informing Science, 2005, 8: 159-172.

④ Wang, R.Y. and Strong, D.M. Beyond accuracy: what data quality means to data consumers [J]. Journal of Management Information System, 1996, 12(4): 5-33.

析和改善四个活动共同组成的闭环，以实现数据质量的持续改善。与20世纪90年代数据质量问题集中在结构化数据上不同，近年来的数据质量研究更关注半结构化和非结构化数据、数据集的扩展及图像和语音。在对数百种数据质量特征进行调查分析后发现，数据质量的核心特征包括真实可信（准确、一致、完整、客观存在）；可获得性；相关性；时效性和可解释性（与需求相关）。[①] 数据质量不仅是技术问题，还与企业管理基础、企业文化密切相关。当数据采集涉及大量人员素质、技能、管理问题时，数据质量管理和控制难度加大，因此，应尽量采取基于设备和过程的数据采集技术，以确保数据的真实可信。数据标准化与数据质量密切相关，数据的标准化可以减少语义的异构性，提高数据之间的互操作性。

企业在采集数据时，通常注重数据量、品种和采集速度，但对用户需求、数据用途和价值的调研和评估不足，导致数据采集量过大，给数据处理分析带来巨大成本，算力和算法被大量浪费。而数据采集不足也会导致重要环节出现数据盲点和遗漏。因此，企业在制定数据采集策略时，需要对用户需求、潜在价值、数据处理投入产出比进行调研论证，特别是要对不同决策者需求进行调研评估，动态调取所需数据。

大数据采集需要良好的基础设施。支持大数据采集的基础设施必须能够提供低成本、低延迟、高容量、高带宽、支持高频交易的环境，并尽可能覆盖全服务过程（如移动通信数据流、无人驾驶汽车中的数据流）、确保数据的细颗粒度（如物联网中的设备细节、金融交易中有风险的弱信号）、及时掌握高频数据（如人流的快速移动）、有效获取边缘数据（如无人值守的边界、水库、发电站等）等。大数据采集的基础设施建设除了通信设施、算力电力、计算中心等软硬件体系的建设，还涉及数据的治理，

---

① Bovee, M., Srivastava, R.P. and Mak, B. A Conceptual Framework and Belief-function Approach to Assessing Overall Information Quality [J]. International Journal of Intelligent System, 2003, 18(1): 51-74.

如数据使用的出处管理、信任机制、权限分配和数字权利等。

数据异构与集成。由于大数据来源多样、应用场景不同、格式不同、类型不同，通常是由很多小数据集成在一起的，这些小数据仅从一个角度或片段反应业务现状，无法完整呈现整个业务过程。因此，数据的多样性和数据异构问题会呈现出来。数据异构由多种因素导致，可以归纳为信息的异构、系统的异构和平台的异构。信息的异构会导致语义的异构、结构的异构和语法的异构；系统的异构会导致数字媒体存储的异构、数据库和数据模型的异构；平台的异构则是由操作系统（如文档系统、命名系统和运营交易支持系统）的不同、硬件设备（如指令集、代码和数据表达）的不同造成的。数据异构问题解决不好，会在域名定义、数据价值、概念抽象、示意图、实体界定上产生差异、冲突和混乱，导致数据集成和分析过程中产生认知的不一致、时间的不一致和接受度的不一致。为了解决数据异构和集成问题，不同时代的研究者寻求了多种方法。在信息系统使用的早期阶段，针对大量结构化数据，可通过分布式计算、中间件技术和标准化，支持句法和结构上的互操作性，使异构问题在信息层面得到解决。在信息系统越来越多的阶段，可通过语义互操作性解决信息系统间相互理解的问题。在互联网和社交媒体上出现大量非结构化或半结构化数据的阶段，则可利用元数据、知识表达和推理，处理术语差异、互操作性和集成问题。人工智能技术大大提高了数据标注中的标准化和互操作性，使人们不仅仅将注意力放在数据层面，而是更多地放在信息和知识层面，从而有效地解决决策问题。

数据分析。数据分析是利用数据挖掘、商务智能和机器学习等技术，实现对原始数据的处理、挖掘、探索、转换和建模，从商业角度发现数据的相关性、因果性，综合分析并提取具有高潜力的有用信息。数据分析中的通用技术包括：推理（包括流推理）、语义处理、数据挖掘、机器学习、信息提取和数据发现。数据采集速度越快，对流数据处理、流推理和流数据挖掘的要求越高。

与传统的决策分析和支持系统主要基于静态报告不同，移动互联网和物联网的广泛普及使决策者可以利用实时动态数据支持决策。决策支持的类型包括：（1）查找和检索。这是复杂度较低的决策支持，其功能包括对事实和已知项目进行查找和检索，通过检索和导航系统，降低数据、信息和知识获取的成本，提高效率。（2）学习和解释。支持决策的功能包括知识获取和对数据进行解释，具体如数据比较、聚合和集成，人们以此增强对数据的理解。其他组件可能支持用于数据交换的社交功能。（3）整合与分析。在更高级的决策支持系统上，对数据进行分析与集成。基于数据分析，人们可以确认、规划和预测，并在数据结果中找到更重要的相关性关系，如季节和／或天气对特定事件中特定产品销售的影响。（4）生成与交互。人工智能是复杂度更高的决策支持，可通过自动化的方式进行预测甚至规范分析（自动分析或衍生分析）。（5）预测性分析。在制造业中，数字孪生和网络实体系统（CPS）改变了旧的制造流程，将规划与仿真、监测和控制、制造与运营、物流和企业资源规划（ERP）等数据做预测分析、规范性分析，并对这些过程进行数据的自动分析、控制和优化。预测分析可以替代人工广泛用于制造业和设备状态维护，尤其是运维成本高、运维频率高、危险系数大、安全风险高、灾难损失大的领域，如航空航天工业中机器故障的预测等。预测性分析要基于传感器和情境数据的预测性维护，以预测与标准维护间隔的偏差。当数据指向稳定系统时，维护间隔可以延长，从而降低维护成本。如果数据出现异常，可提前进行维护，以避免故障、降低维修成本、减少停机时间。在预测性分析中，工业物联网中的数据源不限于传感器，还包括机器使用数据等。预测性数据的价值体现在三个方面：一是更长的维护间隔。在接近常规维护时间时，为避免不必要的生产中断，基于传感器数据，预测模型允许延长维护间隔。二是更低的故障数量。根据传感器数据可对异常情况提早进行维护，从而降低故障数量。三是更低的故障成本。潜在的故障可通过数据进行预警，因此企业可提前安排维护工作，减少停机时间以节约费用。

当然，在数据分析的过程中，企业需要对所需投入、产出结果和使用情况进行评估，找到数据驱动发展和支持决策的关键价值，提高投资回报和科学成果可重用性的根本动力。

四、从数据策展到数据利用

数据策展（curation）是一个新概念和研究领域，起源于图书馆和信息科学，它研究的重点包括如何选择、保存、管理和展示数据产品与服务，方便用户检索和访问，使其以最便捷的方式使用这些数据产品和服务。目前国际上已经制定了一系列数据策展的标准和政策，以改进数据策展的方法、流程和策略。

数据策展的核心目标是为知识型组织提供更完整、更高质量的数据驱动模型。更完整的模型是指通过数据分析支持多用户的决策需求，促进组织和个人在不同环境中尽可能多地重用第三方数据和其他多元数据，以促进更多高质量数据内容的生成和发展，真正打造数据驱动的组织生产力，提高数据服务和工具的可访问性、可见性和可用性，使数据不断重组形成新的产品和服务。

数据策展过程分为不同环节，包括内容创建、数据选择、数据分类、数据转换、数据验证和数据保存。数据策展人应是专业人才（如首席数据官），负责确保数据值得信赖、可发现、可访问、可重用，符合用户需求和使用目标。数据策展需要大量专业人员，以确保数据管理成为数据增值中最关键的活动，从数据科学的角度看，对数据的分析和描述都需要采取科学方法，这方面的人才很重要，但也比较稀缺。对企业来说，数据分析人才与业务人才密切合作才能根据业务和决策需求从数据中挖掘出有价值的信息，用最小的管理努力获得最大的回报，并在多种场景下实现低成本、高效率的数据重用。

数据可视化。大数据的特征对数据可视化提出了更高要求，包括对高维数据及其分析的可视化需求。对数据的使用者来说，他们要求动态链接、全面的数据驾驶舱和动态的数据仪表盘，具体功能包括人机交互、数据钻取、地理空间和时间数据处理、空间决策支持和统计等。同时，数据传输速度和实时性也需要动态可视化。

可视化工具将数据分析结果以可视化的方式呈现，便于非数据专业的管理者简单清晰地了解各项指标的运行状态、分布、趋势和预测。在大数据分析中，相关参数、子集和特征的选择是数据挖掘和机器学习的关键要素，需要长周期测试其设置的合理性。由于这些设置是对分析结果进行评估，因此高质量的可视化有助于使用者对结果的质量进行快速和精确的评估。可视化应具有以下功能：（1）交互性、语音查询、多模式交互（触摸屏、输入设备、虚拟现实和增强现实）；（2）动画呈现；（3）用户适应性和个性化数据呈现；（4）半自动化和报警，复杂事件处理和业务规则引擎；（5）多数据类型，包括图形、动画、仪表盘、驾驶舱等；（6）解决地理信息系统的时空数据集和大数据应用；（7）实时的可视化，如金融业（交易）、制造业（仪表板）、石油/天然气和商业活动监控。

为了在数据使用场景的后期使用数据分析结果，支持数据科学家和业务决策者从数据可视化中得出结论，需要根据使用者的信息和决策需求，精心选择可视化数据，需求越明确，可视化结果越容易管理和评价。在设计数据可视化时需要酌情考虑计算成本、用户友好性和人机交互便捷性。近期人工智能的应用可以让人以自然语言与之交流，并在交流过程中不断调整深化需求，大大提升用户体验。

数据利用。数据利用是指利用数字资源驱动各项业务活动，业务活动包括数据访问、数据分析，以及将数据分析集成到业务活动的过程和所需工具中，降低商业决策成本、提升附加值、改善绩效和增强综合竞争力。数据支持决策的场景依赖于复杂、多领域和分布式数据的集成和分析，并从不同数据源的信息中提取价值。虽然非结构化数据（如文本、视频等资源）可以支持决策过程，但结构化数据通过定义，实际上为用户提供了更强大的分析能力，因为用户可以对结构化数据进行比较、聚合和转换，从更多可用数据中挖掘价值，并将其不断应用到各种新的语境和场景中。

在不同场景利用大数据的目的是发现数据中新的关系、模式和相关性。从表面上看，这些关系创造了新的商业洞察和机遇，还提升了客户服务效率；从更深层的意义上看，大数据在不同场景的利用会使组织系统和社会体系的治理与奖惩活动更透明、更客观、更公正和可追溯，对提升经济和社会决策的科学化程度和文明化程度有重要意义。只要数据是公开的，这种决策模式就具有可复制性，可在不同地区应用发展。数据利用的过程会涉及诸多的治理问题，如数据的访问权、所有权问题，数据保护问题，数据治理机制和协议，隐私保护法律法规，以及大数据分析工具或服务的使用权限和费用等。

利用大数据驱动决策为不同行业创造了新的机遇。例如，在医疗保健领域，临床决策支持程序可辅助医生做出知情决策，提高护理操作的效率和质量，减少治疗事故，但前提是必须使用全面的数据集成和高质量的真实数据；政府管理部门可以通过异常数据对网络赌博活动进行预判、监测和监管；物流部门通过挖掘海运数据可以分析全球贸易走势；在制造业中，工业物联网数据可被用于预测性诊断和设备故障分析，很多企业利用大数据洞察进行市场营销、实时检测异常事件、提高核心业务的效率和有效性，通过实时更细粒度的数据进行自动化监测，降低运营成本，为供应链体系和新业务流程规划提供数据基础，提高内外部客户需求的透明度等。但大数据分析过程中也会出现一些常见问题，如忽视数据建模；过度依赖数据相关性分析，而不对因果关系进行深度理解；数据采集受到技术、经济、社会、地理等因素的影响，导致数据样本出现偏差；数据来源不准确；数据分析存在盲点等。

在人工智能技术快速发展的时代，打造从大数据到知识的价值链变得更加复杂、困难和重要。本书第13章第一节简要介绍了数据与知识的区别，而当下知识的类型仍在不断演化、增加和丰富。传统的知识以人的感知、学习、经验、技能和智慧为核心；人工智能所衍生的算法、模型等智能体有可能在汇集群体显性知识的基础上，演化出包含范围更广、检索颗粒度更精、运算速度更快的智能，目前我们对它与人类知识的关系、差异，及其可信度、可靠性等仍然所知甚少。尽管如此，我们仍然可以预判，人机交互将是未来知识创造的重要途径与方法，将大数据增值为知识需要将其与人们的需求、经验、场景、问题、决策相互组合与支持，才能有效应对信息过载、知识不足的窘境。

第20章
数智时代的人才发展

一、数智时代的人才需求

对我国上千家企业数字化转型实践的调研结果表明，企业数字化转型面临的主要困难是缺乏数字化的人才和转型方法论[①]，小企业、民营企业数字化转型的困难更加突出。数字化转型是一项专业性较强的工作，所需的人才涉及战略、技术、业务、项目管理等不同层面，包括数字化转型的战略领导者、推动者，技术业务复合型人才，项目经理和数据科学家等。同时，数字化转型需要和企业战略、业务、模式密切配合，在数字化转型规划、商业价值评价和寻找切入点上需要有系统化的方法指导。作为新生事物，数字化转型人才的培养和知识体系建设仍然处于早期。

根据我们连续多年对企业数字化转型情况的跟踪调查，早期的数字化人才缺口是大数据分析专家，而随着对数字化转型本质的认识更加深入，企业发现，战略领导人、项目经理和落地推动者是其最需要的人才。调研数据显示，2020年，企业最缺乏的数字化人才是数字化战略领导者，占比46.77%；第二缺乏的是数字化项目经理（熟知数字化技术与业务，发展最新的管理方式，推行敏捷的工作方式），占比

[①] 李兰，董小英，彭泗清，戴亦舒，叶丽莎，王云峰.企业家在数字化转型中的战略选择与实践推进——2022·中国企业家成长与发展专题调查报告[J].南开管理评论，2022，25（5）：191—202.

40.97%；第三缺乏的是数字化落地推动者，占比 39.35%；第四缺乏的是数据科学家（从事大数据分析与解读），占比 35.16%。这与 2019 年、2018 年的调研结果基本一致（如图 20-1 所示）。这表明在企业的数字化进程中，配备相应的人才需要较长的时间，人才培养非一日之功，需长期投入。

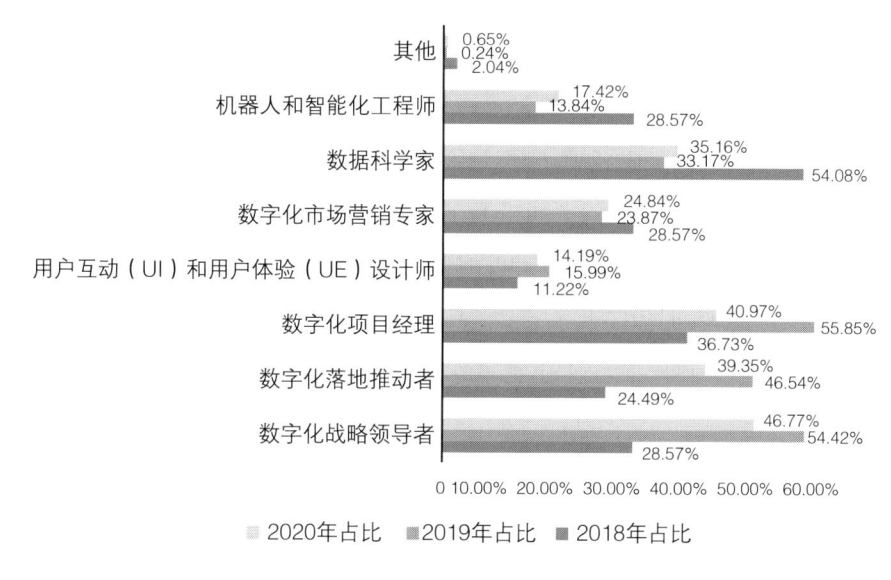

其他 0.65% / 0.24% / 2.04%
机器人和智能化工程师 17.42% / 13.84% / 28.57%
数据科学家 35.16% / 33.17% / 54.08%
数字化市场营销专家 24.84% / 23.87% / 28.57%
用户互动（UI）和用户体验（UE）设计师 14.19% / 15.99% / 11.22%
数字化项目经理 40.97% / 55.85% / 36.73%
数字化落地推动者 39.35% / 46.54% / 24.49%
数字化战略领导者 46.77% / 54.42% / 28.57%

■ 2020年占比　■ 2019年占比　■ 2018年占比

图 20-1　企业缺乏的数字化人才类型

二、数字化转型领导人与一把手工程

战略领导人与变革型领导人有很多相似的地方。在认知上，他们面向未来，具有远见卓识和危机意识，在这两种意识的引导下，愿意带领组织克服阻力，做出变革。对于新鲜事物，他们始终保持开放态度，愿意引入新的体系和架构，注重差异化思维。在行为上，他们质疑假设，探寻实质，适当冒险，观察新现象；与各方面人员能够进行有效沟通，平易近人，愿意到一线进行走动式管理，重视他人意见，愿意从多种渠道获得信息和知识，尊重他人的看法，能够开拓胸怀，开放讨论错误，鼓励信息共享和团队内部的沟通；与员工分享愿景和面临的挑战，同时还富有个人魅力。在学习上，他们强调实验，承担风险，选择多样性，更新现有学习过程，推进战略变革和创新。在组织建设上，他们积极构建企业对环境的适应性，通过集权与分权的动态平衡，在观察核心领导人意图的同时，调动中层和基层员工的创新热情和主导精神，通过共享数据与信息建立跨部门的合作机制。

我们在 2022 年发表的对近 1500 位企业家的调查结果如表 20-1 所示，企业数字化转型的关键负责人中，有 39.7% 是总经理或执行总裁（CEO），25.3% 是董事长，9% 是 IT 部门负责人，3.6% 是首席信息官。这说明一把手工程成为企业数字化转型中的主要领导模式，首席信息官缺位明显，这或许与调研中的样本主要为中小型企业有关。大企业一把手工程的特征更明显，国有企业中由董事长亲自推进的比例相对更高。[①]

表 20-1 企业主抓数字化转型的负责人

单位：%

职务	总体	规模			经济类型			行业	
		大型企业	中型企业	小型企业	国有企业	外资企业	民营企业	制造业	非制造业
总经理或执行总裁（CEO）	39.7	30.1	41.5	40.0	30.4	36.3	40.4	42.2	37.3
董事长	25.3	27.4	22.5	26.0	32.7	15.2	25.6	23.4	27.3
IT 部门负责人	9.0	8.2	11.3	8.4	6.5	12.1	8.8	9.7	8.2
副总裁（VP）	3.8	15.1	4.6	2.6	10.9	3.0	3.8	5.2	2.4
首席信息官	3.6	11.0	3.8	2.9	0	15.2	3.5	4.2	3.0
首席技术官	2.7	6.8	4.2	1.9	13.0	0	2.4	3.3	2.1

---

① 李兰，董小英，彭泗清，戴亦舒，叶丽莎，王云峰. 企业家在数字化转型中的战略选择与实践推进——2022·中国企业家成长与发展专题调查报告 [J]. 南开管理评论，2022，25（5）：191—202.

续表
单位：%

职务	总体	规模			经济类型			行业	
		大型企业	中型企业	小型企业	国有企业	外资企业	民营企业	制造业	非制造业
首席数字官	0.7	0	1.3	0.6	2.2	3.0	0.6	0.5	0.9
首席数据官	0.3	0	0.8	0.1	0	0	0.3	0.2	0.3
其他	14.9	1.4	10.0	17.5	4.3	15.2	14.6	11.3	18.5

由一把手主抓数字化转型的企业中，领先者企业占比最大，其次是快速追随者，怀疑者的占比则为0。如表20-2所示，在领先者中，由董事长负责推进数字化转型的比例为44.1%，由总经理或执行总裁负责推进的占39.2%；在快速追随者中，董事长负责推进数字化转型的比例为26.7%，由总经理或执行总裁负责推进的占42.4%；怀疑者中较少有一把手负责数字化转型，董事长负责推进的占0，总经理或执行总裁负责推进的占30.8%。

表20-2 不同定位的企业主抓数字化转型的负责人

单位：%

职务	总体	领先者	快速追随者	谨慎采纳者	观望者	怀疑者
总经理或执行总裁（CEO）	39.7	39.2	42.4	42.2	35.7	30.8
董事长	25.3	44.1	26.7	21.1	24.1	0
IT部门负责人	9.0	5.9	6.5	12.3	8.1	0
副总裁（VP）	3.8	1.0	8.0	3.6	2.0	0
首席信息官	3.6	0	6.5	4.6	1.4	0
首席技术官	2.7	1.0	3.1	3.6	1.7	7.7
首席数字官	0.7	0	1.1	0.7	0.6	0
首席数据官	0.3	0	0	0	0.8	0
其他	14.9	8.8	5.7	11.9	25.5	61.5

企业数字化转型中为什么需要一把手工程呢？这里有三个主要原因。第一，数字化转型与企业战略定位密切相关，事关企业未来发展整体规划、资源配置和能力建设。当数字化转型在企业未来发展战略中占重要位置时，企业才会选拔重要人才、投入资金、设定绩效指标来完成这件事情，这些工作均需要企业最高领导层制定决策和投入资源。如果数字化未能纳入企业未来核心能力体系，它就很难给企业带来真正的竞争优势。第二，数字化转型需要企业在整体规划、认识一致和数据标准方面进行统一部署，这个过程需要打破部门间的割据和各自为政，从企业的整体利益和长期发展的角度进行跨部门协同，才能做到系统互联、数据互通。跨越个体利益、打破局部藩篱，必须有最高领导层的强力推进与改变，这样才能解决信息孤岛问题，实现系统化、整体化和全局化的结构与布局。第三，数字化是组织变革的过程，新技术的采用、新技术与原有业务的融合都需要新思维、新方法和新工具。在这个过程中，要引进新的人才团队、改变旧有的利益格局、放弃传统的经验和方法。这是一个痛苦的扬弃与变革的过程。在这个过程中，人们会有担心、恐惧、感受到新技术的威胁，会遇到各种各样的抗拒与抵制，因此，企业一把手需要有坚定的信念与坚强的定力，为大家指明方向，激励探索试错，引导整个转型过程，才能带领大家走出迷惑。

随着企业数字化转型的加速，一些新的管理岗位开始涌现出来。在信息化和数字化时代，首席信息官（Chief Information Officer，CIO）仍然是企业数字化转型的核心负责人，他们熟悉企业业务流程，通过信息系统、数据中心、云计算等数据基础设施的建设、应用和维护，支撑整个企业高效运营。另外，随着企业数据资产的增加，高层管理对数字化支持业务增值的要求越来越高，一些大企业开始设置首席数据官（Chief Data Officer，CDO）和首席数字官（Chief Digital Officer，CDO），用更大的力度推进企业数字化转型。首席数据官与首席数字官的不同如表20-3所示。

表 20-3 首席数据官和首席数字官的比较

	首席数据官	首席数字官
职责	资产管理与能力建设 与数据管理相关的专业能力 构建资产数字化与数字资产化的过程、方法与体系 根据业务需求选择数据库及数据处理、数据分析的人才、工具和策略 对企业业务发展和运营提供标准化的统一管控和数据资产化变现	战略层和组织变革 制定组织的数字化转型战略和规划 推进组织全方位的数字化转型 推动组织内部和外部伙伴之间的数据共享、利用数据实现共赢 推动传统组织模式与数字化技术的融合 构建数据驱动发展模式和商业价值实现
岗位特征	聚焦企业数据管理 数据科学应用 数据挖掘与数据运营增值 数据驱动决策与发展	重点承担数字化转型的核心职责 推动数字化转型过程中的组织变革 数据文化建设及数字企业建设 数字化业务模式创新与增长

三、首席数字官的设置与能力要求

数字化转型对很多传统企业来说是新能力的建设，一方面要打造传统业务管理体系的数字孪生，确保原有的业务对象、要素、流程、规则、方法等被逐渐数字化；另一方面，企业流程、管理平台、供应链和价值链的数字化也会带来新的商业模式和商业形态。但是，这个过程是风险与机遇并存的。从风险来说，技术选择的不确定性、技术与业务融合的不确定性、技术投资与回报的不确定性等，使得首席数字官具有探索试错的性质，他们有可能成功，也有可能失败。如果企业最高层在制定激励机制和数字化转型文化中无法对这些探索给予足够的包容，就会给这项工作带来更多的困难和挑战。

为了确保组织的数字化转型取得成功，首席数字官的岗位设定和任务主要包括四个方面。

一是发展数字化愿景和战略。企业必须制定一个数字化战略,并跨部门推进战略实施。数字化战略会根据环境和时间的变化进行动态调整,首席数字官需要确保数字化转型议程在整个公司扎根,并将其转化为有效行动;确保数字化领导者充分地运行数字化战略,并在组织中发起必要的变革,必须明确界定他们的角色和业务优先级。首席数字官在职业生涯中主要关注商业战略。首席数字官向首席信息官报告。

二是制定数字化转型政策。企业需要就数字化转型实施中涉及各个部门和业务单元的问题进行统一磋商和决策,如规划、整体架构和路线图、跨部门治理沟通机制、预算管理方法、激励机制制定、技术部门与业务部门谁来主导、数据标准的制定、系统和设备采购中的整合行动、系统和数据建设中一致性与差异性的协调等。

三是组织内部协调与协同。在不同事业部或部门出现冲突摩擦和竞争关系时,首席数字官重点负责整合协调工作。确保技术范围与业务需求相匹配。如果企业的数字化转型过程是一个战略性、集成、协作、迭代的过程,那么首席数字官的影响应该是多方面的,包括战略、组织变革、技术应用、文化转型等,而不限于IT、营销或任何其他环节和流程。如果首席数字官及其团队成员在独立的部门进行运作,其核心职责就是要与各种利益相关者密切合作,注重内部沟通,以及与客户和生态合作伙伴的协作。

四是推进和管理组织变革和转型。首席数字官通常具有全公司的视角,促进数字领域的跨职能、跨部门甚至跨组织协作。首席数字官认为数字化转型是渐进式的变革过程,而不是颠覆式或革命式的,有效推进持续变革,需要很多关键技能。在组织变革过程中,首席数字官需要改变高层管理团队和员工的心态,应该运用新的视角,通过展现市场即将发生的变化,激发组织活力和动力。

很多企业在决定是否需要设置首席数字官时可能犹豫不决。数字化转型将给企业的竞争优势带来差异性价值,企业需要调整其核心竞争力,这个过程中会产生重大的战略挑战。在战略层面,企业需要明晰数字化转型的战略意图和动力、战略架构和规划,从统一化、集中化和集成化的视角,推进数字化转型的业务创新与商业变革。在组织层面,企业需要有人从各个相关利益者的维度协调处理数字化转型的复杂关系。在业务层面,企业要将管理系统、业务系统、供应链系统和商业模式整体考虑,打造复杂的数字孪生体系,积累复杂的数字资源,通过打造企业数据平台(中台),将数据有效赋能业务发展,真正实现差异化的竞争价值。在这个过程中,企业是否需要设置首席数字官,可以从转型的紧迫性、协同的重要性,以及外部要求和内部要求进行分析。转型的紧迫性与外部要求涉及竞争压力、战略压力和资产压力;协同的重要性与内部要求涉及变革压力、集成压力和成本压力。据此,我们从以下六个视角进行分析,供企业参考。

一是战略压力与数字化转型的紧迫性。数字化转型的紧迫性主要表现在两个方面:(1)数字化转型战略的优先度提升,首席数字官被用来使数字化转型成为企业的战略优先事项;(2)企业数字化能力成为关键能力,开发和应用数字技术确保企业在未来的生存发展中获得成功。同时,企业是否需要设立首席数字官首先与其所处的竞争环境密切相关。对于国有企业来说,国务院国有资产监督管理委员会(国资委)的战略、政策和要求对其数字化转型具有重大直接影响。国有企业本身具有集团化、多元化、国际化、规模化和复杂性等特征,因此,其数字化转型的核心目标在于降低管理运营中的交易成本、提高整合效率、有效管理风险、持续提升竞争力等。对于民营企业来说,客户需求、竞争对手的数字化能力、数字原生企业对市场和渠道的突破式创新,都会给企业数字化转型带来不同的紧迫感。紧迫感越强,越需要一个强有力的领导人推动和引领数字化转型,首席数字官的必要性明显增加。在战略愿景的引导下,首席数字官可以将数字化转型置于一个整体架构下,协调平衡各方利益和诉求,鼓励多方参与变革,突破企业的信息孤岛,将整个企业转变为具有网络化特征的高效协同体。

由于数字化转型的紧迫性，首席数字官被定义为核心领导者，其核心作用在于创造实现数字化转型成功所需的内部和外部条件，负责开发和传播整个公司的整体数字战略，向内部和外部利益相关者倡导企业数字化变革举措，推进变革进程。以诺华集团为例，其首席数字官领导公司的数字化转型，负责创建和执行公司数字化战略，与诺华公司的执行委员会密切合作，与业务部门和外部合作伙伴共同推进数字化转型。首席数字官向高层管理团队介绍新的数字技术，并组织活动向他们通报和讨论数字化相关议题，设想和创立新的数字化商业模式，如巴黎欧莱雅公司的首席数字官明确提出加速巴黎欧莱雅在消费者体验、基于服务的创新、客户服务和技术平台方面的数字化转型。

二是资产压力与外部竞争模式的变化。首席数字官的设置与数据资源战略价值地位的提升密切相关，其设置与过去几十年高层岗位的设立非常相似。在工业文明时代，先后出现了不同的高层管理岗位。例如，由于资本市场的崛起，首席财务官的职位出现；随着全球供应链的建设和发展，首席运营官和首席供应链官相继出现；竞争环境的高度波动和变化，使得首席战略官的岗位必不可少；随着气候环境变化、可持续性和劳动力多样性的问题日益突出，越来越多的公司引入了首席可持续发展官、首席多元化官和首席人力资源官。[①]首席数字官则与近年来企业数字化转型的需求和战略密切关联。尽管人们对"数字化转型"概念的解释有若干种，但就数字技术与企业管理、组织、价值链和商业模式的深度融合已达成广泛共识。

与数字化关联的大量投资、竞争对手的快速转型和新型数字化企业的发展与首席数字官的设立密切相关。当数字技术与企业业务模式深度

[①] Kunisch, S., Menz, M. and Langan, R. Chief digital officers: an exploratory analysis of their emergence, nature, and determinants [J]. Long Range Planning, 2020, 55(3).

融合时，企业的敏捷性大幅度提高。这类数字企业凭借着平台能力和数据资源所带来的优势，可低成本、高速度地探索试验新的商业模式，并获得客户检验，一旦成功就能迅速在全球范围内扩大规模，从而对原有的市场格局产生颠覆性影响。

三是竞争压力与既有商业模式的弱化。在数字经济时代，很多产品和服务被数字化竞品快速替代。数字替代品很容易生产，扩大生产销售规模的成本很低，类似产业很容易被潜在竞争对手在扩大规模时替代，而原有的领先企业被边缘化。基于知识资源的商业模式也容易受到数字化颠覆的影响，因为知识产品一旦开发成熟，其复制和扩散的成本几乎可以忽略不计。同时，新的知识类型（如人工智能技术的应用和渗透）很可能挑战并局部取代人类创造知识的过程（如服务流程机器人、自动听写工具、自动翻译工具等）。数字化转型对那些商业模式严重依赖信息和知识的公司，如媒体或服务公司带来的挑战更大。对于传统行业（如制造业）来说，数字化转型的压力相对较小，因为实体基础所赋予的固有界限和持久性不太容易在短时间内被虚拟化，所以当实体基础是商业模式的核心元素时，这些核心元素不容易被数字化，也就防止了现有商业模式被彻底数字化颠覆。商业模式易受数字化转型颠覆式影响的企业受益于首席数字官加速其公司数字化转型的过程。首席数字官拥有数字先锋能力和技能，负责预测现有商业模式对数字技术的易感性，并提倡设想新的数字商业模式，以及建立所需的数字能力。

四是变革压力与企业内部的抵触情绪。随着数字基础设施的建设、数字化环境的改善（如《中华人民共和国数据安全法》等法律的颁布），我国越来越多的行业和企业被迫调整商业模式以利用数字技术带来的便捷，并防范在这一领域遭遇风险和边缘化问题。这些变化不仅仅发生在某些职能部门或某些业务环节，而是超越了公司部门边界、地域边界和组织边界。面对组织复杂性所带来的挑战，首席数字官需要将企业现有能力体系与新的数字能力融合起来，这并不是轻而易举就能实现的。数字化转型会对既有权力和利益构成挑战，企业中的某些部门（尤其像采购、销售等部门）会对数字化转型抱有抵触情绪，还有一些权力部门会在机构重组、信息公开等方面设置困难和阻碍，首席数字官需要与最高领导层和人力资源部门制定奖惩措施，有效推进组织变革。

组织协同不仅发生在内部，还涉及与外部相关方的协同需求。新冠疫情的例子就证明了在应对突发事件时，供需之间、供应链之间相互匹配和协同的重要性。在高度多元化的企业中，数字化转型的内外部协同难度加大，需求强烈。为了应对不同地域和/或产品市场，组织在多个子公司的多元化中非常容易产生业务或信息孤岛。协调数字化转型的外部条件包括数字基础设施条件，当地政府政策和监管条件，产业配套环境，与客户、供应商和合作伙伴的关系和物理距离等。例如，数字基础设施条件差就不利于物联网的创新应用和发展，从而限制数字化转型进程；而调整监管框架则可以促进数字化创新。首席数字官需要审计所有因素，与高管团队综合协商对策，一方面发起和协调与外部伙伴的合作，特别是与利益相关者进行沟通，以改善外部环境并解决由此产生的问题；另一方面，首席数字官及其相关团队成员还需要与可能提供互补产品或数字基础设施及应用的外部参与者进行谈判与合作，采购哪些数字化产品和服务是非常关键的选择。这些组织内外的协调活动是将一组相互依赖的任务整合在一起的互动过程。

五是集成压力与协同复杂性。对于大型集团性公司或政府部门来说，股权多样性、业务多元化、地域多样性、部门差异性和人员复杂性，都给数字化转型带来了很大困难，特别是当最高决策层期望通过数字化转型增强集团内部的决策优化、降本增效、资源整合、数据共享、高效协作和敏捷应变的能力。为了协调数字化转型，首席数字官注重组织变革管理，并在参与数字化转型计划的不同单位、职能部门和外部合作伙伴之间进行协同，通过对所有正在进行的数字项目进行汇总盘点，将其与企业发展战略和愿景紧密联系起来，甄别并消除转型障碍，特别是打破部门之间、业务单元之间、事业部之间的信息孤岛,如德国汉高公司就任命了一名首席数字官来引导和协调所有部门的数字化转型活动。

六是成本压力与数字化能力复用要求。在一个地区和/或产品细分市场或场景开发的数字技术(如数据驱动的客户分析)能力可以很容易地应用于其他细分市场,甚至是不相关的细分市场。因此,拥有首席数字官可以让多元化公司更好地识别和实现跨产品、跨地域、跨部门开发和应用数字技术的协同效应。

根据我们团队2021年对国内首席数字官所需能力的调研结果(参见表20-4),我们发现,国内企业家和首席信息官们对首席数字官的能力要求很高,且聚焦在战略层面,其所需能力排名前五的分别为:为企业制定清晰的数字化发展愿景、对数字化环境变化有敏感洞察力、对数字化技术价值有充分理解、为数字化转型制定长期而非短期规划、明确企业在数字生态中的定位。由此可见,企业的首席数字官应具备的核心能力是战略认知和战略规划,因此应该由企业高层而不是中层管理者担任。

表20-4 首席数字官所需能力排序(2021年)

	平均得分
为企业制定清晰的数字化发展愿景	4.55
对数字化环境变化有敏感洞察力	4.42
对数字化技术价值有充分理解	4.41
为数字化转型制定长期而非短期规划	4.41
明确企业在数字生态中的定位	4.41
运用整体思维,全方位推进组织数字化转型	4.40
打造企业数字化人才梯队	4.32
利用数字技术为企业带来新的盈利能力	4.26
推动数字化技术应用的迭代创新	4.24
推动数字化灵敏型组织建设	4.23

续表

	平均得分
有效甄别、使用、激励数字化人才	4.23
利用数字工具创造高效的沟通方式	4.20
为企业数字化转型提供安全屏障	4.19
理解并平衡不同利益相关者的诉求	4.11
营造上下级相互学习数字技能的良好氛围	4.06
为员工的数字化创新打造包容开放的环境	4.05
提升员工应用数字技术工具的能力	4.01
理解员工在数字化转型中的心理变化和情感需求	4.01
驾驭前沿科技在组织中的运用	3.93

四、首席数据官的设置与能力要求

首席数据官以资产管理为关键任务，从专业化、科学化和整体化的角度，解决企业资产数字化和数据资产化的问题。资产数字化是指将企业中的业务流程、设备、资源、活动等要素数字化的过程，如在制造业中，就涉及人、机、料、法、环全过程的数字化和打造企业的数字孪生体。在采集上述对象数据的基础上，规划和探索将数据可视化、可分析、可应用的路径和方法，驱动企业业务的持续优化和精细化，通过异构数据整合做到整体态势感知、动态管控和实时调整，并在整体态势感知中做到精细定位、洞察变化、发现机遇。首席数据官的专业性工作包括制定数据战略、数据政策、数据治理方法、数据资产目录，主数据管理、数据质量管理、数据安全管理、数据生命周期管理，以及数据价值发现与评估等。

首席数据官的四大使命包括：第一，制定数据标准建模和合规规则，打造数据标准化、统一化的安全体系。第二，数据分析与创新力。通过数据分析与洞察，助力企业优化流程，支持决策，实现灵活的数据型业务模式创新，支撑数据对整个业务体系的赋能，将数据产品与服务嵌入现有的业务流程，降低企业经营风险。第三，建立数据共享服务体系。侧重对外业务赋能、数据价值挖掘和运营变现。第四，确保数据资产战略及组织领导力，包括制定数据资产战略与制度，实现数据资产战略落地等。

随着数据对组织决策和管理的影响越来越大，首席数据官的职责也在不断变化。在企业数字化转型早期，首席数据官主要负责数据治理、数据质量和数据政策制定，确保数据的标准、连通和共享，实现数据驱动的文化。随着转型的推进，首席数据官的职责重点升级为将数据作为战略资产赋能企业业务，并为开发人工智能打下基础，同步实现数据资产保护。

首席数据官要在业务职能部门和IT部门之间建立联系，并将数据驱动发展融入业务流程、组织管理和企业信息系统。作为数据资产的核心管理者，首席数据官的主要工作包括：（1）为企业业务数字化制定策略与方法；（2）利用软件、先进数据分析工具和智能化方法深化对数据的处理，实现数据可视化和决策支持；（3）利用数据赋能业务和管理决策，改变企业的数据文化，用客观、真实和透明的数据推动企业实现变革；（4）在数据中洞察商业机会和商业价值，利用数据提升运营能力并挖掘新的盈收机会。各个企业对数据战略价值的认知不同，对首席数据官的定位也有所不同：

第一，管理整合者。管理整合者的核心职责是关注风险管理。作为数据管理的专业人才，首席数据官需要为数据监控和企业数据管理提供策略、政策和解决方案，为数据隐私、数据安全、数据资产保护和预警预测探索有效的路径和方法；建立数据框架、制定数据规范与规则、报告系统检测情况和问题响应。

第二，数字化变革者。数字化变革者的核心职责是注重组织变革，其工作的优先事项是利用数据改善管理、推动创新、探索如何利用数据分析和可视化来降低成本、提高效率、提升质量，通过设立指标体系，创造性地使用对标工具和可视化工具，为业务创造价值。作为数字化转型的推动者，首席数据官还需要将数字化、知识管理、竞争情报、人工智能应用等整合起来，形成一体化的支持方案。

第三，运营优化者。运营优化者的核心职责是关注数据的可用性、可行性和使用效率，重点解决数据不一致、标准化水平不高和数据不标准的问题，通过构建和部署数字基础设施、工具、技术、流程和系统以支持数据运营采集、分析、可视化和决策支持。

第四，数据分析专家。数据分析专家注重数字化转型的收益、对生产效率的改善优化和数字价值的实现。其核心职责是对产品、客户、运营和市场数据进行采集、分析和汇报，其工作重点在于提高数据的质量、准确性、可预测性和透明度，以及业务的一致性。数据分析专家作为数据处理的专业人员，需要成为数据驱动发展方面的核心专家，制定数据策略，在企业平台上开发部署数据分析模型，支持自动化总线决策。

五、数字化转型中的复合人才

数字化转型中的复合人才是指既懂业务和管理需求，又了解数字化技术应用价值和方法的人。很多企业在数字化转型中遇到的最大困难是缺乏具有并理解双元知识的人才。业务人员通常背负具体任务和短期绩效指标，不愿付出管理变革和长期能力建设所需的时间和精力；技术人员专注于数字化技术的领先性和独特性，对业务痛点和需求不甚了解；这两类人才通常难以找到共同语言和目标。企业在战略、目标、绩效等方面对这两类人才的组合，是数字化复合型人才产生的关键。

例如，京东方集团针对业务与数字化融合问题，将数字化人才划分为六类：数字化高管制定蓝图远景、转型骨干作为数字化项目的教练、需求转译员作为业务组织和技术组织的衔接桥梁、数据工程师作为数字化技术解决方案的实施者、工业互联网架构师研讨如何搭建科学合理的工业互联网技术架构、数字化现场主管作为数字化实施的前锋和一线推动力量。

通过良好的机制和优秀的人才，京东方不断识别各类高价值数字化应用场景，敏捷地推出快速方案并有效落地。除了建立数字化人才培养体系，公司还通过专项养成、以战代练等方式，不断提升员工的数字化业务水平，选拔并培育涵盖底层数据运维、数字模型搭建、大数据分析等领域数百名专项人才，全面支撑数字化建设。为了加速人才培养，京东方增设了智能制造学堂，整合全集团内外部资源，提炼先进的数字化实践经验，开展赋能培训，提升智力资本价值。在提炼数字化变革中的实践经验方面，京东方将每个组织的优秀成果提升至集团层面，并把标杆工厂中的先进技术应用和宝贵经验进行案例整理总结，打造了一批标准的、框架完善的、基于京东方实践的精品课程，形成了固化的智力资本。在开展数字化知识赋能培训方面，京东方为提升各级员工的数字化能力水平，依据不同岗位和层级员工的职责和能力要求，为专业岗位序列员工和管理岗位序列干部分别设计重点内容和赋能方式，定制化满足能力提升需求。针对各工厂的专项需要，京东方提供内训师培训、认证和一对一辅导，打造了专业的数字化人才队伍。

为了让投身数字化事业的人才"干事有平台、发展有空间、数字化有机会"，让人才"引得进、留得住、用得好"，助力数字化转型战略成功，京东方出台了一系列人事支持政策。例如，鼓励内部员工到数字化工作岗位轮岗，给予更多上升机会；提高从事数字化人员的激励倾斜度；对数字化事业的人工成本预算、人效指标等，原则上不作绝对指标考核要求；根据数字化事业组织绩效达成情况，适当提高员工高绩效比例等。以上政策也在极大程度上提升了员工对数字化变革的热情，使企业内部的数字化氛围空前高涨。

第六篇
知识价值与竞争力

PART SIX

第21章
知识资本与价值评估

一、高价值企业类型的演变

在过去的40年里,全球市值排名最高的企业从资金密集型企业、自然资源类的企业逐渐变为知识和创新密集型企业。企业所拥有的智力资本占其市值的比例越来越大。根据雪球网发布的全球市值前十大公司变迁数据,1990年,排名前列的主要是日本的金融机构;2000年,一些信息产业中的知识密集型企业开始进入榜单,如微软、思科和英特尔;2010年,自然资源类的企业(如石油企业)、知识资源类的企业(如软件、计算机设备企业),以及拥有金融资产的企业(如银行)三分天下;2020年,位列前十的企业中,知识密集型企业的数量已超过一半,其中包括微软、苹果、阿里巴巴和腾讯等。近年来,随着人工智能的快速发展,一些芯片公司的市值飙升。尽管市值并不一定反映企业的全部实力和可持续发展能力,但越来越多的知识密集型企业的市值排名靠前,说明投资者更加看重拥有知识优势的企业。

知识密集型企业的核心特征是拥有知识资本。知识资本又被称为智力资本,是一种无形资产(intangible assests)。与企业所拥有的金融资产和自然资源相比,知识资本的价值在学术界和实践界受到越来越多的重视,其主要具备以下两个关键特征:

一是知识作为战略资源,越使用价值越大。与石油资源越用越少不同,知识资源是在动态发展的,使用的人越多,价值越大(如软件、平台等）。知识作为人类探索、试错、总结、发现等智力活动的重要成果，融入人类决策、生产、服务的所有环节。知识含量越高，产品和服务的附加值越高，知识甚至可以作为独立产品进行销售（如软件、咨询），知识含量越高、越稀缺，价格越高。组织拥有知识密集型的产品与服务，不仅意味着其拥有更多的溢价，更意味着它可以销售给各类用户，发展规模经济，并通过知识的聚焦寻求发展范围经济的空间。知识密集型企业的发展特征是初始投入成本高、风险大，但一旦知识被证明具有商业价值，发展规模经济的边际成本大幅下降，甚至可以忽略不计，因此，拥有知识的企业就拥有可持续发展的能力，以及源源不断的资源助力其发展。

二是知识创造构筑竞争壁垒。尽管随着时间的推移，知识扩散和知识显性化会导致知识的贬值，但获取、整合、利用和创造新知识的企业总是可以占领价值链高端，通过创造新颖、稀缺和复杂的知识不断获取最高收益。知识密集型企业通过一整套知识创新与管理体系，确保知识的快速流动和分享，通过知识的隐性化和复杂性组合，确保这种能力的独特性和难以被模仿。这些企业一方面大量吸引有创新能力的人，另一方面通过知识管理激励这些人将其知识价值最大化；而有知识的人通常也愿意涌向和汇聚在需求最高、壁垒最低、价值最大的创新洼地以寻求超额回报，从而形成强者恒强的叠加效应。

二、对知识资本价值的战略认知

知识资本在人类社会和市场经济发展中的作用在很久之前就受到了研究者们的广泛关注。经济学家哈耶克在其 1945 年发表的文章《知识在社会中的运用》(The use of knowledge in society) 中曾着重探讨了知识资本在社会经济发展中的作用。1962 年，美国普林斯顿大学的弗里茨·马克卢普（Fritz Machlup）教授在其著作《美国的知识生产与分配》(The Production and Distribution of knowledge in the United States)中正式提出了"知识产业"(knowledge industry)的概念,给出了知识产业的范畴和最早的分类模式,并在此基础上建立起对美国知识生产与分配的测度体系,发现1958年美国国民生产总值中信息部门的贡献高达34.5%。自1969年美国经济学家约翰·肯尼思·加尔布雷思(John Kenneth Galbraith)提出知识资本的概念以来,学术界对知识资本的内涵与类型的研究不断深化。1991年,《财富》杂志刊载了汤姆·斯图亚特(Tom Stewart)的文章《脑力》(Brainpower),作者在广泛调研了世界500强企业的基础上指出,企业最大的资产流失是知识资本的流失,但管理者缺乏对这一问题行之有效的解决方法,这是知识资本这一主题的文章首次在全国影响力的商业杂志上发表。1997年,卡尔-爱立克·斯威比(Karl-Erik Sveiby)在其《新组织财富:对知识资产的管理与策略》(The New Organization Wealth: Managing & Measuring Knowledge-Based Assets)一书中,对知识资本的类型进行了系统阐述,进一步激发了企业家们对知识资本的高度重视,使知识管理成为热点课题。与此同时,知识资本与企业生产率的关系也引发了学术界的重视,最有国际影响力的代表人物是哈佛大学的兹维·格里利谢斯(Zvi Griliches),他从1980年开始研究企业研发资本和知识资本与企业生产率的关系,发现研发与生产力之间存在显著的正相关关系,并由此提出知识资本生产函数概念。2000年以后,我国学者开始重视知识管理和知识资本的研究,关于知识资本与全要素生产率的实证研究结果表明,我国大中型企业对知识资本的投入对企业全要素生产率具有显著影响,而仅仅依靠技术引进消化吸收对企业创新的影响减弱。[①]2017年的研究发现,对人力资本和创新设施的投入,对缩小技术差距和提升全要素生产率作用比较明显。对

---

① 程惠芳,陆嘉俊.知识资本对工业企业全要素生产率影响的实证分析[J].经济研究,2014,49(5):174—187.

于创新追赶经济体来说,知识资本的投入依次对人力资本、创新设施资本、研发资本和技术资本产生由大到小的影响;而对于创新领导经济体来说,知识资本的投入依次对人力资本、研发资本、技术资本和创新设施资本产生由大到小的影响。① 吸引力、文化等软实力是积累和开发知识资本的基础,更是一种更积极、更持久和更有效的政治、经济和文化力量。②

对知识资本的研究不仅集中在企业界,还拓展到国家层面。越是自然资源匮乏、环境恶劣的国家,越重视知识资本的开发和研究。如以色列作为自然资源极其匮乏的国家,就一直重视对知识资本的开发,通过改善创新环境、激励机制和生活质量,吸引鼓励散落在世界各地的犹太年轻人居住在此,为其发展创新和知识密集型国家做贡献。同时加大力度培养构建知识资本所必需的能力,如解决问题的能力、国际化能力、对不同文化的开放性和语言技能、计算机和数字基础设施能力、软件应用能力、企业家创新能力和风险管理能力等。以沙特阿拉伯和阿联酋为代表的阿拉伯海湾地区国家近年来向知识密集型国家转变的力度也非常大。这些国家的决策者担忧随着石油资源的枯竭和新能源转型,现有依赖油气资源发展经济的模式不具有可持续性,因此,它们利用现有资金大力推动高科技产业(如人工智能等)、制造业、体育业等产业的发展,在危机到来之前实现转型,为长期的可持续发展探索一条新的道路。

三、知识资本要素与框架

综合以往的研究成果,我们整合了一个统一的知识资本要素及框架

---

① 程惠芳,陈超. 开放经济下知识资本与全要素生产率——国际经验与中国启示 [J]. 经济研究,2017,52(10):21—36.

② 董小英,彭泗清,王其文,余艳,郝金星,陈文广,窦曦骞. 英文媒体的议程设置及对国家形象管理的启示:对五个奥运举办城市报道主题的跟踪研究 [J]. 中国软科学,2008,(6):16—27.

图（参见图21-1）。在这个框架中，企业价值由金融资产、自然资源和知识资本共同组成。在非财务指标上，企业价值与其所在国家、在行业中的影响力、受尊敬程度、重要性及可持续发展能力有关，如华为是非上市公司，但其企业价值是有目共睹的；在财务指标上，企业价值从市值中体现，在过去50年中，知识资产对企业价值的贡献越来越大，这也就是近20年来，知识密集型企业的市值在国际上越来越高的原因。

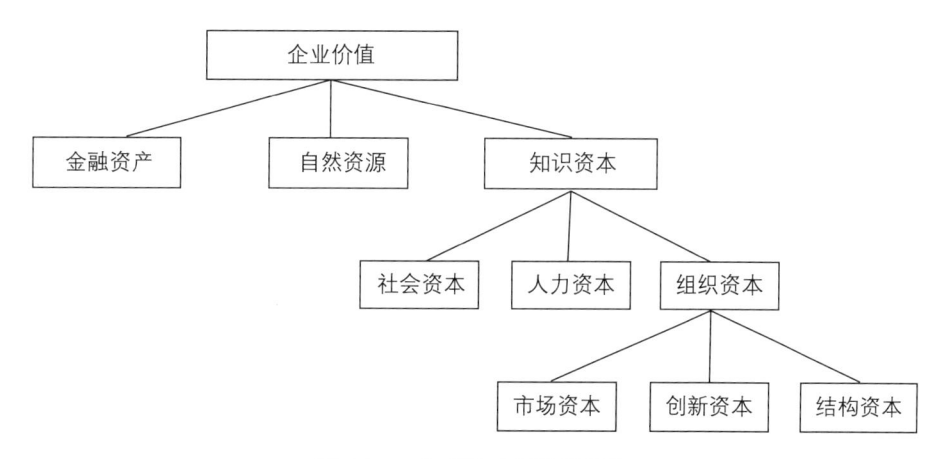

图21-1　知识资本要素及框架

社会资本。社会资本的概念源自社会学，20世纪70年代起源于法国，80年代在美国学术界得到重视。社会资本有两个层面：一是基于个人层面（特别是企业家层面）的社会资本，通常是指个人通过社会联系获取稀缺资源并由此获益的能力。稀缺资源包括权力、地位、财富、资金、学识、机会、信息，等等。当这些资源在特定的社会环境中变得稀缺时，行为者可以通过两种社会关系触达这些资源，包括（1）个人与专业团体和社会组织建立的稳定联系；（2）通过人际网络，无须任何正式的团体或组织仪式，通过人与人之间的接触、交流、交往、交换等互动触达所需的资源。二是企业社会资本。企业社会资本有纵向联系、横向联系和社会联系三种类型。纵向联系是指企业与政府、金融机构、监管部门等建立的信任关系，可以从外部的上级机构获取所需资源。横向联系是指与上下游的供应商和经销商、合作伙伴、战略联盟等建立的业务关系、协作关系、借贷关系、控股关系，等等。社会联系包括与行业机构、地区协会、商会等非正式组织机构所建立的人脉与联系。[①]

人力资本。在知识资本中，人力资本发挥关键作用，社会资本和组织资本的形成和构建都离不开人力资本。人力资本体现在一个企业、地区和国家激发人才、吸引人才、发展人才和留住人才的能力。根据INSEAD、人力资本领导力研究院等机构发布的2023年全球人才竞争力指数报告，全球人才竞争力指数分为输入和输出两个方面。输入即包括激发人才、吸引人才、发展人才、留住人才；输出则展现了人力资本的胜任力，由全球知识技能与职业和技术技能组成（见图21-2）。

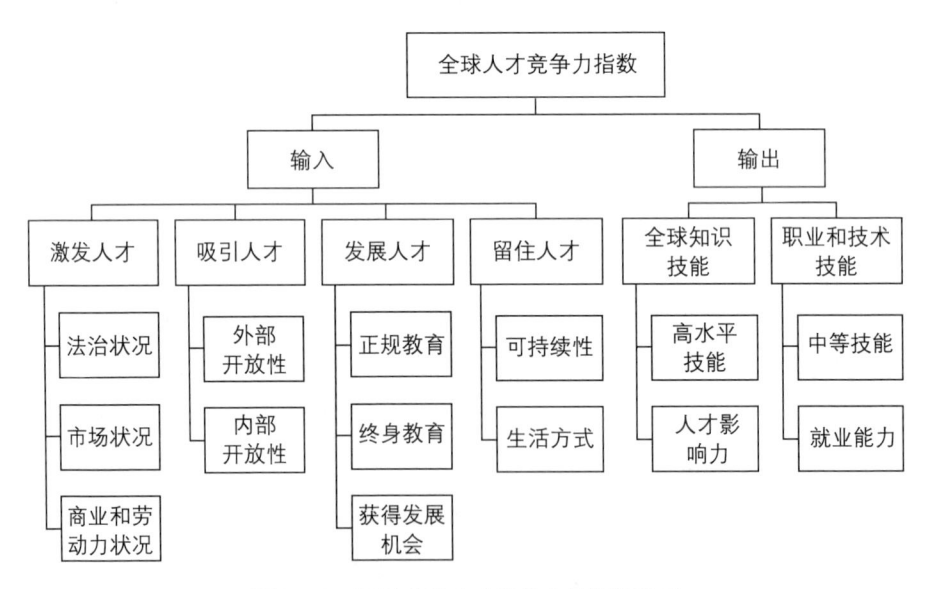

图21-2 测量全球人才竞争力的指标体系

[①] 边燕杰，丘海雄.企业的社会资本及其功效[J].中国社会科学，2000，(2)：87—99.

激发人才包括：（1）法治状况，涉及政府有效性、立法、政治稳定性、立法质量、腐败。（2）市场状况，涉及市场主导程度、私营部门的国内信用、集群的发展、研发投入、信息通信基础设施、城镇化。（3）商业和劳动力状况，涉及劳工权力、劳工—雇主关系、职业管理、收入与生产效率的关系、软件企业、云计算、有网站的公司。

吸引人才包括：（1）外部开放性，涉及外国直接投资监管限制、金融的国际化、移民存量、外国留学生、人才流入。（2）内部开放性，涉及对少数民族的包容、对移民的包容、社会流动、妇女的经济自主性、高技能岗位的性别平等、女性担任领导者的机会。

发展人才包括：（1）正规教育，涉及职业教育入学人数、高等教育入学人数、高等教育支出、阅读、数学和科学、大学排名。（2）终身教育，涉及商学院排名、企业培训的普及性、员工发展。（3）获得发展机会，涉及权力委派、对年轻人的包容度、利用虚拟社交网络、利用虚拟职业网络。

留住人才包括：（1）可持续性，涉及养老金覆盖范围、社会保护、留住人才能力、环境表现、就业的脆弱性。（2）生活方式，涉及个人权利、个人安全、医生密度、公共卫生。

全球知识技能包括：（1）高水平技能，涉及受过高等教育的劳动力、受过高等教育的人口、专业人员、研究人员、高级官员和管理人员、数字化技能。（2）人才影响力，涉及创新产出、高价值出口、软件开发、新业务密度、科学期刊文献。

职业和技术技能包括：（1）中等技能，涉及中学教育劳动力、中学教育人口、技术员及相关专业、每个员工的劳动生产率。（2）就业能力，涉及发现有技能的员工的便捷度、教育系统与经济的相关性、技能匹配、高学历失业。

我国在全球人才竞争力指数的排名中名列第40位，其中赋能人才排第31位、人才发展排第15位、全球知识技能排第43位、职业和技术技能排第 47 位；排名较低的是人才保留（排第 74 位）和吸引人才（排第 91 位）。①

组织资本。尽管知识创造的能力离不开人力资本，但人力资本的知识、技能、经验在人脑中，如果没有组织资本的助力，个人的价值难以充分发挥。组织资本由市场资本、创新资本和结构资本共同组成。

市场资本包括组织的声望、品牌知名度、影响力、顾客忠诚度、分销网络等，是知识资本市场化、商业化的重要因素。市场资本与企业业绩有着最直接的关联，如果没有市场资本，那么知识资本的市场价值不可能实现，也不可能有经济效益产生。

创新资本可以划分为隐性与显性两个层面：隐性层面重点体现为企业产生的创意、开发的新产品、拓展新市场的速度和程度；显性的层面则是由此产生的知识成果，包括专利、版权、著作权、商标权、商业秘密、专卖权、专业技术等。创新资本不是自发形成的资本，它的形成和发展必须建立在人力资本和结构资本的共同作用上。

在数字经济时代，企业的结构资本越来越重要。结构资本也可分为两个层面：精神层面（道）和物质层面（术）。精神层面包括企业愿景、使命、价值观、战略、管理哲学、企业文化、管理模式等；物质层面包括流程体系、信息系统、数据中台、供应链、网络平台、数据资源、网络生态等。结构资本是企业集成化管理的综合组织能力，存在于企业生产服务活动的全体系结构中，是将个人活动和能力规范化、集成化和系统化的综合体，也被称为"数字神经网络"。它是一个企业区别于另一个企业的关键。

作为企业知识资本的主要构成要素，人力资本、市场资本、创新资本和结构资本之间并不是静态、孤立的存在，它们之间存在着动态交互

---

① The Global Talent Competitiveness Index 2023: What a Difference Ten Years Make What to Expect for the Next Decade[EB/OL]（2023-11-07）[2024-01-11].https://www.insead.edu/system/files/2023-11/gtci-2023-report.pdf.

和相互转化的关系，转化的过程就是知识流动和分享的过程。知识资本具有隐性且难以量化的特性，要产生可量化的结果，需要将数字化手段用在可指标化和结构化的要素上，并在可行的情况下将人力资本与市场资本、创新资本和结构资本进行贯通。

四、知识资本的评估方法

知识资本管理真正的难点并不是知识资本的分类或评估。知识资本的分类可以按照理论观点结合企业各自的实际情况灵活确认；知识资本评估的作用则往往是为知识资本及其价值创造效用的纵向比较和横向比较提供一个比较参考尺度。知识资本管理真正的重中之重，首先是要充分了解不同类型的知识资本如何相互转化，以及怎样管理才能够持续提升企业知识资本的质量和总量。其次要了解应该如何在知识资本和公司的经营业绩之间建立起联系，换言之，就是怎样确定和测评知识资本整体，以及它的各个组成部分对公司财务业绩（如利润）和非财务业绩（如客户关系、商誉）的贡献率。

从资本市场的角度来界定知识资本。企业知识资本的数量和价值、其对公司资产负债表产生的影响，以及如何将这些价值信息提供给企业当前和潜在的股东，归属于企业价值管理范畴。股东们通常关心企业所拥有的知识资本的数量及其在资本市场上的价值，他们的最终目的是有效利用知识资本来提高企业的获利能力，从而增加企业的总体价值。公司管理者更关心的是如何合理有效地利用知识资本来提升企业在所处行业中的竞争优势，从而创造更多的经济效益和未来现金流流入。

对知识资本的评估和测量是一个有争议且复杂的问题，因为知识资本固有的隐性特征使其难以被全面测量，但经济学家、金融和财务专家都试图从各自的专业领域找到评估方法，以下重点介绍总体评价法。总体评价即对企业拥有的知识资本的总体进行计量与评价。它包括市场价值／账面价值差额法、托宾 Q 值法、无形价值计算法（CIV 法）、智力增值系数法（VAIC 法）、管理决策报酬法（ROM 法）和经济增加值法（EVA 法）等。

市场价值／账面价值差额法。市场价值是由买方决定的，因此一家公司的价值，要看该公司在股票市场的表现如何。企业知识资本的价值＝该企业的市场价值－账面价值。这种方法的优点为公式简单、计算量小且方便，易于理解，是计算企业知识资本存量最为简单易行的一种方法。但是其缺点也很明显，由于影响公司市场价值的非经济因素较多，易造成公司市场价值波动大；公司的市场价值可能大大高于公司的账面价值；公司的市场价值易受非知识资本因素影响。另外，负的知识资本存量也有可能发生。例如，公司员工可能没有为公司创造利润，反而做出对公司有伤害性的行为，此时公司的知识资本可能就是一项负值，但这毕竟是少数情况。因此在衡量知识资本时，数字背后的含义是最重要的，有赖于管理者去认真判断，否则知识资本衡量的效果就不明显。

托宾 Q 值法。托宾 Q 值即企业的市场价值与资产重置成本之比，用 Vm 表示企业的市场价值，Vr 表示企业的基本价值（公司有形资产的重置成本），则 $Q=Vm/Vr$。此比值用来衡量一项资产的市场价值是否被高估或低估，是衡量企业知识资本价值的方法之一，由 1981 年获得诺贝尔经济学奖的詹姆斯·托宾（James Tobin）提出。由于知识资本给企业收益带来的影响是长远的，因此可以通过股票价格的变化来反映，这个比值反映了市场价值中包含的、资产负债表中却没有的一部分知识资本。通常情况下，高科技企业的托宾 Q 值都高于工业企业，企业的科技含量越高，这一比值就越大。由于 $Q=Vm/Vr$，当 Q 小于 1 时，即企业资产的市场价值小于资产重置成本，那么理性的企业便不会多投资该资产，企业经营者将倾向通过收购或购买现成的资本产品来实现企业扩张，减少资本的需求；当 Q 大于 1 时，弃旧置新，企业资产的市场价值高于企业重置成本，企业本身能够从该资产得到的报酬率就特别高，企业经营者购买新生产的资本产品有利，投资支出会增加；当 Q 等于 1 时，企业的投资和资本成本达到动态均衡。综上所述，托宾 Q 值法提供了一种有关股票价格和投资支出相互关联的理论，可以用来预测在经济因素之外的企业投资与资本成本所处的运营状态。这种方法的优点为简单可行、易于理解，且克服了企业账面价值受公司会计政策影响的局限，从而有利于不同企业间的比较，特别是同行业不同企业间的比较；其缺点为对知识资本价值创造机制的理解存在误导性因素，仅适合上市公司及同类型公司之间的比较，另外，计算公式中的分子 V_m 是资产的市场价值，而分母 V_r 是重置价值，二者在计量上也不匹配。

无形价值计算法（CIV 法）。此方法的出发点在于，一家公司的市场价值所反映的，除了有形资产，还有无形资产的价值，而无形资产的价值，应当是一家企业胜过其他拥有类似资产公司的能力。为了找出创造这些额外价值的资产，企业将以前用来计算商标权的算法进行调整，把商标的经济利益能给拥有人带来的资产报酬计算在内，使其价值高于没有商标的竞争对手。这种方法的优点是为以计算为主，将竞争对手的经营情况纳入考虑范围，引入现值计算，定量地衡量出企业在竞争过程中是否具备优势，以及企业创造了多少无形价值，可实现市场的稳定性；缺点则在于其贴现率的选择易受干扰，税前收益计算方法不唯一。

智力增值系数法（VAIC 法）。智力增值系数法是 Ante Public 开发的一种知识资本评价体系，被奥地利知识资本研究中心（AICRC）用作评价知识资本的模型。其思路是，由于企业的资本由财务资本与知识资本组成，企业业绩取决于企业运用财务资本和知识资本的能力，因此，对业绩的评价包括对实物资本增值效率的评价及智力潜力增值系数（VAIP）。企业运用财务资本与知识资本进行增值的能力称为"智力能力"，用智力增值系数（VAIC）来表示，其值等于财务资本增值系数（VACA）与 VAIP 之和。具体评价过程如下：（1）计算企业增值（VA）：VA=OUT−IN，其中 VA 表示企业增值；OUT 表示企业产出，包括所有产品和服务在市场上的总收入；IN 表示企业投入，包括企业扣除人工费用后的所有费用。（2）计算财务资本增值系数（VACA）：VACA=VA/CA，其中 CA 表示所有财务资本之和，VACA 表示每单位财务资本创造的价值增值，其值越大表明企业财务资本的运用效率越高。（3）计算智力增值系数（VAIP）：VAIP=VA/IP，其中 IP 代表企业智力潜力，以员工的工资总费用表示；VAIP 表示每元工资创造的价值增值，其值越大表明企业智力潜力发挥作用的效率越高。（4）计算企业智力能力（VAIC）：VAIC=VACA+VAIP。

从总体上来说，VAIC 法能够在一定程度上反映企业的整体实力，其指标设置简单明了，数值取得容易。能够比较准确地反映知识型企业中人力资本的价值。而其缺点在于为了追求计量的简便、实用与客观，简单地将企业知识资本价值等同于企业员工工资总费用，这与知识资本的实际投入会有很大的出入。

五、知识资本与 ESG 框架的结合

近年来，随着全球气候变化、地缘政治风险及贫富分化等问题日趋严重，评定企业创新与可持续发展的 ESG（E：Environmental，环境；S：Social，社会表现；G：Governance，治理）指标受到政府和企业家的高度重视，全球各主要经济体加速出台相关治理政策。环境（E）方面涉及能源利用效率、环境变化应对策略、污染物处理、生物多样性、绿色气体排放、碳足迹等。社会表现（S）方面涉及同工同酬、就业平等、雇员福利、工作场所的健康与安全、参与社区活动、对供应链合作伙伴承担责任、遵守劳动法等。治理（G）方面涉及公司治理、风险管理、合规、遵守商业伦理、避免利益冲突、诚信和透明度等。

ESG 战略框架非常强调企业的社会责任、可持续发展和中长期战略，企业不仅要考虑自身的安全与发展，更要考虑为环境和社会承担必

要的责任。ESG 与知识型企业的战略目标高度一致，ESG 关注企业外部责任，知识资本是企业内部的关键要素和结构，只有将两者有机结合，才能打造真正的高价值组织。

笔者把企业的知识资本和 ESG 的概念整合成了一个新的框架（参见图 21-3），目的是在新的国际环境和数字经济发展的背景下，以更加宽泛的视野来审视企业的价值。在新的框架中，笔者将 ESG 放在二级类目中以突出其重要性。在环境（E）方面，由于气候变化已经给人类的生存带来了严峻挑战，其重要性日益突显；在社会表现（S）方面，社会阶层不平等等问题导致冲突频发，社会分裂严重；在治理（G）方面，国际地缘政治冲突导致发达国家与发展中国家的矛盾日趋严重，国际竞争引发潜在的风险与危机，逆全球化趋势改变了过去 30 年经济一体化的进程，经济的波动性加剧。因此，企业在制定决策时需要更多地关注外部环境的变化，以更负责任的方式来确保企业的可持续发展。

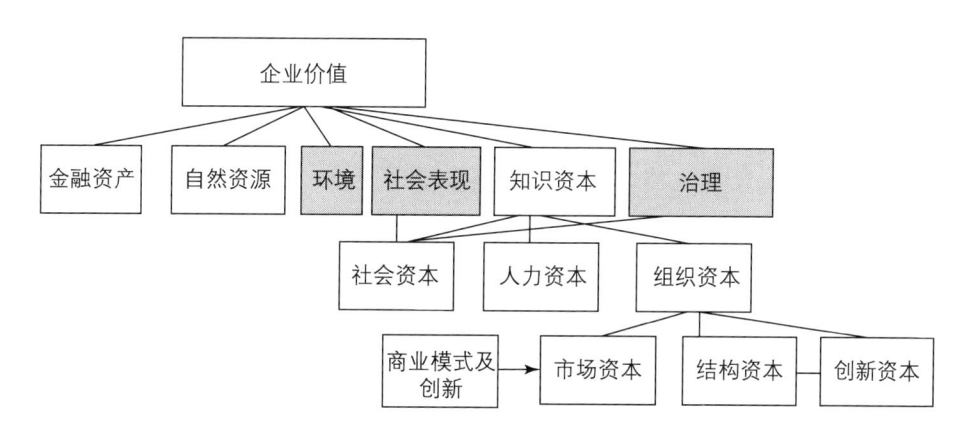

图 21-3 知识资本与 ESG 的整合框架

第22章
全球创新与知识竞争力

一、知识创造的国际视角

全球化对创新及知识产生了积极的影响。在过去的30年里，经济全球化带来了创新与知识发展的空前繁荣，随着跨国公司的全球布局和产业链向发展中国家扩展，知识扩散和知识转移的速度大幅加快。全球市场的多元化和个性化使企业创新速度加快，知识和技术在国际范围内的传播速度比过去快得多，特别是互联网带来的通信便利，使全球化的生产和创新网络快速布局与拓展，全球价值链的融合度在不断提升。在这个过程中，新兴经济体国家（如中国、印度等）适应、吸收、整合领先技术的能力快速提升，与领先国家的知识差距不断缩小，具体表现在：发达国家的跨国公司把产业链相关环节转移到发展中国家时，会带来供应链布局、人员培训、关联知识转移、局部研发本地化、本地市场与总部协同研发等知识扩散活动。与此同时，本地的合作伙伴和供应商也在与跨国公司的合作中不断学习吸收先进知识，提升自身能力，并从价值链的低端逐渐向高端迁移，从利用当地的劳动力红利、市场红利逐渐发展到人才红利和研发红利。全球创新指数排名攀升的国家，如中国、印度、土耳其、菲律宾和越南等，在全球价值链上通过知识转移和人才培养不断提升本土技术能力，在价值链上不断向知识密集型和创新密集型环节渗透，取得了很多成就。这一发展也给传统的知识创新强国带来压力，导致全球创新的竞争加剧。

二、全球创新面临的新挑战

地缘冲突导致全球创新环境恶化。近年来，地缘政治冲突和国际竞争导致了创新活动与知识发展环境的快速恶化。供应链"脱钩"的意图在于阻挡全球贸易体系知识与信息的自由流动和交流共享，科技创新成为国家间竞争的武器，被大量用于军事领域。全球的知识共同体被分隔在"小院高墙"中受到特别的保护，知识安全、知识竞争和知识优势成为关键议题。地缘政治冲突及与之密切相关的逆全球化、能源价格上涨、粮食安全、成本上涨，以及疫情等突发危机，再加上全球气候变化、人口老龄化等长期趋势，给创新研发和知识发展带来了大量不确定性和紧迫性，创新战略、政策、重点、模式和方法等都需要做出新的调整。

创新成本越来越高，知识传播的成本降低。尽管创新投资在增加，但创新的成本正变得越来越高，无论企业还是科学界，都需要大量新兴技术的投入来辅助创新，如云计算、大数据、人工智能和物联网，而目前这些新技术的创新效益存在着巨大的延迟性，尚不显著。悲观看法认为，与第一次、第二次工业革命相比，当下技术创新的突破性不如过去。之前的伟大发明如内燃机、电气化、飞机和条形码等，让我们实现了从农业文明向工业文明的巨大转型，极大地提升了劳动生产率，同时促进了服务业的发展。互联网和数字化技术的普及，虽然大幅降低了知识传播和分享的成本，但对各行业突破式创新的影响尚未充分显现，且投入成本在增加。

创新体系的有效性下降。创新体系的有效性下降是指新技术应用在局部范围内发挥作用，但转化为通用体系尚待时日。与二十年前的互联网初创企业相比，在工业互联网时代，创业企业面临更大的风险与挑战：

一是在这些领域创业需要大量的工业知识和经验积累。二是 to B 端的创业很难形成 to C 端的规模经济，因此投资回报率不可能像 to C 端那么高。三是工业企业数字化所需资金量更大，与传统业务融合的风险更高。这些创新必须从大企业内部展开，但大企业创业创新的动力、激励机制和速度效率通常不如年轻的创业企业，其创新创造、新技术采纳的整体速度和有效性也偏低。尽管创新体系的有效性下降，随着文献数据库、搜索引擎、基于互联网的知识库、社交媒体中知识分享等的发展，知识获取的效率仍有大幅提高。

创新复杂度越来越高，知识共享越来越重要。创新复杂度高是指参与创新的要素、成员之间的内在联系广泛多元，跨界频发导致管理复杂度高。与工匠、科学家和企业家主导创新的时代相比，现代创新需要更复杂的协同体系、更多的合作和更复杂的要素组合。2023 年 1 月，美国国务院和欧盟委员会代表签署了《基于公共利益运用人工智能技术的行政协议》，通过合作推动人工智能技术发展，通过联合开发和综合研究来应对全球性挑战，该协议涉及的五个关键领域包括极端天气和气候预测、应急响应管理、健康研究和药物研发、电网优化及农业优化。在这项合作中，各国在保留自己原有数据的基础上，通过更好的算法和模型进行分析和共享。在创新复杂度不断提升的情况下，协调、协同的成本提高，沟通效率变得越来越重要，需要通过有效的知识共享才能应对复杂性问题。

技术创新商业化难度加大，知识整合发挥关键作用。对于新技术企业来说，仅有好的创意和产品已经远远不够，如何将技术创意和产品原型以工程化、标准化、规范化和数字化等方式批量生产并推向市场，对初创企业非常重要。同时，企业还需要有效获得市场终端数据反哺研发创新过程，使其不断校正，动态满足客户需求，这样才有可能将技术产品商业化，并形成规模化的能力。中小创新企业的困难之处在于既要投资技术创新和产品开发，又要投资管理运营体系，资源和资金捉襟见肘。在投资环境较好的情况下，风险资本可以支持创新企业在不盈利的情况下实现能力构建，可一旦资金链紧缩，此类企业就要承受巨大的生存压力。

数字技术对劳动生产率的影响巨大。金砖国家和众多发展中国家与美国等发达国家相比，在劳动生产率上存在很大差距。例如，中等收入经济体平均一小时工作所产生的商品和服务价值约为美国企业的10%—20%；如果通过管理变革和创新，每个国家都能达到美国的水平，全球生产总值将增加3.5倍。[①] 从这个意义上讲，中国企业的数字化转型具有特别重要的意义。新一代数字化技术的发展和应用给政府、行业和企业创新提供了前所未有的发展机会与动力，特别是云计算、大数据、移动互联网、人工智能、物联网、区块链等技术的普及，惠及了众多传统企业的管理运营和新的商业模式，技术采纳速度的加快也带来海量数据的增加，这给知识创造和知识管理提供了新的机遇与挑战。

三、影响创新的模型与指标

根据世界知识产权组织（WIPO）发布的《2022年全球创新指数》（Global Innovation Index 2022）[②]，笔者从创新环境、创新主体和创新产出三个方面对报告中的7个一级指标、21个二级指标进行归类，并以国家创新与知识发展模型加以概括（见图22-1）。

---

① World Intellectual Property Organization. Global Innovation Index 2022: What is the future of innovation-driven growth? [R]. Geneva: WIPO, 2022.

② 同上。

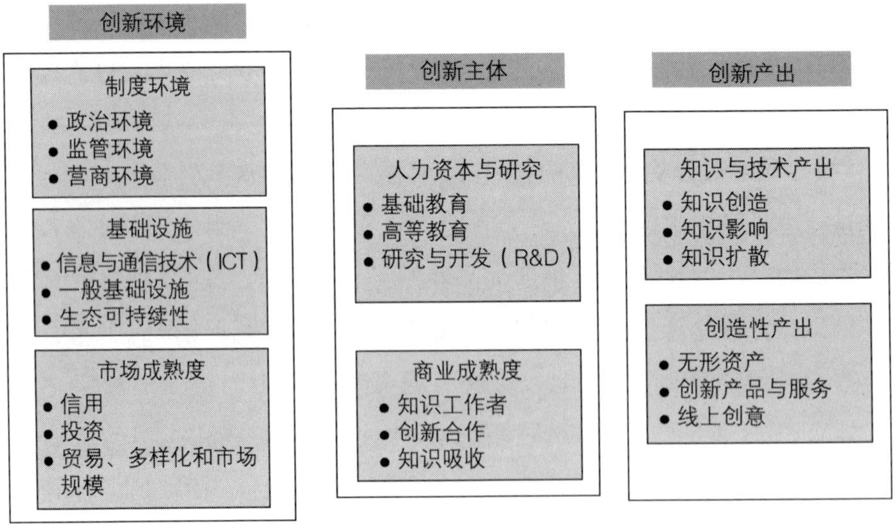

```
┌─────────────────────────┐  ┌─────────────────────────┐  ┌─────────────────────────┐
│      创新环境            │  │      创新主体            │  │      创新产出            │
│ ┌─────────────────────┐ │  │ ┌─────────────────────┐ │  │ ┌─────────────────────┐ │
│ │    制度环境          │ │  │ │  人力资本与研究      │ │  │ │  知识与技术产出      │ │
│ │ ● 政治环境           │ │  │ │ ● 基础教育           │ │  │ │ ● 知识创造           │ │
│ │ ● 监管环境           │ │  │ │ ● 高等教育           │ │  │ │ ● 知识影响           │ │
│ │ ● 营商环境           │ │  │ │ ● 研究与开发（R&D）  │ │  │ │ ● 知识扩散           │ │
│ └─────────────────────┘ │  │ └─────────────────────┘ │  │ └─────────────────────┘ │
│ ┌─────────────────────┐ │  │                         │  │ ┌─────────────────────┐ │
│ │    基础设施          │ │  │                         │  │ │    创造性产出        │ │
│ │ ● 信息与通信技术(ICT)│ │  │                         │  │ │ ● 无形资产           │ │
│ │ ● 一般基础设施       │ │  │                         │  │ │ ● 创新产品与服务     │ │
│ │ ● 生态可持续性       │ │  │                         │  │ │ ● 线上创意           │ │
│ └─────────────────────┘ │  │ ┌─────────────────────┐ │  │ └─────────────────────┘ │
│ ┌─────────────────────┐ │  │ │    商业成熟度        │ │  │                         │
│ │    市场成熟度        │ │  │ │ ● 知识工作者         │ │  │                         │
│ │ ● 信用               │ │  │ │ ● 创新合作           │ │  │                         │
│ │ ● 投资               │ │  │ │ ● 知识吸收           │ │  │                         │
│ │ ● 贸易、多样化和市场  │ │  │ └─────────────────────┘ │  │                         │
│ │   规模               │ │  │                         │  │                         │
│ └─────────────────────┘ │  │                         │  │                         │
└─────────────────────────┘  └─────────────────────────┘  └─────────────────────────┘
```

图 22-1　国家创新与知识发展模型

创新环境包括制度环境、基础设施和市场成熟度。制度环境又包括政治环境、监管环境和营商环境，展现了宏观层面的政治稳定性和政府效率，以及监管质量、法治环境和裁员成本。在制度环境中，营商环境包括营商政策、创业政策和文化，重点是政府与企业的关系，以及政府政策对创业企业的友好程度。这项指标反映政府支持企业创新的风向标和激励机制，稳定的政策和环境有利于企业推进渐进式创新，良好的法治环境和营商政策为企业突破式创新提供良好的预期和信心，使企业可以全心全意地投入创新实践和知识积累，而不是把大量的时间和精力放在对外部环境的担忧和连接外部政府资源上。基础设施对知识、信息、人员、资金和货物流动效率至关重要，包括信息通信基础设施、通用基础设施和生态可持续性。这些基础设施对创新速度和规模，以及知识的流动、分享与使用非常重要。从产业层面看，信息通信技术是数字化产业的核心、包括芯片、软件、硬件和关联服务产业发展。从产业数字化维度看，信息通信技术在工业制造业、农业、能源和服务业的扩散和应用，直接导致传统行业的数字化转型。市场成熟度反映了金融资本在市场多元主体之间的运行状况，涉及信用、投资、贸易、多样化和市场规模。信用包括金融机构对私营企业和小额信贷机构贷款的情况。金融机构对私营企业的投资既反映了主流政策对私营企业的信任程度，也反映了私营企业的信用管理能力。从投资维度看，金融机构对初创企业的投资和风险资本的活跃程度反映了创新空间和机会，也决定了中小企业未来的发展。贸易、多样化和市场规模则反映产业的多元化，贸易的便捷性不仅有利于产业发展，也为扩大市场规模提供了机会。

创新主体包括人力资本与研究和商业成熟度。创新主体是指具体参与创新活动的人和方式。基础教育、高等教育与研发投入是人力资本与研究的关键，特别是数学、物理、计算机等科学技术领域的人才，对形成有竞争力的创新主体至关重要。商业成熟度中的指标代表了创新主体的能力建设和创新合作方式。创新主体的能力建设主要包括对知识工作者的培训和培养；创新合作包括企业与大学的合作、产业集群、企业与国外机构的合作、企业与生态联盟间的合作等，这些合作有利于打造知识共享和共创利益体，促进创新活动的发展，整合社会资源，利用各方优势加速知识产生和创造。

创新产出包括知识与技术产出和创造性产出。这部分指标的重点在于测量创新产出和结构。知识与技术产出包括知识创造、知识影响和知识扩散。知识创造重点通过专利数量和论文发表数量来测量，包括论文的影响指数。创造性产出则包括无形资产、创新产品与服务和线上创意三个指标。无形资产包括知识产权中的商标、品牌、工业设计等知识产权成果；创新产品与服务包括文化创意、影视、媒体娱乐等产品和服务；线上创意包括网络域名、软件开发、移动 App 应用数量等。

四、知识竞争力对标：中美及中印比较

近十年我国的创新能力大幅提升，根据《2024年全球创新指数》（Global Innovation Index 2024）[①]，2024年我国的创新指数综合排名已上升至全球第十一位。笔者依据《2024年全球创新指数》，分别从整体上和具体指标（共78个）上比较了美国、中国和印度的创新情况。之所以选择这三个国家，一来它们都是大国，二来三者之间存在对标比超的关系，三来我们可以从比较中发现问题，探索未来的方向。

整体比较。（1）创新指数综合排名。美国位列全球第三，在高收入经济体中同样位列第三。中国跃居全球第十一位，在中高收入经济体中排名第一。印度排名第三十九，在中低收入经济体中位列第一。（2）全球百强科技集群数量。美国有20个集群入选，数量仅次于中国，位居世界第二，其中加利福尼亚州圣何塞—旧金山是美国在全球排名最高（第六位）的集群。中国有26个集群入选，数量排名世界第一，其中深圳—香港—广州、北京、上海—苏州分列全球第二、第三和第五位。印度有4个集群入选，包括班加罗尔、德里、金奈和孟买。另外，在对科技集群的衡量中，科技集群的密度尤其需要关注，它是衡量特定区域科技活动密集程度的综合指标，旨在反映该区域在科技创新方面的投入与产出效率。结合关键企业、大学专利、科学出版物的数量，以及人口因素对科技创新强度进行量化评估，测量的公式为：科技集群密度＝（专利份额＋科学出版物份额）/ 人口数量。（3）全球前25科技集群密度排名。美国有8个集群入选，排名靠前的集群是圣何塞—旧金山（全球第二）、波士顿—剑桥（全球第五）和圣迭戈（全球第六）。中国有2个集群入选，北京排名全球第十一、青岛排名全球第二十三。印度没有集群入选。

[①] World Intellectual Property Organization. Global Innovation Index 2024: Unlocking the Promise of Social Entrepreneurship [R]. Geneva: WIPO, 2024.

具体创新指标的比较。美国在9个指标(3个投入指标、6个产出指标)上排名第一,中国在8个指标(3个投入指标、5个产出指标)上排名第一,印度在2个指标(1个投入指标、1个产出指标)上排名第一。

中美两国相比,美国在以下创新指标上处于领先地位:(1)制度类别中的法治、裁员成本和营商政策;(2)人力资本与研究类别中的教育投资占国内生产总值(GDP)的百分比、全球排名前三的跨国公司企业研发投资者、每百万人口中研究人员的数量、位列前三的QS大学排名等;(3)基础设施类别中的信息与通信技术的可获得性、信息与通信技术的利用水平、政府所提供的线上服务;(4)市场成熟度类别中的市场资本占GDP的百分比和风险投资交易量;(5)商业成熟度类别中的合资企业/企业战略联盟交易量、信息与通信技术服务进口占总贸易量的百分比、研究人才在企业中所占的百分比;(6)知识与技术产出类别中的可引文献的H指数[①]、独角兽企业估值占GDP的百分比、软件花费占GDP的百分比、知识产权收入占贸易总额的百分比;(7)创造性产出类别中的无形资产密度、前5000全球品牌价值占GDP的百分比、针对15—69岁人群的国产故事片数量及娱乐和媒体市场规模。

在中美两国的比较中,中国处于领先地位的创新指标包括:(1)制度类别中的创业政策与文化;(2)人力资本与研究类别中的阅读、数学和科学领域的国际学生评估项目等级、中学学生和教师比例;(3)基础设施类别中的资本形成总额;(4)市场成熟度类别中的国内产业多元化和国内市场规模;(5)商业成熟度类别中的科技创新集群的发展、高科技进口占贸易总额的百分比、外国直接投资占GDP的百分比;(6)知识与技术产出类别中的专利来源、按产地分类的实用新型、劳动生产率

---

① H指数(H index)是一个混合量化指标,可用于评价研究人员的学术产出数量与水平——当评价对象发表的论文中有h篇论文的被引次数大于或等于h,而其余论文的被引次数小于或等于h时,此h值即评价对象的H指数。

增长的百分比、高科技出口占贸易总额的百分比；（7）创造性产出类别中的商标来源、工业设计来源、创意产品出口占贸易总额的百分比。

就中美两国的创新指标比较情况来看，我国在软实力上和无形资产领域还有较大的提升空间。我国在创新关键指标上的领先与我国的产业结构密切相关，如基础设施投资规模大，制造业领域的产业链齐全、产业类型完整，实用新型专利数量多，劳动生产率增长的百分比显著领先等。未来要进一步提升创新能力，我国在创新的关键指标上需要从重视数量转变为重视质量和影响力。如注重企业对研发的投入；增加研发人员数量；提升大学的国际竞争力；加大对新兴企业和独角兽企业的投资力度；提升科研成果的国际影响力；促进文化娱乐产业的繁荣与发展；强化企业软件付费等方面的政策引导和激励机制，应鼓励企业为软件付费并将其纳入考核指标，这对促进我国工业软件与管理软件产业的发展具有重要意义；鼓励文化创意产业繁荣发展，这对弘扬中华文化、提升我国的国际形象具有重大意义。

近年来，印度在全球创新指数上的表现呈上升趋势。2024年，印度在中亚和南亚地区的创新指数排名第一，是该地区的创新领导者，其在创新投入、产出和区域影响力等方面取得了进步，在全球创新格局中的地位逐渐提高。印度不断加大研发投入，政府对知识产权的保护进一步激励了各行业的创新，并通过"创业印度""数字印度"及"阿塔尔创新使命"等推动创新。作为世界上人口最多的发展中国家，印度的发展模式与中国有较多相似的地方，近年来在制造业、制药业、软件业、基础设施建设、信息与通信技术产业、出版媒体及电影业等领域雄心勃勃。

与中国相比，印度在以下创新指标上处于领先地位：（1）人力资本与研究类别中的教育投资占GDP的百分比；（2）市场成熟度类别中的为初创企业和扩大规模企业提供融资、接受的风险投资值占GDP的百分比；（3）商业成熟度类别中的合资企业/企业战略联盟交易量、信息与通信技术进口占贸易总量的百分比;(4)知识与技术产出类别中的独角兽企业估值占GDP的百分比、信息与通信技术服务出口占贸易总量的百分比;(5)创造性产出类别中的排名前15的无形资产密度、文化与创意服务出口占贸易总量的百分比。印度的文化创意产业发展尤其值得关注。宝莱坞每年生产大量电影,在国际上拥有庞大的观众群体。如在英国、美国、澳大利亚等国家的亚裔社区,宝莱坞电影尤其受欢迎,它不仅创造了可观的年收入,也向世界展示了印度的传统文化、风俗习惯、宗教信仰、音乐舞蹈、美食服饰等,通过电影场景让全球观众对印度有了更直观的认识。

印度创新的重点是解决与国内生存发展密切相关的问题,如能源、水、交通、医疗、食品安全和数字消费等。其创新的优势在于非常年轻的人口结构、全世界最大的市场、全球领先的理工科教育体系,以及信息与通信技术领域完整的外包产业、人才和经验,且在生物学、计算和材料等交叉领域,如基因组学、连接组学、深度学习、石墨烯和金属有机框架等方面有全球合作发展的基础。在全球激烈的科技创新竞争中,美国和印度宣布大力推进科技合作,重点着眼于半导体、量子科技、国防制造、航空航天等高新科技领域。除此之外,两国还同意就5G/6G使用"受信任的"技术来源展开对话,并将稀土处理、先进材料和生物科技作为未来双方的潜在合作领域。跨国公司也因为市场和人才优势大举入驻印度,未来在全球创新体系和价值链上的作用不可小觑,这些需要高度关注。

国际视野下的知识管理与知识优势展望。在全球科技创新快速发展的今天,知识管理已经从"边缘"走向"核心"。智力资本已经成为国家和企业的战略性资产与核心竞争优势,具有无形性、难以模仿性、可持续性等特征。智力资本是构成国家和企业软实力的关键要素,需要长期积累、持续创新、充分利用。从未来发展角度看,人工智能技术的快速发展将对软实力的形成、更新、拓展与创造产生巨大影响。将软实力融入硬实力的能力已经成为数字经济与智能经济发展的主导能力与核心价值，通过软实力精准、巧妙地利用硬实力将成为核心竞争优势的关键。从知识管理与知识优势的视角看，我国需要进一步加大开发和升级软实力的力度，提升能力。特别是新一代的领导者，需要在充分挖掘人才与知识红利、充分利用智能技术等方面拥有全新的视野和能力，在持续改善现有创新体系要素的同时，在突破式创新上开放思维，积极求索，勇于实践，创造未来。

后 记
Postscript

　　我从 2001 年开始，在北京大学光华管理学院给 MBA 开设知识管理课程，后来又给 EMBA 设立了该门选修课，当时主要用的是日本和欧美的书籍和参考资料，来自中国企业的案例和研究成果很少，之后一直在思考写一本针对我国企业的现实问题与需求，具有理论指导的、系统化的知识管理书。今天，这本书的出版恰逢其时。从宏观层面看，随着国家创新驱动发展战略的持续推进，企业的研发活动、科技创新和数字化转型已经成为其核心能力的重要组成部分，从知识管理到知识优势的发展趋势不可阻挡。从微观层面看，退休后，我有更多的时间可以专心写作。二十多年来，我对知识管理这门学科的热爱与执着不仅源自专业兴趣，还更多地融入了个人成长背景、求学经历和情感历程，特别还受到早年家人和老师们的影响。

一、对知识的渴望：外婆种下的小草

　　对知识的渴求和信念源自家庭的影响。早期对我影响最大的是我的外婆。外婆祖籍苏北大丰，早年为了讨生活来到上海。外婆没有上过学，但她天资聪颖，从苦难的生活和肩负的重任中沉淀了很多智慧。外婆在上海过着艰辛的底层生活，一个小脚老太太独自养育七个孩子（其中三个因病夭折），并照顾患病的弟弟一家三口。为了养活家人，外婆从事着多为男人做的重体力劳动，有时深夜要背着近百斤大米奔跑回家，一颗颗子弹在她耳边呼啸而过。一次不幸被日本人抓住，外婆看到管理人员写着蝇头小楷，自己却大字不识任人宰割，于是暗下决心，今后无论多么艰难，都要让自己的孩子看书识字。

虽然家里的生活极其窘迫，但外婆坚持让家里唯一的女儿，也就是我母亲，一定去读初中。当时很多穷人家的女孩小学毕业就去纱厂做工贴补家用，外公也希望女儿能出去干活挣钱，但外婆不顾外公的反对，坚持让女儿上学。外公说服不了外婆，一气之下拿走做饭的锅盖不让外婆做饭，外婆忍气吞声却坚决不妥协。在外婆的坚持下，母亲终于读完了中学并当上了助产士。在我幼年的时候，每当外婆跟我们讲起这一段段辛酸往事，我的心都会被深深触动，求知求学的种子也就此深深埋下。我隐隐感到，女性要在社会立足并受人尊重，必须要有知识，知识才能改变命运。

在我上小学和中学的时候，恰逢"读书无用"论盛行，很多孩子处于放养状态。在这段时间里，外婆以她的人生阅历教育她的三个外孙女一定要好好读书，将来做一个有尊严、对社会有用的人。为了让我们安心读书，外婆不仅毫无怨言地包揽了所有家务，还从有限的菜钱中节省出一部分给我们买笔、买纸。有时外出买菜回来，外婆会从菜篮子中拿出一大沓买来的白纸说让我们写字。记得上小学时，有一天早上来不及吃饭，我饿着肚子去上学，上课时突然听到有人敲门，老师打开门，只见外婆操着浓重的苏北口音问："董小英在不在？"随后她当着老师同学的面，给我送来一个刚刚蒸出锅的大馒头。当我因做学生干部工作而晚归时，外婆会在黑夜中拄着拐杖，沿着田垄走来接我回家。在动荡的那些年，中学里盛行学生批斗老师，我的班主任对学生很负责，但脾气不好，于是有同学撺掇我给老师写大字报，是外婆告诫我，一定不能这样对待老师，要尊重老师。

在生活上，外婆从小就培养我们艰苦朴素的精神。我们经常穿着父母打补丁的旧军裤、旧棉鞋上学，一套衣服三个姐妹轮着穿。当妈妈抱怨三个女儿只顾学习不做家务，将来找不到婆家时，外婆却说读书的年龄就要专心读书，家务将来总有机会学。在外婆的引导下，我们姊妹三人从小就把读书看作人生的第一大事。

1979年高考，在北京仅有4%的学生有机会到大学读书的情况下，我和妹妹小明同时考上大学。当外婆坐在小区院子里的乒乓球台上为我们缝制棉被时，周围的熟人都夸奖外婆的功劳大，喜悦在外婆的脸上洋溢开来。在我即将上大学时，外婆告诉我："年轻时享福不是福，年纪大了享福才是福。"外婆用朴素的话语告诉我学习是一生的追求，不要贪图眼前的利益，目标一定要长远。当我过了知天命的年龄时，才意识到这种"延迟满足感"对孩子一生的成长是多么重要的长远激励。

二、求知氛围：父母的影响

我父亲出生在浙江宁波，幼年丧母，13岁就参加新四军浙东游击纵队抗击日寇，在部队从事印刷工作。在浙东四明山革命纪念馆里，现在还能看到父亲的名字和他当年使用的印刷机。在我印象中，父亲一生忠诚老实、温厚善良、斯文儒雅、不喜钻营，颇有些江浙文人的风范。在我们小的时候，重男轻女的思想是普遍的。当外人嘲笑我们家有"三朵金花"（意指都是女孩）时，我从未在父亲脸上看到任何尴尬和不悦。上小学时，我们姊妹三人为了省下一张5分钱的公交车票，就把小妹妹挤在中间只买了两张票，我为此暗自得意。下车后父亲问我买了几张票，当我唯唯诺诺说出实情时，父亲立即给了我一巴掌。这是我人生记忆中第一次，也是唯一一次印象深刻的挨打。我无法理解，平时斯文儒雅的父亲会何会为这样一点小事对我"大动干戈"。但是，就是这一巴掌让我学会一辈子不要占公家和他人的便宜，不要投机取巧，不要唯利是图，要诚实正直。父亲常常借爷爷的老话告诉我吃亏是福。正是这谆谆教诲和这一巴掌，让我在职业生涯中、在各种名利诱惑面前，不忘初心、不贪不惑、乐于助人、乐于分享。每当在职场上和生活中吃了亏、受了委屈，我都能忍耐，不阿谀逢迎，也不委曲求全。在父亲的教导下，我明白了人格最重要，名声最宝贵。我作为家中老大，被父亲要求以身作则，吃苦在前、吃亏在前。记得父亲老友曾问他如何培养孩子，父亲的回答就是：抓好老大。

父亲喜欢读书看报，每次回家包里似乎总有一份《参考消息》，在那个信息匮乏的年代，这成了幼年的我们了解世界的重要信息来源。我从6岁开始阅读《参考消息》，虽然一开始只能大致浏览标题，但在懵懂之中，它似乎帮助我开启了认识世界的窗口，我至今仍保留阅读《参考消息》的习惯。1977年恢复高考，父亲非常高兴，他出差在外，专门买了17本高考自学书寄给我们供复习之用，还和母亲省吃俭用存下了一笔钱，买了一台电视机，让我们用来收看与这些书配套的电视课程。

我母亲一直在医院妇产科工作，她最大的愿望就是孩子中至少有一人是学医的，我自小就被寄予厚望。不巧的是，在高考前两年，我得了一场重病，学医的任务便落到了大妹妹肩上。

在我印象中，我很小的时候就被母亲赋予管家的责任，并得到她的信任和最大授权。在物资匮乏的年代，一元钱买来的食品要吃好几天，我会盘算这极其有限的资源该如何分配，同时还得有余额交给母亲。除此之外，我还要以小队长的身份照顾和保护两个妹妹。母亲一生都在努力工作、辛劳付出，为工作、为家庭、为他人，不惜出力，吃苦在前，很少享受，不求回报。在食品匮乏的时代，母亲每次都让客人吃撑了才走，对病人也是关怀备至。母亲唯一的追求是获得更多的专业知识和组织认可。她四十多岁开始在北京协和医院进修并学习中医，退休以后开始学习英语和日语，直至去世。对知识的追求成为母亲的重要乐趣和精神支柱。

三、在"读书无用"的年代遇到良师

中学时光也在我的人生经历中留下了深刻的烙印。1973年,我进入北京市海淀区花园村中学学习,尽管当时"读书无用"论盛行,但我们从来没有觉得课堂里的内容是枯燥无用的。在那个知识匮乏的时代,我们获取的信息主要来自老师的讲解,我记得各个学科的老师讲课风格迥异,但都引人入胜,令我印象深刻。在我的记忆中,张黛老师讲语文激情饱满、文采飞扬;许维扬老师讲化学逻辑清晰、语言精当又略带讥讽;王玮老师思维敏捷、干练爽快;谢学善老师知识丰富,裤子上的大口袋总松松垮垮地耷拉着;教地理的纪老师拿着一个篮球当地球仪,给我们描述世界各国的地理位置,让我们用想象力来记住各国的位置;教英语的刘老师白发苍苍,为了鼓励我们学英文,常说让我们"try",结果得了一个"try"的外号;陈校长戴着一副眼镜,很有知识分子的味道;彭庆怀校长毕业于北京大学,胖胖的,和蔼可亲;闫德文校长就住在学校,课后常常在校园里巡视管理……

在十三四岁的年纪,我们并不思考未来的人生方向,父母们也忙着抓革命、促生产,没有时间管我们,在学校的日子占据了我们生活的大部分时光。老师关心我们,看到我们取得进步时兴高采烈,批评我们时也不留情面。除了上课,老师们在课后还常常去家访,我们这些学生干部也经常学着老师的样子去同学家走门串户,有时被同学拒之门外了,之后还会一本正经地与同学谈话,讲一些自己也不太明白的道理。

回想在花园村中学的岁月,似乎从不乏味,各种各样的学工、学农、学军活动大大拓展了我们对社会的了解,在实践中丰富了我们对事物的了解。我们在农村学会辨认麦子和韭菜,在外文印刷厂嗅着油墨的清香给越南学生的课本包书皮,在水利部模型厂当车工,用扁担从香山脚下向山上挑过水,捡过黑枣,摘过柿子,挑过粪桶,在西北旺收过麦子、晒过玉米,甚至在香山学军时打过真枪。老师和我们摸爬滚打、朝夕相处，视我们如子女，真诚而严格；同学们视彼此如兄弟姐妹，无话不谈。正是由于这样的经历，老师在我们的人生路上留下了深刻的印记，我们也与老师结下了深厚的友谊，如今回望过去，我们感谢师恩，更难忘青春岁月所受到的教诲。

我17岁的时候得了一场重病，住院半年。在住院期间，老师和同学们络绎不绝地来探望。那时医院探视管理严格，但同学们想尽办法来看我，使我深切感受到温暖和珍贵的友情。出院以后，我这一届的同学们或考上大学，或奔赴工作岗位，我的内心一度充满失落和悲伤。在这个时刻，教英语的刘老师一直鼓励我"try again"，让我复读一年再考大学，给我指明了人生的方向；闫德文校长亲自从街道拿回了档案，还给我安排了复习班，我和小两岁的妹妹在同一年级复读了一年。我还清晰地记得在校门口的台阶上，彭庆怀校长在我犹豫报考北京大学还是北京师范大学时，果断拍板让我报考北京大学，这使我迈向了一个全新的世界。文科班班主任柏老师在得知我的高考分数后，亲自到我家楼下报告好消息。学校大会上公布高考成绩时，老师们给我送上了热烈的掌声。花园村中学的老师们对我的厚爱是我人生中一笔宝贵的财富，化作我的激情、勇气和力量，使我在人生的道路上，无论遇到什么困难、挫折和委屈，都不忘初心，向老师们学习，为祖国的发展和教育事业奉献一生。

四、高考成就求学梦想

1979年，通过高考，我非常幸运地进入北京大学图书馆学系（现信息管理系）学习。图书馆学作为研究如何组织、检索、利用人类精神和知识财富的学科，不断经历着挑战和变化，它既古老、又现代。说它古老，是因为在世界各国文明传承与图书文献保存体系中，均有对知识成果进行分类、组织、管理的理念、工具和方法。随着书籍的普及和传播，这套系统逐渐演化、成熟，形成了国际公认的分类法和主题词表。

后 记

我国作为文明古国，历代典籍非常丰富，且有贯穿经史子集的分类体系，清代的《四库全书》成为集大成者。说它现代，是因为随着信息化和数字化技术的不断发展，人类产生数据、信息和知识的数量越来越多、速度越来越快，其传播的范围也越来越广。人们由传统的从书籍、课堂、图书馆获取知识，逐渐转向从互联网和生成式人工智能获取信息。在这个背景下，传统的知识管理方法已经难以适应，图书馆学也逐渐演化为信息管理学，其中既包括研究图书馆文献和数据库管理的、相对传统的内容，也有利用新一代数字技术，研究对海量知识进行检索、利用和传播的新兴科学。

1979—1983年在北大图书馆学系学习期间，我所见到的北大学子大多拥有如饥似渴的学习欲望、包容世界的求知意愿、勤奋刻苦的学习状态、忧国忧民的人文情怀和积极上进的乐观精神。虽然大家在生活上拮据俭朴，但是精神世界十分充盈。

当时大学生的生活基本是三点一线，每日穿梭在图书馆、食堂和寝室之间，在大食堂偶尔看一场电影、春节前的一次加餐，都会给同学们带来很多快乐。课业繁忙但并不繁重，我们仍有不少时间看闲书、听讲座、跨科系选课、关心时事、徜徉在未名湖畔谈心交流。

进入图书馆学系后，我逐渐从老师们那里领会了对信息和知识进行系统管理的思想和方法——王万宗老师对信息用户需求的调研和分析，张树华老师对读者服务方法和女性图书馆员的研究，周文骏老师对图书馆学史的研究，马张华老师对图书馆分类法体系的构建和研究，朱天俊老师对中国古代文献学的研究，白化文老师对佛教和佛经目录的研究，邵献图老师对西文工具书的组织方法，等等，都成为我们了解前辈组织管理知识的重要途径。

我在写硕士和博士论文时，都选择了有挑战性和前瞻性的课题，当时并无现成的理论体系和答案，我的博士生导师周文骏老师不仅对我悉心指导，鼓励支持我积极探索，更是在认真治学、审慎探索、严谨求真、包容接纳和独立思考方面给了我很多指引和教导，对我的战略视野、专业精神和学术信念都产生了很大影响。正是导师的信任与支持，使我一直关注学科前沿的发展动向，关注社会需求，探索新知识，并努力做到理论联系实际。

五、幸遇大学者，使我终身受益

在北大学习期间，我非常有幸结识了朱光潜先生。朱先生是中国著名的美学家、文艺理论家、教育家、翻译家，他学贯中西，既有桐城学派深厚的中文功底，又曾在英国和法国学习，精通英法文学。朱老喜欢站桩和打太极拳，常常可以在未名湖畔和北大图书馆附近见到他。我偶遇朱老向他请教问题，并毛遂自荐给朱老抄稿。可能朱老觉得我的字写得还不错，他将精心翻译的十七世纪意大利著名哲学家、语言学家、美学家、法学家维柯（Giovanni Battista Vico）所写的社会学著作《新科学》交给我誊写。记得朱老当时已经年逾七十，住在北大燕南园66号，每天从狭窄的楼梯爬上二楼进行翻译工作。大32开的翻译稿纸上字迹清晰整洁，我虽然并不太懂得翻译的内容，但是尽力一笔一画地抄写。交稿时朱老送我一本他写的书，翻开封面，上面是朱老亲笔手书的"董小英学友请指正"。我记得自己顿感羞赧，我是一个再普通不过的本科生，朱老却这样待我，令我诚惶诚恐，同时深切感受到北京大学老教授虽名声显赫却谦逊和蔼、虽学识渊博却平易近人、虽德高望重却尽力扶持后生的人格魅力。大学者的精神风范和高尚品格令我深受感动，并成为我一生敬仰的榜样。朱老平时话不多，语调也不高。记得有一次他去开政协的会议，专门请我们去西直门招待所吃饭，我问了一个今天看来令自己汗颜的问题：什么是共产主义？记得朱老当时用非常平和的语气，淡淡地回答：人尽其才，物尽其力。

朱老的很多书籍都是写给青年人的，在读书方面，他给了我们很多启迪。朱老曾说:"书是读不尽的,读尽也是无用,许多书没有读的价值。多读一本没有价值的书,便丧失可读一本有价值的书的时间和精力,所以须慎加选择。""值得读的书不但可以令我们得到较真确的知识,还可以助我们于无形中吸收大学者治学的精神和方法;这些书才能撼动你的心灵,激动你的思考。"

六、寻找知识管理作突破口

1999年,在中欧高等教育合作项目的支持下,我以访问学者的身份前往英国。在国内,人们对信息管理的重要性仍然将信将疑,我虽然感知到它的价值,但不清楚在教学和研究中应该如何寻求突破点。英方学校请来时任《财富》杂志记者的汤姆·斯图亚特(Tom Stewart)分享知识管理的理念。他在《财富》杂志上发表的文章《脑力》(Brainpower)在企业家中产生了很大影响和共鸣。他调研发现,世界500强企业中的很多高层管理者在管理方面遇到的最大挑战是人才流失带来的知识流失,而对于如何有效管理知识,却缺乏理论和方法。当时参加会议的名额只有80人,但实际到场了120位企业家。我在会场与参会的企业家交流,一家石油公司的高管告诉我,如果石油公司管理和使用知识不当,一口井打下去却没有发现石油,直接损失是750万英镑,所以,每个石油公司的管理者都不会错过对知识管理的理论和方法的学习。

1996年,日本教授野中郁次郎的《创造知识的企业:日美企业持续创新的动力》由牛津大学出版社出版,受到学术界的重视。我每天步行往返于驻地和学校,只为节省2英镑的交通费用,以攒钱买下此书。

回到北大后,在认真阅读了有关知识管理著作的基础上,我深切意识到,信息管理之所以未受到企业家的重视,是因为它强调信息系统和信息技术的导入,仅重视供应端,却忽视了需求端用户对信息和知识的需求,而信息只有与用户需求紧密结合并转化时,才有可能变成知识。

与信息管理重视信息资源和技术相比，知识管理更重视人们对信息和知识的利用及共享，是更具有人本主义精神的学科。我们应该更多地了解用户需求，基于用户需求提供信息服务。

2001年，我从北京大学信息管理系转入北京大学光华管理学院工作，初衷是希望从培养信息和知识的提供者，转向培养信息和知识的使用者，使更多的企业意识到信息管理和知识管理的重要性。当时我意识到，尽管我国经济发展迅速，但土地资源和廉价劳动力的优势终有一天要消失，中国总有一天要走上依靠人才、创新和知识等智力资源创造财富和寻求发展之路，在这方面，我要尽微薄之力。为此，我在2001年率先给MBA开设知识管理课程。在给企业高层管理者讲授知识管理的理念时，尽管有不少学员反馈当时企业并不需要知识管理，该课程在管理学科中处于"相对边缘"的地位，但我坚信它的重要性和价值。

七、做服务于中国企业的学问

我对"做服务于中国企业的学问"的理解是，与自然科学、工程、医学等学科不同，工商管理这门学科具有较强的"背景"属性，企业所在国家、所处发展阶段和所要达成的目标不同，管理面临的挑战和问题也不相同，因此，仅凭阅读文献往往难以找到真正的问题，关注国家战略、理解企业创新需求，才应是研究的起点与动力。在这个意愿的驱使下，我将很多精力放在对企业的调研和案例研究上，然后再回到文献中进行解析和理论构建，学生们也对这样的研究充满热情。2002年，我开始给一家知名企业做知识管理顾问，当时该企业发展迅速、影响力很大，对未来的前景已有明晰的规划和战略部署。当我们对企业高管进行访谈时，他们说知识管理是中医，只能解决企业的慢症，无法解决企业生存发展中生死攸关的问题。该企业在发展鼎盛时不断扩大规模，但在更新企业知识运营体系时遇到巨大困难，遭到核心和辅助业务部门人员的抗拒和反对，结果导致企业业绩快速下滑。

在这个背景下，我开始寻找高度重视知识管理并具有可持续发展能力的企业。2002年，当我偶然读到《华为基本法》时，发现它明确提出："华为没有可以依存的自然资源，唯有在人的头脑中挖掘出大油田、大森林、大煤矿……"我意识到，这是一家真正将人才、知识和智力资本作为生存发展根本资源的企业，也是一家值得深入研究的企业。为此，我们从华为1996年克服巨大困难投入重金引入IBM的集成研发系统（IPD）、集成供应链和集成财务系统以实现管理体系的自我变革和蜕变为切入点，用十年的时间，系统研究华为从20世纪90年代中期开始提出成为世界一流企业的愿景和梦想，到2019年真正成为世界一流企业的历程。在这十年中，我和我的学生们从不同渠道对华为的员工、合作者、竞争对手、客户等进行深入访谈，将有关华为的信息碎片慢慢整理组合，确认我们找到了我国知识管理的标杆企业。2019年，《华为启示录：从追赶到领先》一书出版（目前有中文、英文、俄文三个版本），其中有一章专门对华为的知识管理经验进行了总结。

在研究华为的基础上，我又利用去美国思科公司学习的机会，将五年间搜集到的大量一手资料进行梳理整合，完成了《思科实访录：从创新到运营》一书（目前有中文版和英文版），借助双元能力理论，对思科从事突破式创新和渐进式创新的分离整合模式进行了深入剖析。在对中美两个高科技企业发展体系进行深入理解和系统整合的基础上，我终于有资格、有底气撰写一本与企业实践紧密结合的知识管理著作——《从知识管理到知识优势：数智时代企业双元创新》。

带着我国企业面临的现实问题和挑战，坚持做服务于中国企业的学问，坚持自己的信念和方向是我的初心和意愿。这个过程并非一帆风顺，也使我在名利上付出了不少代价。但在我看来，在历史的洪流中，个人的作用、影响和能力是微不足道的，人生短暂，精力有限，做一些自己认为有价值、有意义的研究教学工作才是最重要的。尽管我今年已经 65 岁，但仍然活跃在课堂上，每当听到企业家和同学们的反馈，我都感觉到多年的付出是值得的。

八、感恩知识求索途中的同路人

在人生经历的几十年时间里，我们这一代人有幸亲历并见证了国家和社会氛围从"知识无用论"到"知识改变命运"，再到"知识强国"的巨大变化。感恩于这个时代国家的发展愿景、感恩于我所就读和工作的北京大学，以及作为访问学者时提供给我学习机会的澳大利亚国立大学、美国匹兹堡大学和英国罗伯特戈登大学等，同时还感恩于身边那些为我指点迷津的亲人和导师。在求知的过程中，我既切实感受到好奇心驱使的动力，也体验了求学探索时的寂寞与孤独、写作时的精疲力竭，以及顿悟时的欣喜快乐。2024年，在和大学老同学杨勇、施维克同游云南大学时，看到其校园中心一块石碑上刻写着爱因斯坦的一句话——对真理和知识的追求并为之奋斗，是人的最高品质之一。早已年逾不惑的我突然意识到，我们所做的不过是先贤智者早已洞察的深刻道理。

在此，我要特别感谢那些启发、支持和帮助我的人，特别是我的先生朱晓中，从北大相识，相伴同行四十年，他给了我充分的爱和支持，让我做真实的自己，追逐人生的梦想。尽管朱老师毕业于北京大学历史系，一直从事中东欧国际问题的研究，却具有超强的跨界能力。惭愧地说，尽管我是学图书馆学专业的，每当我要找图书资料时，都是朱老师帮我查找；尽管我是学信息管理的，每当计算机出问题时，都是朱老师施以援手；每当我为追逐新知识而心生急躁时，朱老师作为历史学者的冷静与超然可以让我冷静下来，从更长远和更广阔的视角看问题；每当我感受到商业领域的逐利与算计，朱老师做学问的纯粹与单纯会平衡我内心的困扰与不安。他是我在求学求知道路上的知音、伙伴。我还要特别感谢我的两个妹妹——小明和小玲。小的时候，她们是我的小队员；

长大以后，她们是我的闺蜜和可以互相倾诉与倾听的朋友。两个妹妹，一个继承了妈妈的事业，成为治病救人的医生，耳顺之年依然致力于对阿尔茨海默病的治疗；一个支持年轻学子的职业发展，不断拓展新的学习和发展方向。儿子未名和儿媳李然，也在学术道路上取得了卓越的成绩，相信他们会青出于蓝而胜于蓝。

我还要特别感谢给本书写序的挚友，杨学山、彭泗清和武亚军教授，他们均是我非常尊重的、在各自领域里具有超高水平的学者。在与他们的交流中，我常常能获得思想的启迪和深刻的洞察。在探索知识的过程中，他们给予了我很多的信任、认可、支持和鼓励。我还要感谢我的学生们，在求学求知的过程中，他/她们始终是我最可信赖的朋友和伙伴。北京理工大学的王馨老师，帮我查找了大量文献，导致腰病复发。我还要特别感谢北京大学出版社的编辑闫格格和徐冰，在多年的合作中，我钦佩和感动于她们的敬业、认真、细致和负责，她们不仅在文字修改上做出了很大贡献，对本书的结构和内容也提出了很多好建议。

最后，我还是要特别感谢、感恩我们成长的时代，国家的开放、发展和繁荣，给我们提供了全球视野、变革动力、学习机遇、进取空间、个人成长和知识积累的机会，让我们拥有比老一代人更好的学习环境。作为过来人，我真切希望这一趋势得以持久保留与延续，使我们的后代可以在前人的基础上不断创造新的知识优势，从而为我国和世界文明的发展做出新的贡献。

董小英

2024 年 10 月 6 日于燕园